中等职业学校一年级衔接教材

数　　学

主　编:柯　强　冯卫东

副主编:柯于豹　武秀娟

参　编:周细强　柯于镇

北京理工大学出版社

BEIJING INSTITUTE OF TECHNOLOGY PRESS

图书在版编目（C I P）数据

数学 / 柯强，冯卫东主编. -- 北京 : 北京理工大学出版社，2018.8（2024.3重印）

ISBN 978－7－5682－5996－5

Ⅰ．①数… Ⅱ．①柯… ②冯… Ⅲ．①数学课－中等专业学校－教材 Ⅳ．① G634.601

中国版本图书馆 CIP 数据核字（2018）第 172882 号

责任编辑：陆世立　　文案编辑：梁　潇
责任校对：周瑞红　　责任印制：边心超

出版发行 / 北京理工大学出版社有限责任公司
社　　址 / 北京市丰台区四合庄路 6 号
邮　　编 / 100070
电　　话 / （010）68914026（教材售后服务热线）
（010）68944437（课件资源服务热线）
网　　址 / http：//www. bitpress. com. cn

版 印 次 / 2024 年 3 月第 1 版第 4 次印刷
印　　刷 / 定州启航印刷有限公司
开　　本 / 787 mm × 1092 mm　1/16
印　　张 / 14.5
字　　数 / 336千字
定　　价 / 49.00元

前　言

2015年7月，《教育部关于深化职业教育教学改革全面提高人才培养质量的若干意见》指出，“发挥人文学科的独特育人优势，加强公共基础课与专业课间的相互融通和配合，注重学生文化素质、科学素养、综合职业能力和可持续发展能力培养，为学生实现更高质量就业和职业生涯更好发展奠定基础”。语文、数学、英语是中等职业学校学生必修的公共文化基础课。其任务是为专业知识的学习和职业技能的培养奠定基础，满足学生职业生涯发展的需要，促进终身学习。

可见，中职学生学好公共文化基础课非常有必要，特别是语文、数学、英语。一段时间以来，有的不重视文化基础课的教学，认为中职生文化基础差，学不学无所谓，就是学好了也没有多大作用等等“无用论”；有的不切实际，盲目提高文化课基础课要求；有的随意削弱文化基础课，不开、少开。把文化基础课等同于一般培训机构，只重视专业课学习，完全忽视文化基础课的学习。

结合我校办学实际、学生学情，我们发现，中职新生普遍存在文化基础课薄弱的现象。基于促进学生终身发展、可持续发展的需要，使学生在原有基础上筑牢基础；基于共同基础和多样选择相结合的需要，确保中职生必需的文化素养。同时，贯彻统一性和灵活性的原则，实施与评价不搞一刀切。为此，我们组织一线文化课教师编写了这套系列初高中衔接教材。

编写文化基础课衔接教材，是我们的第一次尝试。由于编者水平有限，书中难免有不妥之处，敬请读者给予批评指正。

编者

2018年5月

目　录

第一单元　数及数的运算

1.1　相反数、绝对值、分数的运算

1.1.1　相反数

引入：

像 2 和 -2，5 和 -5，m 和 $-m$ 这样的正负数或者字母，他们有什么特点？如果我们去对这样数进行加法运算的话，我们能得到什么结果呢？

像 2 和 -2，5 和 -5 这样的数，只有符号不同，我们把这样的两个数叫做互为相反数. 这就是说，2 的相反数是 -2，-2 的相反数是 2；5 的相反数是 -5，-5 的相反数是 5；m 和 $-m$ 互为相反数. 这里，m 表示任意一个数，可以是正数、负数，也可以是 0. 例如：当 $a=1$ 时，$-a=-1$，1 的相反数是 -1；同时，-1 的相反数是 1.

注意：特别的，0 的相反数是 0.

性质 1：在数轴上，互为相反数的两个数对应的点到原点的距离相等.

例如 2 和 -2 如图 1－1 所示，在数轴上点到 0 点的距离都是 2.

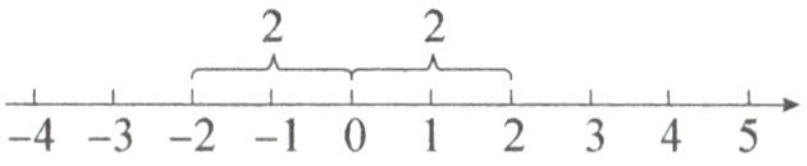

图 1－1

性质 2：若 a，b 互为相反数，则 $a+b=0$（$a=-b$ 或者 $b=-a$）.

例如 3 和 -3 互为相反数，则有 $-3+3=0$，$-3=-(3)$，$3=-(-3)$.

思考：设 a 表示一个数，$-a$ 一定是负数吗？

容易看出，在正数前面添上“－”号，就得到这个正数的相反数. 在负数前面添上“－”号，就得到这个负数的相反数. 例如，$-(+5)=-5$，$-(-5)=+5$，$-0=0$. 因此我们得出结论，在任意数前面添上“－”号，新的数就表示原数的相反数.

练习

1. 判断下列说法是否正确.

(1) -3 是相反数　　　　(2) $+3$ 是相反数

(3) 3 是 -3 的相反数　　　　(4) -3 是 $+3$ 的相反数

(5) $\sqrt{3}$的相反数为 $-\sqrt{3}$　　　　(6) $-\frac{\sqrt{3}}{2}$的相反数是$\frac{\sqrt{3}}{2}$

2. 写出下列各数的相反数.

$$6,\ -8,\ -3.9,\ \frac{5}{2},\ -\frac{2}{11},\ 100,\ 0,\ -\sqrt[3]{2}$$

3. 如果 $a=-a$,那么表示 a 的点在数轴上的什么位置?

4. 化简下列各数.

$-(-68),\ -(+0.75),\ -\left(-\frac{3}{5}\right),\ -(+3.8)$

5. -2 的相反数是________,0.5 的相反数是________,0 的相反数是________.

6. $-(-3)$的相反数是______.

7. $-(-2)=$________,________与 $-[-(-8)]$互为相反数.

8. $a-2$ 的相反数是 3,那么,$a=$________.

9. $a-b$ 的相反数是________.

10. 如果 a 的相反数是 -3,那么 $a=$________.

11. 如果 $a=2.5$,那么,$-a=$________. 如果 $-a=-4$,则 $a=$________.

如果 a,b 互为相反数,那么 $a+b=$________,$2a+2b=$________.

12. 一个数的相反数大于它本身,那么这个数是________. 一个数的相反数等于它本身,这个数是________,一个数的相反数小于它本身,这个数是________.

13. 如果 a 的相反数是最大的负整数,b 的相反数是最小的正整数,则 $a+b=$________.

14. 如果 a 和 b 是符号相反的两个数,在数轴上 a 所对应的数和 b 所对应的点相距 6 个单位长度,如果 $a=-2$,则 b 的值为________.

1.1.2　绝对值

导入:

观察图 1-2,请问 3 和 -4 到原点的距离分别是多少呢?

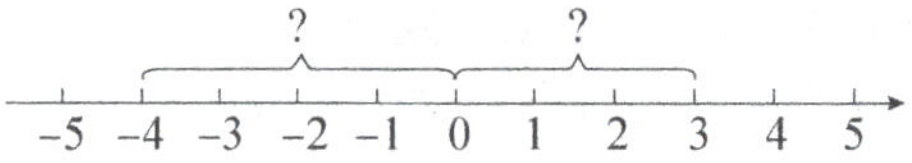

图 1-2

通过上图的观察,我们发现,3 和 -4 到原点的距离分别是 3 和 4. 一般的,数轴上表示数 a 的点与原点的距离叫做数 a 的绝对值,记作$|a|$. 例如,4 和 -4,它们与原点的距离都是 4 个单位长度,所以 4 和 -4 的绝对值都是 4,即$|4|=4$,$|-4|=4$. 显然$|0|=0$.

注意: 由绝对值的定义可知,一个正数的绝对值是它本身;一个负数的绝对值是它的相反数;0 的绝对值是 0.

(1) 如果 $a>0$,那么$|a|=a$;

(2)如果 $a=0$,那么 $|a|=0$;

(3)如果 $a<0$,那么 $|a|=-a$.

性质1: 正数和零统称为非负数.绝对值的代数意义揭示了绝对值的一个重要性质:非负性.对任意有理数,都有其绝对值大于等于0;

性质2: 非负数有最小值,数值为0.

练习

1. 下列说法错误的是(　　).

A. 一个正数的绝对值一定是正数　　B. 一个负数的绝对值一定是正数

C. 任何数的绝对值一定是正数　　D. 任何数的绝对值都不是负数

2. 下列说法错误的是(　　).

①绝对值是它本身的数有两个,是0和1　②任何有理数的绝对值都不是负数　③一个有理数的绝对值必为正数　④绝对值等于相反数的数一定是非负数

A. 3　　B. 2　　C. 1　　D. 0

3. 设 a 是最小的正整数,b 是最大的负整数,c 是绝对值最小的有理数,则 $a+b+c$ 等于(　　).

A. -1　　B. 0　　C. 1　　D. 2

4. -8 的绝对值是________,记做________.

5. 绝对值等于5的数有________.

6. 若 $|a|=a$,则 a ________.

7. ________的绝对值是2004,0的绝对值是________.

8. 有理数 a,b 在数轴上的位置如图1-3所示,则 a ________ b,$|a|$ ________ $|b|$.

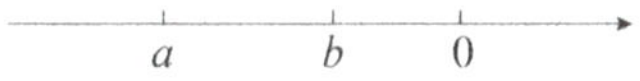

图1-3

9. 下列计算正确的是(　　).

A. $-\left|-\frac{1}{3}\right|=\frac{1}{3}$　　B. $\left|\frac{7}{9}\right|=\pm\frac{7}{9}$

C. $-(-3)=3$　　D. $-|-6|=-6$

10. 下列各组数中,互为相反数的是(　　).

A. $\left|-\frac{2}{3}\right|$ 与 $-\frac{2}{3}$　　B. $\left|-\frac{2}{3}\right|$ 与 $-\frac{3}{2}$

C. $\left|-\frac{2}{3}\right|$ 与 $\frac{2}{3}$　　D. $\left|-\frac{2}{3}\right|$ 与 $\frac{3}{2}$

11. 下列推断正确的是(　　).

A. 若 $|a|=|b|$,则 $a=b$　　B. 若 $|a|=b$,则 $a=b$

C. 若 $|m|=-n$,则 $m=n$　　D. 若 $m=-n$,则 $|m|=|n|$

12. 若 a 与2互为相反数,则 $|a+2|$ 等于(　　).

A. 0　　B. -2　　C. 2　　D. 4

13. 写出下列各数的绝对值.

$$6,-8,-3.9,\frac{5}{2},-\frac{2}{11},100,0$$

14. 已知 a、b、c 三数在数轴的位置如图 1－4 所示，化简 $\frac{|a|}{a}+\frac{|b|}{b}+\frac{|c|}{c}$.

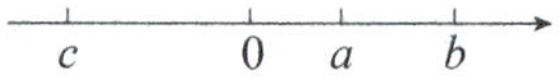

图 1－4

15. 数 a、b、c 在数轴上对应的位置如图 1－5 所示，化简：$|a+c|-|a|+|b|$.

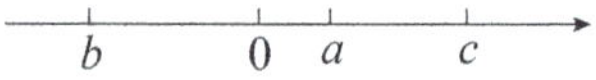

图 1－5

1.1.3　分数的运算

引入：

有理数可以分为正数和分数，具体如下：

$$\text{有理数}\begin{cases}\text{整数}\begin{cases}\text{正整数}\\0\\\text{负整数}\end{cases}\text{（正整数、0：自然数）}\\\text{分数}\begin{cases}\text{正分数}\\\text{负分数}\end{cases}\end{cases}$$

当然，分数的分类方法还有很多种，比如按照分子分母的大小关系可以分为真分数，假分数；按照分母是否相同可以分为同分母分数和异分母分数. 整数的运算我们已经学会，那分数的运算是否也一样简单呢？

一、分数的加减运算

（一）同分母分数加、减法：分母不变，只把分子相加减. 计算结果能约分的要约成最简分数.

例 1. $\frac{2}{3}+\frac{1}{3}=\frac{2+1}{3}=\frac{3}{3}=1$

例 2. $\frac{2}{3}-\frac{1}{3}=\frac{2-1}{3}=\frac{1}{3}$

（二）异分母分数加、减法：分母不同的分数相加减，要先通分，化成相同的分母，再加减. 计算结果能约分的要约成最简分数.

例 3. $\frac{2}{3}+\frac{1}{2}=\frac{4}{6}+\frac{3}{6}=\frac{7}{6}$

例 4. $\frac{2}{3}-\frac{1}{2}=\frac{4}{6}-\frac{3}{6}=\frac{1}{6}$

（三）分数加减混合运算的顺序与整数和小数的加减混合运算顺序相同.

例 5. $\frac{2}{3}+\frac{1}{2}-\frac{1}{4}=\frac{8}{12}+\frac{6}{12}-\frac{3}{12}=\frac{11}{12}$

（四）整数加法交换律和结合律在分数加法中同样适用.

例 6. $\frac{2}{3}+\frac{1}{2}-\frac{1}{4}=\frac{8}{12}+\frac{6}{12}-\frac{3}{12}=\frac{8}{12}-\frac{3}{12}+\frac{6}{12}=\frac{11}{12}$

（五）在一个算式中，如果有括号，应先算括号里面的，再算括号外面的；如果只含有同一级运算，应从左到右依次计算. 例如：

例 7. $\frac{2}{3}+\left(\frac{1}{2}-\left(\frac{1}{4}+\frac{1}{3}\right)\right)=\frac{8}{12}+\left(\frac{6}{12}-\left(\frac{3}{12}+\frac{4}{12}\right)\right)=\frac{8}{12}+\left(\frac{6}{12}-\frac{7}{12}\right)=\frac{8}{12}-\frac{1}{12}=\frac{7}{12}$

注意：计算加减混合运算时，方法要灵活处理，可以先全部通分，再进行计算；也可计算三个数中的两个数后，再进行通分；也有先部分进行通分，算出部分的结果后，再第二次通分. 注意：具体的题型具体分析，尽量使计算过程更加简便.

练习

$\frac{5}{9}+\frac{8}{9}=(\quad)$　　$\frac{1}{8}+\frac{7}{8}=(\quad)$　　$\frac{19}{24}-\frac{13}{24}=(\quad)$

$\frac{19}{36}+\frac{3}{36}=(\quad)$　　$\frac{3}{7}+\frac{4}{7}=(\quad)$　　$\frac{11}{8}-\frac{1}{8}=(\quad)$

$\frac{1}{4}-\frac{1}{9}=(\quad)$　　$\frac{12}{13}-\frac{3}{13}=(\quad)$　　$\frac{8}{9}+\frac{4}{11}+\frac{1}{9}=(\quad)$

$1-\frac{1}{6}-\frac{1}{6}=(\quad)$　　$\frac{3}{4}+\frac{1}{4}+\frac{1}{4}=(\quad)$　　$\frac{7}{8}-\frac{3}{8}+\frac{3}{8}=(\quad)$

二、分数的乘法运算

（一）预备知识：分数小数的互化

1. 分数化成小数的方法：分子除以分母. 如果分子除以分母能除尽没有余数就得到一个有限小数；如果分子除以分母不能除尽，就得到一个循环小数.

例 1. $\frac{1}{4}=1\div 4=0.25$

例 2. $\frac{1}{3}=1\div 3=0.\dot{3}$

2. 将有限小数化为分数的方法：原来有几位小数，就在 1 后面写几个 0 作分母，把原来小数去掉小数点作分子；化成分数后，能约分的要约分.

例 3. $1.234=\frac{1\ 234}{1\ 000}=\frac{617}{500}$

3. 分数的乘法运算：

整数乘法的交换律、结合律和分配律，对分数乘法同样适用.

乘法交换律：$a\times b=b\times a$

乘法结合律：$(a\times b)\times c=a\times(b\times c)$

乘法分配律：$(a+b)\times c=ac+bc\quad ac+bc=(a+b)\times c$

（二）分数乘整数，用分数的分子和整数相乘的积作分子，分母不变，计算结果能约分的要约成最简分数.

例 4. $-\frac{3}{5}\times 2=-\frac{3\times 2}{5}=-\frac{6}{5}$

由于乘法交换律的原因，整数乘分数与分数乘整数的方法是一样的.

例 5. $2\times\left(-\frac{3}{5}\right)=-\frac{3}{5}\times 2=-\frac{3\times 2}{5}=-\frac{6}{5}$

(三)分数乘分数,用分子相乘的积作分子,分母相乘的积作分母,计算结果能约分的要约成最简分数.

例 6. $\frac{2}{3}\times\frac{6}{5}=\frac{2\times6}{3\times5}=\frac{12}{15}=\frac{4}{5}$

(四)分数乘小数,用分数的分子和小数相乘的积作分子,分母不变.或把小数变成分数,用分子相乘的积作分子,分母相乘的积作分母,计算结果根据情况进行化简.

例 7. $1.23\times\frac{2}{3}=\frac{1.23\times2}{3}=\frac{2.46}{3}=0.82$

例 8. $0.2\times\frac{1}{3}=\frac{1}{5}\times\frac{1}{3}=\frac{1}{15}$

练习

$\frac{2}{5}\times\frac{3}{4}=(\quad)$　　$\frac{6}{7}\times\frac{7}{8}=(\quad)$　　$\frac{5}{9}\times\frac{8}{15}=(\quad)$　　$\frac{9}{11}\times\frac{7}{15}=(\quad)$

$\frac{12}{25}\times\frac{15}{16}=(\quad)$　　$\frac{4}{5}\times\frac{9}{10}=(\quad)$　　$\frac{4}{4}\times21=(\quad)$　　$56\times\frac{9}{14}=(\quad)$

$7\times\frac{8}{21}=(\quad)$　　$\frac{2}{5}\times10=(\quad)$　　$\frac{5}{8}\times12=(\quad)$　　$27\times\frac{5}{18}=(\quad)$

$3.6\times\frac{3}{4}=(\quad)$　　$\frac{5}{8}\times1.6=(\quad)$　　$3.25\times\frac{4}{13}=(\quad)$　　$4.5\times5\frac{1}{6}=(\quad)$

$1\frac{2}{3}\times0.4=(\quad)$　　$3.3\times2\frac{2}{11}=(\quad)$

三、分数的除法

(一)预备知识:倒数

乘积是 1 的两个数互为倒数.例如:$\frac{1}{3}\times3=1$,所以 3 和$\frac{1}{3}$是互为倒数.

注意:

(1)倒数是两个数之间的关系,0 没有倒数.

(2)分数的倒数:分子、分母交换位置,比如$\frac{2}{3}$的倒数为$\frac{3}{2}$;带分数的倒数,先变成假分数,再分子、分母交换位置,比如 $2\frac{2}{3}$的倒数,$2\frac{2}{3}=\frac{8}{3}$,所以它的倒数为$\frac{3}{8}$.

1. 整数的倒数:把这个数看作分母是 1 的分数,再分子、分母交换位置,比如 2 的倒数,$2=\frac{2}{1}$,所以它的倒数为$\frac{1}{2}$.

2. 小数的倒数:先变成分数,再分、分母交换位置.比如 1.234 的倒数,$1.234=\frac{1\,234}{1\,000}=\frac{617}{500}$,所以它的倒数为$\frac{500}{617}$

3. 倒数等于它本身的数是 1.

4. 真分数的倒数大于 1;假分数的倒数小于或等于 1;带分数的倒数小于 1.

(二)分数的除法:

除法法则:除以一个非 0 的数,等于乘以它的倒数,计算结果能约分的要约成最简分数.

例 1. $\frac{2}{3} \div \frac{1}{5} = \frac{2}{3} \times 5 = \frac{2}{3} \times \frac{5}{1} = \frac{2 \times 5}{3 \times 1} = \frac{10}{3}$

例 2. $\frac{2}{5} \div 4 = \frac{2}{5} \times \frac{1}{4} = \frac{2 \times 1}{5 \times 4} = \frac{1}{10}$

注意: "两变"　1. "$\div$"变"$\times$"　2. 除数变倒数.

练习

$3 \div \frac{2}{3} =$ (　　)	$6 \div \frac{2}{7} =$ (　　)	$9 \div \frac{3}{5} =$ (　　)	$10 \div \frac{5}{8} =$ (　　)
$1 \div \frac{5}{7} =$ (　　)	$15 \div \frac{3}{5} =$ (　　)	$4 \div \frac{4}{5} =$ (　　)	$18 \div \frac{12}{13} =$ (　　)
$\frac{1}{2} \div \frac{3}{5} =$ (　　)	$\frac{3}{5} \div \frac{2}{5} =$ (　　)	$\frac{2}{7} \div \frac{9}{14} =$ (　　)	$\frac{2}{7} \div \frac{9}{14} =$ (　　)
$\frac{1}{3} \div \frac{3}{4} =$ (　　)	$\frac{5}{8} \div \frac{3}{7} =$ (　　)	$\frac{1}{3} \div \frac{1}{9} =$ (　　)	$\frac{1}{2} \times \frac{3}{5} =$ (　　)

小结巩固

1. 80 米的$\frac{1}{2}$是(　　　　)米;300 吨的$\frac{1}{6}$是(　　　　)吨.

2. $\frac{3}{5}$小时 = (　　　　)分　$\frac{3}{5}$千米 = (　　　　)米

3. 20 千克奶糖,上午卖出它的$\frac{1}{4}$,下午卖出上午的$\frac{1}{5}$,下午卖出(　　　　)千克.

4. 科技小组有学生 60 人,美术小组是科技小组的$\frac{5}{6}$,书法小组是美术小组的$\frac{4}{5}$,书法小组有(　　　　)人.

5. 列式计算

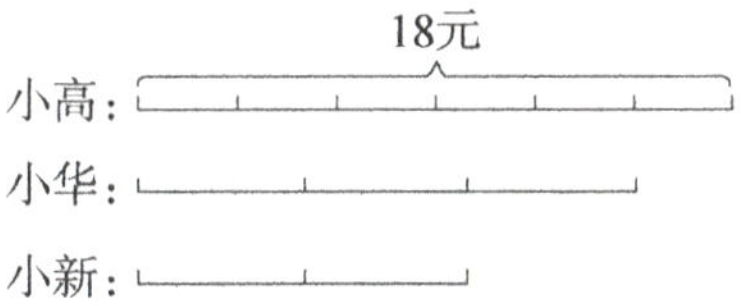

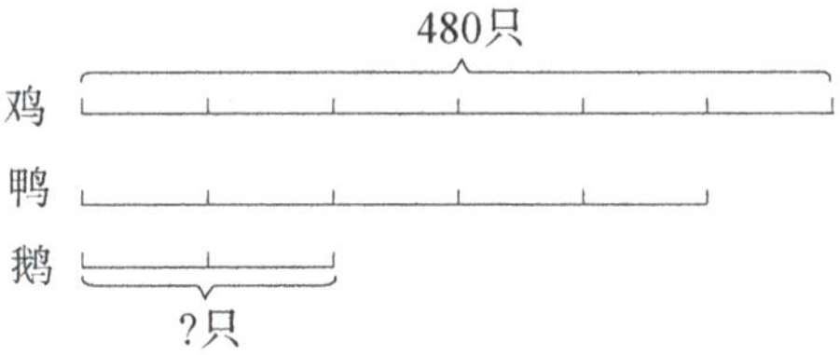

6. 计算

$\left(\frac{7}{8}-\frac{5}{16}\right)\times\left(\frac{5}{9}-\frac{2}{3}\right)$　　$\left[1-\left(\frac{1}{4}+\frac{3}{8}\right)\right]+\frac{1}{4}$　　$3.6\div\left[\frac{1}{5}\times(5.4-4.6)\right]$

$\frac{4}{9}\div\left[\frac{4}{5}-\left(\frac{1}{5}+\frac{1}{3}\right)\right]$　　$\frac{13}{8}\div\left(\frac{5}{6}+\frac{2}{3}\times\frac{3}{8}\right)$　　$\frac{2}{5}-\left(\frac{2}{3}-\frac{1}{2}\right)\times\frac{3}{5}$

$\frac{1}{7}+\frac{7}{8}\times\frac{5}{7}+\frac{3}{8}$　　$\frac{2}{5}\div\left(\frac{3}{4}+\frac{2}{5}\right)$　　$\frac{3}{5}\div\left[\left(\frac{8}{9}-\frac{5}{6}\right)\times\frac{9}{20}\right]$

$\frac{15}{16}+\left(\frac{7}{16}-\frac{1}{4}\right)\div\frac{1}{2}$　　$\frac{1}{3}\div\left(\frac{2}{3}-\frac{2}{5}\right)\times\frac{3}{5}$　　$\left(\frac{11}{12}-\frac{3}{4}\right)\div\left(2-\frac{1}{2}\right)$

7. 果园里有桃树 800 棵，苹果树是桃树的$\frac{3}{4}$，梨树是苹果树的$\frac{1}{2}$，梨树有多少棵？

8. 小亮跑了 2 000 米，小丽跑的路程是小亮的$\frac{3}{4}$，小丽跑的是小华的$\frac{5}{7}$，小华跑了多少米？

1.2　整数指数幂

1.2.1　同底数幂的乘法

引入：

边长为 a 的正方形的面积为 $a\cdot a$，棱长为 a 的正方体的体积为 $a\cdot a\cdot a$，那么多个 a 相乘有什么好的运算方法吗？观察图 1－6 计算结果，你能发现什么规律？

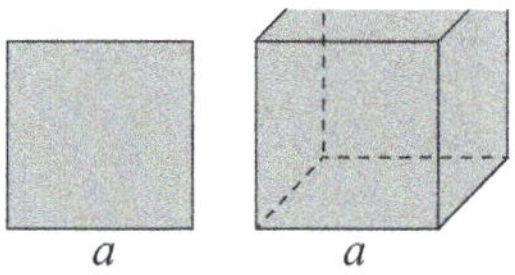

图 1－6

一般的，n 个相同的因数的积的运算，叫做乘方，乘方的结果叫做幂.

$$\underbrace{a\times a\times a\times a\times a\times\cdots\cdots\times a}_{n个}=a^n$$

在 a^n 中，a 叫做底数，n 叫做指数，当作为结果时，a^n 也可以读作 a 的 n 次幂. 例如，2^3 中，2 是底数，3 是指数，2^3 读作 2 的 3 次方，或者 2 的 3 次幂. 通常情况下我们也可以把 1 次方忽略不写. 例如 3^1，底数是 3，指数是 1，通常写成 3.

注意：(1)负数的奇次幂是负数，负数的偶次幂是正数.
(2)正数的任何次幂都是正数.
(3)0 的非 0 次幂都是 0，0 的 0 次幂无意义.
一般的，对于任意底数 a 与任意正整数 m,n，有

$$a^m \cdot a^n = \underbrace{a \cdot a \cdots a}_{m} \cdot \underbrace{a \cdot a \cdots a}_{n} = a^{m+n}$$

因此，我们有 $a^m \cdot a^n = a^{m+n}$(m,n 都是正整数)，既同底数幂相乘，底数不变，指数相加.
例 1. 计算：
(1)$x^2 \cdot x^5$　　(2)$a^3 \cdot a^6$
(3)$x^m \cdot x^{2m}$　　(4)$(-3)^3 \times (-3)^6 \times (-3)^2$
解：(1)$x^2 \cdot x^5 = x^{2+5} = x^7$
(2)$a^3 \cdot a^6 = a^{3+6} = a^9$
(3)$x^m \cdot x^{2m} = x^{m+2m} = x^{3m}$
(4)$(-3)^3 \times (-3)^6 \times (-3)^2 = (-3)^{3+6+2} = (-3)^{11}$

练习

1. 下列各式的计算是否正确？如果不正确，请改正过来.
(1)$a^2 \cdot a^3 = a^5$　　(2)$b \cdot b = 2b$

(3)$a^1 \cdot a^3 = a^3$　　(4)$a^4 \cdot a^3 = a^{12}$

2. 计算
(1)$10^5 \times 10^4$　　(2)$\left(\frac{1}{4}\right)^2 \times \left(\frac{1}{4}\right)^4$

(3)$(-2)^2 \times (-2)^5$　　(4)$b^2 \cdot b^4 \cdot b^5$

3. 用幂的形式表示下列问题的结果
(1)2 个棱长为 2cm 的正方形的体积和是________cm^3.
(2)9 个棱长为 3cm 的正方体的体积和是________cm^3.
4. 计算下列各题，结果用幂的形式表示.
(1)$10^4 \times 10^7$　　(2)$2^6 \times 2^5$　　(3)$\left(\frac{2}{3}\right)^2 \times \left(\frac{2}{3}\right)^3$

(4)$\left(\frac{1}{5}\right)^4 \times \left(\frac{1}{5}\right)^5$　　(5)$(-3)^3 \times (-3)^4$　　(6)$(-7)^2 \times (-7)^4$

5. 计算

(1)$b^1 \cdot b^3$　　(2)$a^2 \cdot a^6$　　(3)$y^{2n} \cdot y^{n+1}$

(4)$x^2 \cdot x^3$　　(5)$-d^5 \cdot d^2$　　(6)$a^m \cdot a^{n+1}$

(7)$a^1 \cdot a^3 \cdot a^4$　　(8)$a^2 \cdot a^n \cdot a^m$　　(9)$x^m \cdot x^{m+1} \cdot x^4$

6. (1)将$(a+b)^2 \cdot (a+b)^3$表示成以$(a+b)$为底的幂.

(2)将$(x-y)^2 \cdot (x-y)^3$表示成以$(x-y)$为底的幂.

7. 计算

(1)$x^1 \cdot x^2 \cdot x^3 + x^2 \cdot x^4$　　(2)$x^2 \cdot x^4 - x^1 \cdot x^2 \cdot x^3$

8. 设n为正整数,计算

(1)$2^{n+1} - 2^n$　　(2)$4 \times 5^n - 5^{n+1}$

9. 已知$x^a = 2, x^b = 3$,求x^{a+b}

1.2.2　幂的乘方

引入:

根据乘方的意义及同底数幂的乘法填空,观察计算结果,你能发现什么规律?

(1)$(3^2)^3 = 3^2 \times 3^2 \times 3^2 = 3^{()}$

(2)$(a^2)^3 = a^2 \times a^2 \times a^2 = a^{()}$

(3)$(a^m)^3 = a^m \times a^m \times a^m = a^{()}$

一般的,对于任意底数a和任意正整数m, n,

$$(a^m)^n = \underbrace{a^m \times a^m \times a^m \cdots a^m}_{n} = a^{mn}$$

因此,我们有$(a^m)^n = a^{mn}$(m, n都是正整数)即幂的乘方,底数不变,指数相乘.

性质:

$$(a^n)^m = \underbrace{a^n \times a^n \times a^n \cdots a^n}_{m} = a^{mn} = \underbrace{a^m \times a^m \times a^m \cdots a^m}_{n} = (a^m)^n$$

即：$(a^m)^n=(a^n)^m=a^{mn}$　例：$(a^2)^3=(a^3)^2=a^6$

例题

(1) $(10^3)^5$　(2) $(a^4)^4$　(3) $(a^m)^2$　(4) $-(x^4)^3$

解：(1) $(10^3)^5=10^{3\times5}=10^{15}$　(2) $(a^4)^4=a^{4\times4}=a^{16}$

(3) $(a^m)^2=a^{m\times2}=a^{2m}$　(4) $-(x^4)^3=-x^{4\times3}=-x^{12}$

练习

1. 下列各式的计算是否正确？如果不正确，请改正过来.

(1) $(a^2)^3=a^5$　(2) $(a^2)^3=a^6$

(3) $a^3+a^3=a^6$　(4) $(a^m)^n=(a^n)^m$（m,n 都是正整数）

2. 计算

(1) $(10^3)^3$　(2) $(x^3)^2$　(3) $-(x^m)^5$　(4) $(a^3)^2\cdot a^5$

(5) $(7^3)^2$　(6) $(b^4)^3$　(7) $(a^2)^3\cdot a^2$　(8) $(x^m)^4\cdot x^3$

(9) $(m^2)^n\cdot m^{n+1}$　(10) $(x^{2m})^3\cdot x^m$

3. 填空

(1) $(3^3)^3=3^{(\ )}$　(2) $(2^3)^4=2^{(\ )}$　(3) $9^4=3^{(\ )}$　(4) $[(-3)^3]^5=-3^{(\ )}$

4. 设 m,n 为正整数，计算

(1) $(5^8)^m$　(2) $(7^m)^5$　(3) $(9^8)^n$　(4) $(2^m)^n$

(5) $(m^2)^n\cdot m^n$　(6) $(y^n)^2\cdot(y^3)^m$

5. 计算

(1) $(a^2)^4\cdot a^2+2(a^3)^2\cdot(a^2)^2$　(2) $3(x^2)^2\cdot x^2+(x^3)^2$

6. (1) 将 $[(a+b)^2]^4$ 表示成以 $(a+b)$ 为底的幂.

(2)将$[(2x+y)^3]^2$表示成以$(a+b)$为底的幂.

7. (1)已知$(x^2)^m=x^8$,求 m.　　(2)已知$(a)^m=4,(a)^n=8$,求$(a)^{2m+3n}$.

8. 若 $a^m=2$,则 $a^{3m}=$ ________.

9. 已知 $10^m=4,10^n=5$,求 10^{3m+2n}的值.

1.2.3　积的乘方

引入:

以下两个式子在运算过程用到哪些运算律?运算结果有什么规律?

(1)$(ab)^2=(ab)\cdot(ab)=a\cdot b\cdot a\cdot b=a\cdot a\cdot b\cdot b=a^{()}b^{()}$

(2)$(ab)^3=(\quad)=(\quad)=(\quad)=a^{()}b^{()}$

一般的,对于任意底数 a,b 与任意正整数 n,

$(ab)^n=(ab)\cdot(ab)\cdots\cdot(ab)=a\cdot b\cdot a\cdot b\cdots a\cdot b=a\cdot a\cdots a\cdot b\cdot b\cdots\cdot b=a^nb^n$

因此,我们有$(ab)^n=a^nb^n$(n 为整数)即积的乘方,等于各因式乘方的积.

例题

(1)$(2a)^3$　(2)$(-5b)^3$　(3)$(xy^2)^2$　(4)$(-2x^3)^4$

解:(1)$(2a)^3=2^3\cdot a^3=8a^3$　(2)$(-5b)^3=(-5)^3\cdot b^3=-125b^3$

(3)$(xy^2)^2=x^2\cdot(y^2)^2=x^2y^4$　(4)$(-2x^3)^4=(-2)^4\cdot(x^3)^4=16x^{12}$

练习

1. 下列各式的计算是否正确?如果不正确,请改正过来.

(1)$(2a)^2=2a^2$　(2)$(ab^2)^3=a^3b^2$

(3)$(-3a^2)^3=-9a^4$　(4)$(2ab^2)^2=4a^2b^2$

2. 计算

(1)$(ab)^4$　(2)$\left(-\frac{1}{2}xy\right)^3$　(3)$(-3\times10^2)^3$　(4)$(2ab^2)^3$

(5) $(3a)^4$　　(6) $(-2x^2)^3$　　(7) $(-x^2y^3)^3$　　(8) $(-3x^2)^3\times(3x)^2$

3. 比一比谁算得快,并进行交流.

(1) $2^5\times5^3$　　(2) $(-4)^4\times0.25^4$　　(3) $8^{2011}\times0.125^{2011}$　　(4) $(-4)^6\times0.25^5$

4. 计算

(1) $(x^2y)^5$　　(2) $(-3x)^3$　　(3) $-(y^4)^2$　　(4) $-(m^n)^3$

(5) $(-mn^2)^3$　　(6) $(x^3)^2\times(x^2)^3$　　(7) $(2ab^3)^2\times(ab)^2$　　(8) $-3x^2\times(-x)^2$

(9) $(-x^2)^3+(-3x^2)^2\times x^2$　　(10) $(ab^2)^3+(ab^2)^2\times ab^2$

(11) $5^9\times0.2^8$　　(12) $\left(-\frac{2}{3}\right)^9\times\left(\frac{3}{2}\right)^9$

(13) $2^2\times4^2\times5^6$

5. 已知 $3^{x+1}\times5^{x+1}=15^{2x-3}$,求 x 的值.

1.2.4　同底数幂的除法

引入：

我们知道 $2^3\times2^4=2^{3+4}=2^7=128$. 那么 $2^3\div2^4=$ 的结果是什么呢？

一般的，对于任意正整数 m,n，都有：

$$a^m\div a^n=a^m\times\frac{1}{a^n}=\frac{\overbrace{a\cdot a\cdot a\cdots\cdot a}^{m}}{\underbrace{a\cdot a\cdot a\cdots\cdot a}_{n}}=a^{m-n}\ (a\neq0,m,n\text{ 为正整数})$$

即 $a^m\div a^n=a^{m-n}$（$a\neq0,m,n$ 为正整数）同底数幂相除，底数不变，指数相减.

负整数指数幂的计算：$a^{-n}=\frac{1}{a^n}$（$a\neq0,n$ 是正整数）. $a^{-n}=a^{0-n}=a^0\div a^n=\frac{a^0}{a^n}=\frac{1}{a^n}$（$a\neq0,n$ 是正整数）既任何不等于 0 的数的 $-n$ 次幂，等于这个数的 n 次幂的倒数. 例如 $2^{-3}=\frac{1}{2^3}=\frac{1}{8}$

例题

(1) $10^6\div10^2$　(2) $2^3\div2^5$　(3) $5^m\div5^{m-1}$　(4) $a^n\div a^{n+1}(a\neq0)$

解：(1) $10^6\div10^2=10^{6-2}=10^4$　(2) $2^3\div2^5=2^{3-5}=2^{-2}=\frac{1}{2^2}=\frac{1}{4}$

(3) $5^m\div5^{m-1}=5^{m-(m-1)}=5$　(4) $a^n\div a^{n+1}=a^n-(n+1)=a^{-1}=\frac{1}{a}$

练习

1. 下列各式的计算是否正确？如果不正确，请改正过来.

(1) $a^4\div a^3=a^7$　(2) $a^2\div a^5=a^{10}$　(3) $a\div a^4=a^3$　(4) $a^6\div a^3=a^2$

(5) $(-1)^0=-1$　(6) $(-2)^{-3}=\frac{1}{2^3}$　(7) $5^{-1}=-5$　(8) $(-3)^{-4}=3^4$

2. 下列算式中正确的是（　　）.

A. $(0.0001)^0=0-1$　B. $10^{-4}=0.0001$

C. $(10-2\times5)^6=1$　D. $(0.01)^{-2}=0.01$

3. 下列计算正确的是（　　）.

A. $a^{3m-5}\div a^{5-m}=a^{4m-10}$　B. $x^4\div x^3\div x^2=x^2$

C. $(10-2\times5)^0=1$　D. $10^{-4}=0.001$

4. 若 $(a-5)^0=1$ 有意义，则 a 满足________.

5. 已知 $3^x=2,3^y=4$，求 3^{x-y} 的值.

6. 若 $a^m=3$，$a^n=5$，你能确定 a^{4m-3n} 的值吗？

7. 计算.

(1) $a^6\div a^4$　　(2) $x^3\div x^5$　　(3) $(-10)^8\div(-10)^4$

(4) $\left(-\frac{1}{3}\right)^4\div\left(-\frac{1}{3}\right)^6$　　(5) $10^8\div10^3$　　(6) $3^3\div3^5$

(7) $10^0\div10^2$　　(8) $(a^3)^2\div a^4$　　(9) $(x^2)^2\cdot x\div x^5$

(10) $2^2-\left(-\frac{1}{2}\right)^{-2}$　　(11) $2^{-2}+(3\ 721-4\ 569)^0$　　(12) $(x^2)^6\div x^7$

(13) $(a^3)^2\div(a^4\cdot a^2)$　　(14) $(x-2y)^m\div(x-2y)^5(x-2y\neq0)$

(15) $(ab)^6\cdot(ab)^2\div(ab)^7$　　(16) $2^3\div2^{-2}$

(17) $a^3\cdot a^2\div a^{-3}$

1.3 实数的运算

1.3.1 算数平方根

引入：

我们前面讲到了 $3^2=9$，3 为底数，2 为指数，整体读作 3 的 2 次方等于 9，或者 3 的 2 次幂为 9，但是 3 又叫做 9 的什么呢？

如果一个正数 x 的平方等于 a，即 $x^2=a$，那么这个正数 x 叫做 a 的算术平方根. a 的算术平方根记作 $\sqrt{a}$，读作“根号 a”，a 叫做被开方数. 当式子 $\sqrt{a}$ 有意义时，a 一定表示一个非负数，即 $\sqrt{a}\geqslant0$，$a\geqslant0$. 规定：0 的算术平方根是 0.

性质： 一个非负数的算术平方根的平方等于它本身，既 $(\sqrt{a})^2=a(a\geqslant0)$

思考： $(\sqrt{a})^2$ 与 $\sqrt{a^2}$ 的区别与联系分别是什么呢？

区别： 1. $(\sqrt{a})^2$ 是先开方再平方，$\sqrt{a^2}$ 是先平方在开方，两者运算顺序不同.

2. $(\sqrt{a})^2$ 中 a 的取值范围是 $a\geq 0$，$\sqrt{a^2}$ 中 a 取正数、0、负数.

例题

求下列各数的算术平方根

(1)100　　(2)$\frac{49}{64}$　　(3)0.000 1

解：(1)因为 $10^2=100$，所以 100 的算术平方根是 10，即 $\sqrt{100}=10$；

(2)因为 $\left(\frac{7}{8}\right)^2=\frac{49}{64}$，所以$\frac{49}{64}$的算术平方根是$\frac{7}{8}$，即$\sqrt{\frac{49}{64}}=\frac{7}{8}$；

(3)因为 $0.01^2=0.000\ 1$，所以 0.000 1 的算术平方根是 0.01，即 $\sqrt{0.000\ 1}=0.01$.

从例题中可以看出：被开方数越大，对应的算术平方根也越大. 这个结论对所有正数都成立.

练习

1. 121 的算术平方根是(　　).

A. ± 11　　B. 11　　C. -11　　D. $\sqrt{11}$

2. 如果$\sqrt{y}=1.5$，那么 y 的值是(　　).

A. 2.25　　B. 22.5　　C. 2.55　　D. 25.5

3. 下列各式中正确的是(　　).

A. $\sqrt{25}=\pm 5$　　B. $\sqrt{(-6)^2}=-6$　　C. $(\sqrt{2})^2=-2$　　D. $(-\sqrt{3})^2=3$

4. 下列各数没有平方根的是(　　).

A. $-(-2)$　　B. $(-3)^3$　　C. $\sqrt{(-1)^2}$　　D. 11.1

5. 如果 $\sqrt{3x-5}$有意义，则 x 可以取的最小整数为(　　).

A. 0　　B. 1　　C. 2　　D. 3

6. 4 的平方的倒数的算术平方根是(　　).

A. 4　　B. $\frac{1}{8}$　　C. $-\frac{1}{4}$　　D. $\frac{1}{4}$

7. 设 x、y 为实数，且 $y=4+\sqrt{5-x}+\sqrt{x-5}$则 $|x-y|$ 的值是(　　).

A. 1　　B. 9　　C. 4　　D. 5

8. x 是 16 的算术平方根，那么 x 的算术平方根是(　　).

A. 4　　B. 2　　C. ± 2　　D. ± 4

9. $\sqrt{144}=$________；$\sqrt{\frac{25}{49}}=$________；$-\sqrt{0.01}=$________；$\sqrt{0.002\ 5}=$________.

10. 一个数的算术平方根是 25，这个数是________.

11. 算术平方根等于它本身的数有________.

12. $\sqrt{a+1}+2$ 的最小值是________，此时 a 的取值是________.

13. $2x+1$ 的算术平方根是 2，则 $x=$________.

14. 若 $5x+4$ 的算数平方根为 1，则 $x=$______；若 $m-4$ 没有平方根，则 $|m-4|=$______.

15. 求下列各数的算术平方根.

(1)0.002 5　　(2)81　　(3)3^2　　(4)121

(5)$\frac{144}{169}$　　(6) $\sqrt{16}$　　(7)9^2　　(8)0.09

(9)11

16. 求下列各式的值.

(1)$\sqrt{1}$　　(2)$\sqrt{\frac{9}{25}}$　　(3) $\sqrt{2^2}$

17. 已知 a 为 $\sqrt{170}$ 的整数部分,$b-1$ 是 400 的算术平方根,求 $\sqrt{a+b}$.

18. $3m-1$ 的算术平方根是 2,$6m+n-1$ 的算术平方根是 3,求 $9m+2n$ 的算术平方根.

1.3.2 平方根

引入:

如果一个数的平方等于 9,这个数是多少?

从前面我们知道,这个数可以是 3,除了 3 以外,还有没有别的数的平方也等于 9 呢?

由于$(-3)^2=9$,这个数也可以是 -3. 因此,如果一个数的平方等于 9,那么这个数是 3 或 -3.

这就是说,如果 $x^2=a$,那么 x 叫做 a 的平方根或二次方根.

例 1. 求下列各数的平方根

(1)100　　(2)$\frac{9}{16}$

解:(1)因为$(\pm10)^2=100$,所以 100 的平方根是 ±10;

(2)因为$\left(\pm\frac{3}{4}\right)^2=\frac{9}{16}$,所以$\frac{9}{16}$的平方根是 $\pm\frac{3}{4}$.

我们发现,正数的平方根有两个,它们互为相反数,其中正的平方根就是这个数的算术平方根.

性质: 正数有两个平方根,它们互为相反数;0 的平方根是 0;负数没有平方根.

$$\sqrt{a^2}=|a|=\begin{cases}a & a>0\\0 & a=0\\-a & a<0\end{cases}\qquad (\sqrt{a})^2=a(a\geqslant0)$$

例 2. 求下列各式的值

(1) $\sqrt{36}$　　(2) $-\sqrt{0.81}$　　(3) $\pm\sqrt{\frac{49}{9}}$

解:(1)因为 $6^2=36$,所以 $\sqrt{36}=6$;

(2)因为$0.9^2=0.81$,所以$-\sqrt{0.81}=-0.9$;

(3)因为$\left(\frac{7}{3}\right)^2=\frac{49}{9}$,所以$\pm\sqrt{\frac{49}{9}}=\pm\frac{7}{3}$.

练习

1. 判断下列说法是否正确

(1)0 的平方根是 0　　(2)1 的平方根是 1

(3) -1 的平方根是 -1　　(4)0.01 是 0.1 的一个平方根

(5)5 是 25 的算术平方根　　(6)0 的平方根与算术平方根都是 0

2. 计算下列各式的值

(1)$\sqrt{9}$　　(2) $-\sqrt{0.49}$　　(3) $\pm\sqrt{\frac{64}{81}}$

3. 求下列各数的算术平方根

(1)81　　(2)$\frac{25}{64}$　　(3)0.04　　(4)10^2

4. 下列各式是否有意义,为什么?

(1) $-\sqrt{3}$　　(2) $\sqrt{-3}$　　(3) $\sqrt{(-3)^2}$　　(4) $\sqrt{\frac{1}{10^2}}$

5. 求下列各数的平方根

(1)49　　(2)$\frac{4}{25}$　　(3)$\frac{1}{10^6}$　　(4)0.001 6

6. 下列说法错误的是(　　).

A. 5 是 25 的算术平方根　　B. 1 是 1 的一个平方根

C. $(-4)^2$ 的平方根是 -4　　D. 0 的平方根与算术平方根都是 0

7. 填空

(1) -4 是________的负平方根.

(2)$\sqrt{\frac{1}{16}}$表示________的算术平方根,$\sqrt{\frac{1}{16}}=$________.

(3)$\sqrt{\frac{1}{81}}$的算术平方根为________.

(4)若$\sqrt{x}=3$,则 $x=$ ________,若$\sqrt{x^2}=3$,则 $x=$ ________.

8. 使代数式 $\sqrt{x+1}$有意义的 x 的取值范围是________.

9. 求下列各式中的 x.

(1)$x^2-361=0$　　(2)$(x+1)^2=289$　　(3)$9(3x+2)^2-64=0$

10. x 为何值时,下列各式有意义?

(1) $\sqrt{x^2}$　　(2) $\sqrt{x-4}$　　(3) $\sqrt{x+1}+\sqrt{1-x}$　　(4)$\dfrac{\sqrt{x-1}}{x-3}$

11. 若 $\sqrt{x^2-1}+\sqrt{y+1}=0$,求 $x^{2011}+y^{2012}$的值.

1.3.3 立方根

引入:

我们知道 $3^2=9$,3 叫做 9 的平方根,那么如果 $2^3=8$,2 又叫做 8 的什么呢?

类似于平方根,一个数 a 的立方根,用符号$\sqrt[3]{a}$表示,读作“三次根号 a”,其中 a 是被开方数,3 是根指数. 例如$\sqrt[3]{8}$表示 8 的立方根,$\sqrt[3]{8}=2$; $\sqrt[3]{-8}$表示 -8 的立方根, $\sqrt[3]{-8}=-2$. 其中根指数 3 不能省略.

求一个数的立方根的运算,叫做开立方,正如开平方与平方互为逆运算一样,开立方与立方也互为逆运算. 我们可以根据这种关系求一个数的立方根.

例 1. 根据立方根的意义填空,你能发现正数、0 和负数的立方根各有什么特点吗?

因为 $2^3=8$,所以 8 的立方根是(　　);

因为(　　)$^3=0.064$,所以 0.064 的立方根是(　　);

因为(　　)$^3=0$,所以 0 的立方根是(　　);

因为(　　)$^3=-8$,所以 -8 的立方根是(　　);

因为(　　)$^3=-\dfrac{8}{27}$,所以 $-\dfrac{8}{27}$的立方根是(　　).

解:根据条件我们得到结果分别为 2、0.4、0、-2 和 $-\dfrac{2}{3}$

性质: 正数的立方根是正数,负数的立方根是负数,0 的立方根是 0.

探究: 因为 $\sqrt[3]{-8}=$ ________, $-\sqrt[3]{8}=$ ________,所以 $\sqrt[3]{-8}$ ________ $-\sqrt[3]{8}$;

因为 $\sqrt[3]{-27}=$ ________, $-\sqrt[3]{27}=$ ________,所以 $\sqrt[3]{-27}$ ________ $-\sqrt[3]{27}$.

一般的, $\sqrt[3]{-a}=-\sqrt[3]{a}$

思考: 平方根和立方根的区别与联系?

内容＼名称		平方根	立方根
区别	表示方法	$\pm\sqrt{a}(a\geqslant 0)$	$\sqrt[3]{a}$
	个数	正数有两个平方根,0 的平方根是 0,负数没有平方根	任意数都只有一个立方根
	被开方数	非负数	任意数
联系		1. 都是开方运算. 2. 0 的平方根、立方根都是 0.	

例题

求下列各式的值

(1) $\sqrt[3]{64}$　　(2) $-\sqrt[3]{\frac{1}{8}}$　　(3) $\sqrt[3]{-\frac{27}{64}}$

解:(1) $\sqrt[3]{64}=4$;　　(2) $-\sqrt[3]{\frac{1}{8}}=-\frac{1}{2}$;　　(3) $\sqrt[3]{-\frac{27}{64}}=-\frac{3}{4}$.

练习

1. 判断下列说法是否正确.

(1)2 是 8 的立方根　　(2) ±4 是 64 的立方根

(3) $-\frac{1}{3}$是$-\frac{1}{27}$的立方根　　(4)$(-4)^3$ 的立方根是 -4

2. 下列各式是否有意义? 为什么?

(1) $-\sqrt[3]{3}$　　(2) $\sqrt[3]{-3}$　　(3) $\sqrt[3]{(-3)^3}$　　(4) $\sqrt[3]{\frac{1}{10^3}}$

3. 求下列各式的值

(1) $-\sqrt[3]{0.027}$　　(2) $\sqrt[3]{-\frac{8}{27}}$　　(3) $\sqrt[3]{1-\frac{37}{64}}$

4. 立方根等于 3 的数是(　　).

A. 9　　B. ±9　　C. 27　　D. ±27

5. $\sqrt[3]{(-7)^3}$的正确结果是(　　).

A. 7　　B. −7　　C. ±7　　D. 无意义

6. 下列说法正确的是(　　).

A. 0 没有立方根

B. 一个数的立方根有两个

C. 一个数的立方根一定比这个数小

D. 一个非零的数的立方根,仍然是一个非零的数

7. 若 $\sqrt[3]{x-3}$有意义,则 x 的取值范围________.

8. 一个自然数的算术平方根是 a，那么与这个自然数相邻的下一个自然数的平方根是________，立方根是________.

9. 下列各式的值

(1) $-\sqrt[3]{-\frac{27}{64}}$ (2) $\pm\sqrt[3]{0.064}$ (3) $\sqrt[3]{\frac{19}{27}-1}$ (4) $\sqrt[3]{10^6}$

10. 求下列各式中的 x 的值.

(1) $(1-x)^3=64$ (2) $(2x-5)^3=-27$

1.3.4 实数

引入：

前面学习了正数、分数. 我们知道所有的分数都能够化简成为有限小数和无限循环小数，那无限不循环小数又叫什么呢？例如 0.100 100 010 000 100 000 01…

一、实数的概念及性质

无限不循环小数叫做无理数. 无理数有三种表现形式如下：

(一) 开方开不尽的数，如 $\sqrt[3]{3}$、$\sqrt{2}$ 等；

(二) 有特定意义的数，如圆周率 π，或化简后含有 π 的数，如 $\pi+8$ 等；

(三) 有特定结构的数，如 0.100 100 010 000 100 000 01…等.

在学习了无理数以后，我们所学的数字就可以扩充到实数范围了，所谓的实数就是无理数和有理数的统称，具体分类如下：

实数
- 有理数 { 正有理数、零、负有理数 } 有限小数和无限循环小数
- 无理数 { 正无理数、负无理数 } 无限不循环小数

性质：

(1) 实数与它的相反数是一对数（只有符号不同的两个数叫做互为相反数，零的相反数是零），从数轴上看，互为相反数的两个数所对应的点关于原点对称，如果 a 与 b 互为相反数，则有 $a+b=0$，$a=-b$，反之亦成立.

(2) 一个实数的绝对值就是表示这个数的点与原点的距离，$|a|\geq 0$. 零的绝对值时它本身，也可看成它的相反数，若 $|a|=a$，则 $a\geq 0$；若 $|a|=-a$，则 $a\leq 0$. 正数大于零，负数小于零，正数大于一切负数，两个负数，绝对值大的反而小.

(3) 如果 a 与 b 互为倒数，则有 $ab=1$，反之亦成立. 倒数等于本身的数是 1 和 -1. 零没有倒数.

二、实数大小比较的几种常用方法：

(一) 数轴比较：在数轴上表示的两个数，右边的数总比左边的数大.

例 1. 比较$\frac{\sqrt{3}-1}{5}$与$-\frac{1}{5}$的大小

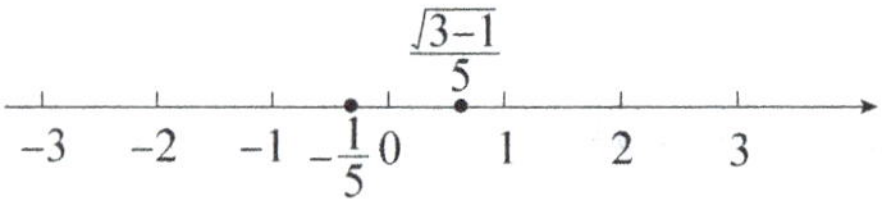

因为在坐标轴中$\frac{\sqrt{3}-1}{5}$在$-\frac{1}{5}$的右侧，所以$\frac{\sqrt{3}-1}{5}>-\frac{1}{5}$

(二)求差比较：设 a、b 是实数，

$$a-b>0\Leftrightarrow a>b,$$
$$a-b=0\Leftrightarrow a=b,$$
$$a-b<0\Leftrightarrow a<b$$

例 2. 比较$\frac{\sqrt{3}-1}{5}$与$\frac{1}{5}$的大小.

$\frac{\sqrt{3}-1}{5}-\frac{1}{5}=\frac{\sqrt{3}-1-1}{5}=\frac{\sqrt{3}-2}{5}<0$　所以$\frac{\sqrt{3}-1}{5}<\frac{1}{5}$

(三)求商比较法：设 a、b 是两正实数，$\frac{a}{b}>1\Leftrightarrow a>b$；$\frac{a}{b}=1\Leftrightarrow a=b$；$\frac{a}{b}<1\Leftrightarrow a<b$；

例 3. 比较$\frac{\sqrt{3}-1}{5}$与$\frac{1}{5}$的大小.

$\frac{\sqrt{3}-1}{5}\div\frac{1}{5}=\frac{\sqrt{3}-1}{5}\times5=\sqrt{3}-1<1$　所以$\frac{\sqrt{3}-1}{5}<\frac{1}{5}$

(四)绝对值比较法：设 a、b 是两负实数，则$|a|>|b|\Leftrightarrow a<b$.

例 4. 比较 -3 与 $-\frac{1}{3}$的大小.

$|-3|=3$ $\left|-\frac{1}{3}\right|=\frac{1}{3}$　$|-3|>\left|-\frac{1}{3}\right|$

所以 $-3<-\frac{1}{3}$

(五)平方法：设 a、b 是两负实数，则 $a^2>b^2\Leftrightarrow a<b$.

例 5. 比较$\sqrt{2}+\sqrt{6}$与$\sqrt{3}+\sqrt{5}$的大小

$$(\sqrt{2}+\sqrt{6})^2=(\sqrt{2}+\sqrt{6})\times(\sqrt{2}+\sqrt{6})=\sqrt{2}\times\sqrt{2}+\sqrt{2}\times\sqrt{6}+\sqrt{6}\times\sqrt{2}+\sqrt{6}\times\sqrt{6}$$
$$=2+2\sqrt{12}+6=8+2\sqrt{12}$$
$$(\sqrt{3}+\sqrt{5})^2=(\sqrt{3}+\sqrt{5})\times(\sqrt{3}+\sqrt{5})=\sqrt{3}\times\sqrt{3}+\sqrt{3}\times\sqrt{5}+\sqrt{5}\times\sqrt{3}+\sqrt{5}\times\sqrt{5}$$
$$=3+2\sqrt{15}+5=8+2\sqrt{15}$$

因为$8+2\sqrt{12}<8+2\sqrt{15}$所以$\sqrt{2}+\sqrt{6}<\sqrt{3}+\sqrt{5}$

练习

(1) 比较 $1-\sqrt{2}$与 $1-\sqrt{3}$的大小　　(2) 比较 $5\sqrt{6}$与 $6\sqrt{5}$的大小

(3) 比较 $-\frac{1}{2}$ 与 -2 的大小

(4) 比较 $\sqrt{3}+\sqrt{4}$ 与 $\sqrt{2}+\sqrt{5}$ 的大小

三、实数的运算

实数和有理数一样,可进行加、减、乘、除、乘方、开方运算;有理数范围内的运算律、运算法则在实数范围内仍然适用.

交换律	$a+b=b+a, ab=ba$
结合律	$(a+b)+c=a+(b+c)\cdot(ab)\cdot c=a\cdot(bc)$
分配律	$a\cdot(b+c)=ab+ac$

例 6. 计算下列各式

(1) $\sqrt{16}-|-2|+(-4)\times 2^{-1}$

(2) $|-2|-\sqrt{4}-(3-\pi)^0$

(3) $\sqrt[3]{-8}+|-2|-(-1)^{2016}$

解:

(1) $\sqrt{16}-|-2|+(-4)\times 2^{-1}=4-2+(-4)\times\frac{1}{2}=4-2-2=0$

(2) $|-2|-\sqrt{4}-(3-\pi)^0=2-2-1=-1$

(3) $\sqrt[3]{-8}+|-2|-(-1)^{2016}=-2+2-1=-1$

练习

1. 计算题: $|-2|-(1+\sqrt{2})^0+\sqrt{4}$.

2. 计算题: $-1^{2009}+4\times(-3)^2+(-6)\div(-2)$

3. $\sqrt{196}-\sqrt{121}+\sqrt[3]{8}$

4. $|1-\sqrt{2}|-\sqrt{2}$.

5. $-2^2+8\div(-2)^3-2\times\left(\frac{1}{8}-\frac{1}{2}\right)$.

6. $|\sqrt{3}-\sqrt{2}|+2\sqrt{3}$;

7. $(\pi-2)^0-\sqrt[3]{0.125}+\sqrt{4}$.

8. $|\sqrt{2}-\sqrt{3}|+2\sqrt{2}$.

小结巩固

1. 下列各数中,不是无理数的是(　　).

A. $\sqrt{7}$　　B. 0.5　　C. 2π　　D. 0.151 151 115…

2. 下列说法正确的是(　　).

A. 有理数只是有限小数　　B. 无理数是无限不循环小数

C. 无限小数是无理数　　D. 带根号的数都是无理数

3. 和数轴上的点一一对应的是(　　).

A. 整数　　B. 有理数　　C. 无理数　　D. 实数

4. 下列说法其中正确的个数是(　　).

(1)无理数就是开方开不尽的数　　(2)无理数是无限不循环小数

(3)无理数包括正无理数、零、负无理数　　(4)无理数都可以用数轴上的点来表示

A. 1　　B. 2　　C. 3　　D. 4

5. $(-0.7)^2$ 的平方根是(　　).

A. -0.7　　B. ±0.7　　C. 0.7　　D. 0.49

6. 若 $-\sqrt[3]{a}=\sqrt[3]{\frac{7}{8}}$,则 a 的值是(　　).

A. $\frac{7}{8}$　　B. $-\frac{7}{8}$　　C. $\pm\frac{7}{8}$　　D. $-\frac{343}{512}$

7. 若 $a^2=25$, $|b|=3$,则 $a+b=$(　　).

A. -8　　B. ±8　　C. ±2　　D. ±8 或 ±2

8. $\sqrt{9}$的值等于(　　).

A. 3　　B. -3　　C. ±3　　D. $\sqrt{3}$

9. 在 -1.414, $\sqrt{2}$, π, 3.14, $2+\sqrt{3}$, 3.212 212 221…, 3.14 这些数中,无理数的个数为(　　).

A. 5　　B. 2　　C. 3　　D. 4

10. 下列计算正确的是(　　).

A. $\sqrt{20}=2\sqrt{10}$　　B. $\sqrt{2}\cdot\sqrt{3}=\sqrt{6}$　　C. $\sqrt{4}-\sqrt{2}=\sqrt{2}$　　D. $\sqrt{(-3)^2}=-3$

11. 下列说法中,不正确的是(　　).

A. 3 是 $(-3)^2$ 的算术平方根　　B. ±3 是 $(-3)^2$ 的平方根

C. -3 是 $(-3)^2$ 的算术平方根　　D. -3 是 $(-3)^3$ 的立方根

12. 若 a、b 为实数,且满足 $|a-2|+\sqrt{-b^2}=0$,则 $b-a$ 的值为(　　).

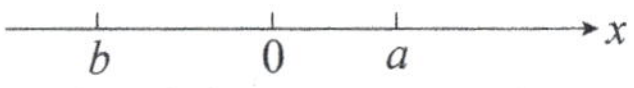

A. 2　　B. 0　　C. -2　　D. 以上都不对

13. 已知下列结论：①在数轴上只能表示无理数$\sqrt{2}$；②任何一个无理数都能用数轴上的点表示；③实数与数轴上的点一一对应；④有理数有无限个，无理数有有限个. 其中正确的结论是（　　）.

A. ①②　　B. ②③　　C. ③④　　D. ②③④

14. 若 a，b 都是无理数，且 $a+b=0$，则 a，b 的值可以是________.（填一组）

15. 将下列各数的序号填在相应的集合里.

$\sqrt{2}$，π，3.14，-0.45，3.030 030 003…，0，$\frac{5}{11}$，$-\sqrt[3]{6}$，$\sqrt{(-7)^2}$，$\sqrt{0.1}$

有理数：____________________________

无理数：____________________________

正实数：____________________________

整数：____________________________

16. $\sqrt{5}-2$ 的相反数是________；绝对值是________.

17. 在数轴上与原点的距离是$\sqrt[3]{3}$的点所表示的实数是________.

18. 大于 $-\sqrt{17}$ 小于 $\sqrt{11}$ 的所有整数________.

19. 若 $\sqrt{102.01}=10.1$，则 $\pm\sqrt{1.0201}=$________.

20. 若一个数的算数方根就是它本身，则这个数是________.

21. 计算

①$3\sqrt{3}+2\sqrt{3}$　　②$\sqrt{5}-2\sqrt{5}$　　③$\sqrt{2}+3\sqrt{2}-5\sqrt{2}$

④$\sqrt{3}(1+\sqrt{3})$　　⑤$\sqrt[3]{8}+\sqrt{2}\left(1-\frac{1}{\sqrt{2}}\right)$

22. 实数 a，b 在数轴上的位置如图所示，化简 $|a-b|-\sqrt{a^2}$.

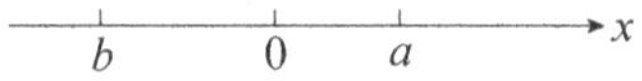

23. 阅读下列解题过程：$\frac{1}{\sqrt{5}+\sqrt{4}}=\frac{1\times(\sqrt{5}-\sqrt{4})}{(\sqrt{5}+\sqrt{4})(\sqrt{5}-\sqrt{4})}=\sqrt{5}-\sqrt{4}$，

$\frac{1}{\sqrt{6}+\sqrt{5}}=\frac{1\times(\sqrt{6}-\sqrt{5})}{(\sqrt{6}+\sqrt{5})(\sqrt{6}-\sqrt{5})}=\sqrt{6}-\sqrt{5}$，请回答下列问题：

（1）观察上面的解答过程，请写出$\frac{1}{\sqrt{n+1}+\sqrt{n}}=$________；

（2）利用上面的解法，请化简：

$$\frac{1}{1+\sqrt{2}}+\frac{1}{\sqrt{2}+\sqrt{3}}+\frac{1}{\sqrt{3}+\sqrt{4}}+\cdots+\frac{1}{\sqrt{98}+\sqrt{99}}+\frac{1}{\sqrt{99}+\sqrt{100}}$$

第二单元　代数式及其运算

2.1　代数式及整式的运算

2.1.1　用字母表示数

引入：

科学家爱因斯坦上小学时，在一次数学课中，发现了下列的等式：

$$1+2=2+1,3.5+5.6=5.6+3.5,\frac{1}{2}+\frac{2}{3}=\frac{2}{3}+\frac{1}{2}.$$

他认为，这是数的运算的一个重要规律，于是就把这个规律告诉了他的老师和同学，得到了大家的赞赏.

1. 你发现这个规律了吗？能把这个规律用简明的方法表示出来吗？

2. 请用字母表示数的加法结合律和乘法的运算律，并把你的想法和做法与同学交流.

爱因斯坦发现的这个规律，就是加法交换律：$a+b=b+a$（a,b 表示任意数）

用字母表示数，可以简明地表达一些一般的数量和数量关系，即把问题中的数量有关的语句，用含数、字母和运算符号的式子表示出来.

思考： 观察自然数 0,1,2,3,4,5,6,7,8,9,10,11,12,…

(1)请用字母表示偶数和奇数.

(2)两个偶数之和是什么数？提出猜想，并用字母表示数的方法说明这个猜想是正确的.

事实上，偶数用字母可以表示为 $2m$（m 为自然数），奇数用字母可以表示为 $2m+1$（m 为自然数）.

两个偶数 $2m,2n$（m,n 为自然数）的和，用字母表示为 $2m+2n=2(m+n)$（m,n 为自然数），这个数仍是偶数.

例题

1. 一箱苹果的质量约为 15kg，a 箱苹果质量约为________kg.

2. 将边长为 a 的正方形的一组对边长度各增加 1，另一组对边的长度不变，那么所得到的长方形的周长是________，长方形与正方形的面积之差是________.

3. 一把椅子的价格是 a 元，一张课桌的价格比一把椅子多 b 元，一张课桌的价格是________元.

4. 温度由 -6℃上升了 t℃，上升后的温度是________℃.

5. 某种书定价是 8 元，购买 a 本这种书需要________元.

6. 一个两位数，十位数字是 a，个位数字是 b，这个两位数可以表示为________.

7. 两个数的和为 25，如果其中的一个数为 a，那么另一个数为________.

8. 大林出生时爸爸 29 岁，妈妈比爸爸小 3 岁，大林 a 岁时，爸爸________岁，妈妈________岁.

注意： 当用字母表示数字时，字母与字母之间的乘法和数字与字母之间的乘法，不用“×”而是用“·”，甚至可以省略不写.

练习

一、填空题

1. 学校有图书 4 000 本，又买来 a 本，现在一共有(　　)本.
2. 学校有学生 a 人，其中男生 b 人，女生有(　　)人.
3. 李师傅每小时生产 x 个零件，10 小时生产(　　)个.
4. 食堂买来大米 400 千克，每天吃 a 千克，吃了几天后还剩 b 千克，已吃了(　　)天.
5. 姐姐今年 a 岁，比妹妹年龄的 2 倍少 2 岁，妹妹今年(　　)岁.
6. 甲数是 x，比乙数少 y，甲乙两数之和是(　　)，两数之差是(　　).
7. 小花今年 12 岁，比小兰大 a 岁，小兰今年(　　)岁.
8. 一件上衣 54 元，一条裤子 48 元，买 b 套这样的衣服，要用(　　)元.
9. 一本故事书有 a 页，小明每天看 x 页，看了 y 天，看了(　　)页，还剩(　　)页没看.
10. 王阿姨买了 m 千克香蕉和 n 千克苹果，香蕉每千克 4.8 元，苹果每千克 5.4 元，一共花了(　　)元.

二、根据运算定律填空

1. $a+18=\square+\square$　　$a\times15=\square\times\square$

2. $m\times2.5\times0.4=\square\times(\square\times\square)$

3. $(a+b)\times c=\square\times\square+\square\times\square$

4. $m-a-b=\square-(\square+\square)$

三、省略乘号写出下面各式

$a\times12=$　　　　$b\times b=$　　　　$a\times b=$　　　　$x\times y\times7=$

$5\times x=$　　　　$2\times c\times c=$　　　　$7x\times5=$　　　　$2\times a\times b=$

四、判断(对的打“√”，错的打“×”.)

1. $5+x=5x$(　　)　　　　2. $x+x=x^2$(　　)

3. $a\times3=3a$(　　)　　　　4. $y^2=y\times2$(　　)

5. $2a+3b=5ab$(　　)　　　　6. $2a+3a=5a$(　　)

7. $5\times a\times b=5ab$(　　)　　　　8. $a\times7+a=8a$(　　)

五、说一说下面每个式子所表示的意义

(1)一天中午的气温是32℃，下午比中午的气温降低了x℃.

$32-x$表示：________

(2)五(2)班有40人订阅《少年文艺》杂志，每本单价b元.

$40b$表示：________

(3)一个足球单价a元，一个篮球b元.

$6a+4b$表示：________

(4)张师傅每小时加工x个零件，朱师傅每小时加工15个零件

$x-15$表示：________

$5x$表示：________

$(x-15)\times 3$表示：________

六、先写出图形的计算面积的公式，再把数字代入公式进行计算

(1)一个平行四边形底是12分米，高是8分米，求面积？

(2)一个三角形底是4.8厘米，高是底的2倍，求面积？

(3)一个梯形上底是15厘米，下底是9厘米，高8厘米，求m^2+n^2面积？

七、求下列各式的值

(1)已知$a=1.8$，$b=2.5$求$4a+2b$的值

(2)已知$x=0.5$，$y=1.3$，求$3y-4x$的值

(3)已知$m=0.6.n=0.4$，求m^2+n^2的值

八、应用题

1. 有两筐同样的梨，第一筐重a千克，第二筐重b千克，第一筐比第二筐少卖m元，(1)用式子表示出梨的价钱. (2)当$a=24$，$b=27$，$m=9$时，每千克梨价钱是多少元？

2. 甲书架上有x本书，乙书架上的书比甲书架上的1.5倍还多5本，(1)用式子表示乙书架上有多少本书. (2)当$x=45$，乙书架上有书多少本？

2.1.2　代数式

引入：

在前面的学习中，我们遇到了像 $a+b$，$\frac{s}{t}$，$b+28$，$5m$，πr^2，a，$a(1+8\%)$，20 等这样的式子，以后我们会经常见到这样的式子，为此，我们能否对这样的式子进行定义呢？

这样的式子通常是用运算符号（加、减、乘、除、乘方、开方）连接数和字母组成的式子，我们把这样的式子叫做代数式. 单独的一个数或一个表示数的字母也叫代数式. 如等式 $a+b=b+a$，$a(b+c)=ab+ac$，$v=\frac{s}{t}$ 的两边都是一个代数式.

注意： 代数式中不含“=”“≥”“≤”“≠”等符号.

例 1. 指出下列各代数式的意义.

(1) $2a+b$　　(2) $2(a+5)$　　(3) a^2+b^2　　(4) $(a+b)^2$

解：(1) $2a+b$ 表示的是 a 的 2 倍与 5 的和；

(2) $2(a+5)$ 表示的是 a 与 5 的和的 2 倍；

(3) a^2+b^2 表示的是 a 的平方与 b 的平方的和；

(4) $(a+b)^2$ 表示的是 a 与 b 的和的平方.

我们把问题中与数量有关的语句，用含有数、字母和运算符号的式子表示出来，这就是列代数式. 一般步骤为：

第一步：读懂题意，弄清其中的数量关系，抓住题目中表示运算关系的关键词，如和、差、积、商、比、倍、分、大、小、增加了、增加到、减少了、减少到、几分之几等.

第二步：分清运算顺序，注意关键性的断句及括号的恰当使用.

注意：

1. 数与字母、字母与字母相乘，乘号省略不写或者写成“·”，数字写到前面. 如 $4b$
2. 数或者字母与 ±1 相乘，“1”忽略不写，比如 $1\cdot b=b$　$-1\cdot a=-a$
3. 数字因数为带分数，把带分数化成假分数，如 $2\frac{1}{2}b=\frac{5}{2}b$
4. 常见问题中的数量关系：

行程问题：路程 = 速度 × 时间

工作问题：工作量 = 工作效率 × 工作时间

利润问题：$利润率=\frac{利润}{成本}\times100\%$

例 2. 用代数式表示.

(1) a 与 b 的差与 c 的平方的和.

(2) 百位数字是 a，十位数字是 b，个位数字是 c 的三位数.

(3) 三个连续的整数（用同一个字母表示），以及它们的和.

解：(1) $(a-b)+c^2$

(2) $100a+10b+c$（其中，a，b，c 是 0 到 9 之间的整数，且 $a\neq0$）

(3) 设 m 是整数，三个连续整数可表示为 $m-1$，m，$m+1$. 它们的和为 $(m-1)+m+(m+1)$. 在代数式中，除法运算一般以分数的形式表示，如 $s\div t$ 写作 $\frac{s}{t}(t\neq0)$.

练习

一、填空题

(1)大华身高 $a$cm,小亮身高为 $b$cm,他们的平均身高为________cm.

(2)一个长方形的面积为 S,如果它的长为 a,那么宽为________.

(3)七年级共有 x 名学生,男生占 51%,女生的人数是________名.

(4)小红每分钟走 am,小亮每分钟比小红多走 8m,用小红走 bm 路程所用的时间,小亮能走的路程是________m.

(5)七年级有 x 名男生,y 名女生,则七年级共有________名学生.

(6)x 的 2 倍与 2 的差,可以表示为________.

(7)一个教室有 2 扇门和 5 扇窗户,n 个这样的教室有________扇门和________扇窗户.

(8)a 与 b 的平方差可表示为________.

(9)$2x+3y$ 可以解释为________________.

(10)某商店钢笔每支 a 元,铅笔每支 b 元,小明买了 3 支钢笔和 2 支铅笔,应付________元.

(11)个位数字是 a,十位数字是 b 的两位数可表示为________,交换个位与十位数字后的两位数是________.

(12)一项工程,甲队单独完成需 a 天,乙队单独完成需 b 天,两队合作要________天完成.

(13)当 n 为整数时,偶数可表示为________,奇数可表示为________.

二、选择题

1. 下列属于代数式的是(　　).

A. $S=ab$　　B. $a^2-b^2=(a+b)(a-b)$

C. $2a+3$　　D. $S=\pi R^2$

2. "a 的相反数与 a 的 2 倍的差",用代数式表示为(　　).

A. $a-2a$　　B. $-a-2a$　　C. $a+2a$　　D. $-a+2a$

3. 在 $-2,\pi,2x,x+1,\frac{xy}{2}$中,代数式有(　　).

A. 2 个　　B. 3 个　　C. 4 个　　D. 5 个

4. 下列代数式书写规范的是(　　).

A. $a\times 2$　　B. $1\frac{1}{2}a$　　C. $(5\div 3)a$　　D. $2a^2$

5. "m 与 n 的差的平方",用代数式表示为(　　).

A. $(m-n)^2$　　B. m^2-n^2　　C. $m-n^2$　　D. m^2-n

6. 已知长方形的周长为 C,长为 2,则宽为(　　).

A. $C-2$　　B. $\frac{1}{2}(C-2)$　　C. $C-1$　　D. $\frac{1}{2}C-1$

7. 某厂去年产值是 x 万元,今年比去年增产 40%,今年产值是(　　)万元.

A. $40\%x$　　B. $(1+40\%)x$　　C. $\frac{x}{40\%}$　　D. $1+40\%x$

8. 代数式 $a+b^2$ 的意义是(　　).

A. a 与 b 的和的平方　　B. a、b 两数的平方和

C. a 与 b 的平方的和　　D. a 与 b 的平方

9. 正方体的棱长为 a，当棱长增加 x 时，体积增加了(　　).

A. a^3-x^3　　B. x^3　　C. $(a+x)^3-a^3$　　D. $(a+x)^3-x^3$

10. 某班有 a 个学生，其中女生人数占 46%，那么男生人数是(　　).

A. $46\%a$　　B. $(1-46\%)a$　　C. $\frac{a}{46\%}$　　D. $\frac{a}{(1-46\%)}$

11. 下列各式：

(1) $1\frac{2}{3}ab$　(2) $x\cdot 2$　(3) $30\%a$　(4) $m-2$℃　(5) $\frac{3x^2-y}{2}$　(6) $a-b\div c$，其中不符合代数式书写要求的有(　　).

A. 5 个　　B. 4 个　　C. 3 个　　D. 2 个

12. 如果两个数的和是 10，其中一个数用字母 x 表示，那么表示这两个数的积的代数式是(　　).

A. $10x$　　B. $x(10+x)$　　C. $x(10-x)$　　D. $x(x-10)$

13. 今年苹果的价格比去年便宜了 20%，已知今年苹果的价格是每千克 a 元，则去年的价格是每千克(　　)元.

A. $(1+20\%)a$　　B. $(1-20\%)a$　　C. $\frac{a}{1+20\%}$　　D. $\frac{a}{1-20\%}$

14. x 是一个两位数，y 是一个一位数，如果把 y 放在 x 的左边，那么所成的三位数表示为(　　).

A. yx　　B. $y+x$　　C. $10y+x$　　D. $100y+x$

15. 观察下列算式：

$2^1=2$　　$2^2=4$　　$2^3=8$　　$2^4=16$

$2^5=32$　　$2^6=64$　　$2^7=128$　　$2^8=256$

……

通过观察，用你所发现的规律得出 2^{27} 的末位数是(　　).

A. 2　　B. 4　　C. 8　　D. 6

三、解答题

1. 甲、乙两人从同一地点出发，甲每小时走 5km，乙每小时走 3km，用代数式表示：

(1) 反向行走 t 时，两人相距多少千米？

(2) 同向行走 t 时，两人相距多少千米？

(3) 反向行走，甲比乙早出发 m 时，乙走 n 时，两人相距多少千米？

(4) 同向行走，甲比乙晚出发 m 时，乙走 n 时 $(n>m)$，两人相距多少千米？

2. 指出下列各代数式的意义

(1) a^2+2　　(2) $a(b+1)-1$　　(3) $3a+2b$　　(4) $3(a+2b)$

(5) $\frac{a-b}{c}$　　(6) $a-\frac{b}{c}$

3. 用代数式表示

(1)a,b 两数的差与 c 的积.

(2)x,y 两数和的平方减去它们的差的平方.

(3)一个数等于 a 的 3 倍与 b 的和.

(4)a 的 3 倍与 4 的和的一半.

(5)x 的平方与 x 的$\frac{1}{2}$的和.

(6)a,b 两数的积与这两数的和的积.

2.1.3　代数式的值

引入:

在实际问题当中,我们列出代数式是没有办法解决问题的,需要根据实际情况对代数式进行赋值运算,那我们具体怎么来运算呢?

用数值代替代数式中的字母,按照代数式中给出的运算计算出的结果,叫做代数式的值,这个过程叫做求代数式的值. 主要的方法有两种,一种为直接代入法,一种为整体代入法.

例 1. 根据下面 a,b 的值,求代数式 $a-\frac{b}{a}$的值.

(1)$a=2,b=-6$　　　　(2)$a=-10,b=4$

解:(1)当 $a=2,b=-6$ 时,$a-\frac{b}{a}=2-\frac{-6}{2}=2+3=5$

(2)当 $a=-10,b=4$ 时,$a-\frac{b}{a}=-10-\frac{4}{-10}=-10+\frac{2}{5}=-\frac{48}{5}$

例 2. 若 $mn=m+3$,求 $2mn+3m-5mn+10$ 的值

解:$2mn+3m-5mn+10=2(m+3)+3m-5(m+3)+10$

$=2m+6+3m-5m-15=-9$

练习

一、选择题

1. 当 $x=\frac{1}{2}$时,代数式$\frac{1}{5}(x^2+1)$的值为(　　).

A. $\frac{1}{5}$　　B. $\frac{1}{4}$　　C. 1　　D. $\frac{3}{5}$

2. 当 $a=5$ 时,下列代数式中值最大的是(　　).

A. $2a+3$　　B. $\frac{a}{2}-1$　　C. $\frac{1}{5}a^2-2a+10$　　D. $\frac{7a^2-100}{5}$

3. 某市的出租车的起步价为5元(行驶不超过7千米),以后每增加1千米,加价1.5元,现在某人乘出租车行驶 P 千米的路程($P>7$)所需费用是(　　).

A. $5+1.5P$　　B. $5+1.5$　　C. $5-1.5P$　　D. $5+1.5(P-7)$

4. 求下列代数式的值,计算正确的是(　　).

A. 当 $x=0$ 时,$3x+7=0$　　B. 当 $x=1$ 时,$3x^2-4x+1=0$

C. 当 $x=3,y=2$ 时,$x^2-y^2=1$　　D. 当 $x=0.1,y=0.01$ 时,$3x^2+y=0.31$

二、填空题

1. 当 $a=4,b=12$ 时,代数式 $a^2-\frac{b}{a}$ 的值是________.

2. 小张在计算 $31+a$ 的值时,误将“+”号看成“-”号,结果得12,那么 $31+a$ 的值应为________.

3. 当 $x=$________时,代数式 $\frac{x-5}{3}$ 的值为0.

4. 三角形的底边为 a,底边上的高为 h,则它的面积 $s=$________,若 $s=6\text{cm}^2$,$h=5\text{cm}$,则 $a=$________cm.

5. 当 $\frac{x-y}{x+y}=2$ 时,代数式 $\frac{x-y}{x+y}-\frac{2x+2y}{x-y}$ 的值是________.

6. 邮购一种图书,每册书定价为 a 元,另加书价的10%作为邮费,购书 n 册,总计金额为 y 元,则 y 为________;当 $a=1.2,n=36$ 时,y 值为________.

三、解答题

1. 根据下面所给 a 的值,求代数式 a^2-2a+1 的值.

(1) $a=1$　　(2) $a=-1$　　(3) $a=0$　　(4) $a=-0.5$

2. 当 $x=1,y=-6$ 时,求下列代数式的值.

(1) x^2+y^2　　(2) $(x+y)^2$　　(3) $x^2-2xy+y^2$

3. 根据下面 a,b 的值,分别求出代数式 a^2+b^2 和 $(a+b)^2$ 的值.

(1) $a=\frac{1}{2},b=\frac{1}{2}$　　(2) $a=4,b=-3\frac{1}{2}$

4. 当 $x=2,y=1,z=-3$ 时,求下列代数式的值.

(1) $z-y(z-x)$　　(2) $\frac{x-y}{x+z}$

5. 若 $ab=b+3$，求 $2ab+3b-5ab+9$.

2.1.4　整式

一、单项式

引入：

观察代数式 mn，a^2b，$10x+y$，$10\%a$，$a^2-\frac{1}{4}b$. 从所含的运算来看，它们各自有什么特点？

上面的问题中，所列出来的式子，都是有数和字母构成的，一般的像 mn，a^2b，$10\%a$ 这样的代数式，它们都是由数与字母（或字母与字母）相乘组成的代数式，我们把这样的代数式叫做单项式. 特别的：单独的一个数或一个字母也叫做单项式.

单项式中的数字因数叫做这个单项式的系数，所有字母的指数和叫做这个单项式的次数，即

单项式 $\begin{cases}\text{单项式的系数：单项式中的数字因数}\\ \text{单项式的次数：单项式中所有字母的指数的和}\end{cases}$

例如：单项式 $10\%a$ 的系数是 10%，次数是 1；mn 的系数是 1，次数是 2；a^2b 的系数是 1，次数是 3.

例 1. 用代数式表示，并指出它们的系数和次数.

(1) 某商店 8 月份的营业额为 m 万元，9 月份的营业额比 8 月份增加了 25%，9 月份的营业额为多少万元？

(2) 某品牌汽车原价为 a 元/辆，现在九折出售，如果一周内销售了这种汽车 b 辆，那么这周的销售额为多少元？

(3) 一个长方体形状的零件，它的底面边长分别为 $a$cm 和 $b$cm，高是 $h$cm，这个零件的体积是多少 cm^3？

解：(1) $(1+25\%)m$，它的系数是 $1+25\%$，次数是 1.

(2) $0.9ab$，它的系数是 0.9，次数是 2.

(3) abh，它的系数是 1，次数是 3.

注意：

1. 单项式的系数包括符号.

2. 单项式的系数是 1 或者 −1 时，“1”通常不写，如 a^2；当单项式的系数是带分数时，通常写成假分数，比如 $1\frac{2}{3}a^2=\frac{5}{3}a^2$.

3. 单项式的次数是指所有字母的指数和，不包括系数的指数，如 $3a^2b^3$ 的次数是 5，而不是 6. 单独一个非零的数是零次单项式，比如 3.

练习：

1. 下列各式哪些是单项式？为什么？

$$\frac{2}{3}a, \pi r^2, \frac{1}{2}x+1, -3xy^3z, \frac{a+b}{c}$$

2. 指出下列各单项式的系数和次数.

(1) $3x^3$　　(2) $-\frac{7}{5}xyz$　　(3) $0.12s$　　(4) $\frac{2}{3}x^2b$

3. 已知单项式 $-\frac{4}{5}a^2bc^m$ 的次数是 5，求 m 的值.

二、多项式

像 $10y+x, 10x+y, a^2-\frac{1}{4}b$ 这样的代数式，它们都是由单项式相加减组成的代数式，我们把这样的代数式叫做多项式. 我们把多项式中的每一个单项式都叫做这个多项式的项，把不含字母的项叫做常数项. 多项式含有几项，这个多项式就叫做几项式. 在多项式里，最高项的次数，叫做这个多项式的次数，多项式的次数是几，这个多项式就叫做几次式.

如多项式 $10y+x, 10x+y, a^2-\frac{1}{4}b$ 中，$10y+x$ 和 $10x+y$ 是一次二项式，$a^2-\frac{1}{4}b$ 是二次二项式，最高次项为 a^2. $3y^4-2x^3+y-5$ 是四次四项式，最高次项是 $3y^4$，常数项是 5，需要特别说明的是当出现 $3xy^4-2x^3+y-5$ 的时候，他的最高次项是 $3xy^4$，次数为 $1+4=5$，是 5 次式，即五次四项式.

例 2. 写出多项式，并指出它们的项和次数.

(1) 目前，在地球上生存的动物约有 150 万种. 其中，无脊椎动物约有 m 万种，脊椎动物约有________万种.

(2) 一个三位数的个位数字为 a，十位数字为 b，百位数字为 c，这个三位数可表示为________.

解：(1) $150-m$，它的项是 150 和 $-m$，次数是 1.

(2) $100c+10b+a$，它的项是 $100c$，$10b$ 和 a，次数是 1.

注意：

1. 多项式的每一项都包括它前面的符号，比如 $3y^4-2x^3+y-5$ 三次项为 $-2x^3$.
2. 多项式中不是所有的次项都存在，比如 $3y^4-2x^3+y-5$ 不存在 2 次项.

练习

1. 指出下列各多项式的项和次数.

(1) $a^2-2ab+b^2$　　(2) $x-5x^2y^2+3xy-1$　　(3) $3x-2x^2+1$

(4) xy^2+x^2y-xy　　(5) $abc^2-ac-bc+2$　　(6) $mn+cd-d+m$

2. 指出下列各多项式是几次几项式.

(1) x^2-y^2　　(2) $3a^4-2a^2+1$

3. 指出多项式 $5a-3a^2b+b^2a+7a^2b-1$ 的项数、次数和常数项.

三、升幂排列和降幂排列

单项式和多项式统称为整式.

注意: 所有整式的分母不含有字母.

为了便于多项式的运算,可以用加法的交换律将多项式中各项按某个字母的指数的大小顺序重新排列,具体排列方式有两种.

多项式排列{降幂排列; 升幂排列}

降幂排列:按照某个字母的指数从大到小的顺序排列,叫做这个多项式按这个字母降幂排列.

升幂排列:按照某个字母的指数从小到大的顺序排列,叫做这个多项式按这个字母的升幂排列.

比如:多项式 $2a^3b^2+3a^2b^3-2b^2-3a$ 按照字母 a 的升幂排列为:

$$-2b^2-3a+3a^2b^3+2a^3b^2$$

按照字母 a 的降幂排列为: $2a^3b^2+3a^2b^3-3a-2b^2$

按照字母 b 的升幂排列为: $-3a+2a^3b^2-2b^2+3a^2b^3$

按照字母 b 的降幂排列为: $3a^2b^3+2a^3b^2-2b^2-3a$

例 3. 把多项式 $x^5-y^5+4x^4y-15x^3y^2-8x^2y^3$ 按照 X 升幂排列

分析: 分三步考虑①这个多项式的五个项分别是什么(各项要有前面的符号)　②弄清楚每一个项所含 x 的指数是多少　③按要求进行排列.

解: $x^5-y^5+4x^4y-15x^3y^2-8x^2y^3$ 五项分别为: x^5, $-y^5$, $4x^4y$, $-15x^3y^2$, $-8x^2y^3$;所含 X 的指

数分别是 5,0,4,3,2;按照 x 的升幂排位为:$-y^5-8x^2y^3-15x^3y^2+4x^4y+x^5$.

注意: 将多项式各项重新排列后还是多项式的形式,各项的位置发生了变化,其他都没有变化;各项移动时,要连同它前面的符号一起移动;某项前的符号是"+",他在第一项位置时,"+"可以省略,在其他位置不可以省略.

练习

1. 请把下列式子分别按照字母 a 升幂、降幂排列.

$-\frac{4}{3}ab^2+b^3-a^3+a^2b$　　　　$-b^2+ab^3-a^3b+a^2b$

2. 请把下列式子分别按照字母 b 升幂、降幂排列.

$-ab^2+2b^3-a^3b+2a^2b$　　　　$-2ab^2+2ab^3-b+a^2b$

3. 请把下列式子分别按照字母 x 升幂、降幂排列.

$2y^3-xy^3-x^4y+2x^2y^3$　　　　$-2xy+2xy^3-y+x^2y$

4. 请把下列式子分别按照字母 y 升幂、降幂排列.

$x^3-xy^3-y+2x^2$　　　　$-2xy^3+2xy-x^3y+x^2y$

小结巩固

1. 判断下列式子是否是单项式,是的打√,不是的打×.

$\frac{2ab}{x}$;　a;　$-5ab^2$;　$x+y$;　-0.85;

$\frac{x+1}{2}$;　$\frac{x}{2}$;　0;　$\frac{x}{7}$;　$2(a-1)$;

$\frac{a-6}{2}$;　$\frac{1}{xy}$;　$\frac{x}{\pi}$;　$\frac{\pi}{x}$

2. 写出下列单项式的系数和次数.

$-\frac{a}{3}$的系数是________,次数是________;$5ab^2$ 的系数是________,次数是________;

a^2bc^3 的系数是________,次数是________;$\frac{\pi x^2y^3}{7}$的系数是________,次数是________;

$-\frac{x^2y}{7}$的系数是________,次数是________;$-xy^2z^3$ 的系数是________,次数是________;

5^3x^2y 的系数是________,次数是________;$\frac{x^2}{3}$的系数是________,次数是________.

3. 如果 $2x^{b-1}$ 是一个关于 x 的 3 次单项式，则 $b=$________.

变式 1：若 $-\frac{ab^{m-1}}{6}$ 是一个 4 次单项式，则 $m=$________.

变式 2：已知 $-8x^my^2$ 是一个 6 次单项式，求 $-2m+10$ 的值.

4. 写出下列各个多项式的项几和次数.

$-x^2yz+2xy^2-xz-1$ 有________项，分别是：________________；次数是________.

$x-7$ 有________项，分别是：________________；次数是________.

$\frac{x}{7}+\frac{y}{7}$ 有________项，分别是：________________；次数是________.

$x^2+\frac{x}{2}+1$ 有________项，分别是：________________；次数是________.

$2a^3b^2-3ab^2+7a^2b^5-1$ 有________项，分别是：________________；次数是________.

$-x^2+2x-1$ 有________项，分别是：________________；次数是________.

$x^2-y^2+x-3x^2$ 有________项，分别是：________________；次数是________.

$5-x-y^2$ 有________项，分别是：________________；次数是________.

5. 把多项式 $3x^2y-4x^2y+x^3-5y^3$ 重新排列：

(1)按 x 的升幂排列：________________________

(2)按 x 的降幂排列：________________________

(3)按 y 的升幂排列：________________________

(4)按 y 的降幂排列：________________________

6. 将下列多项式中的(1)，(2)按字母 x 的降幂排列，(3)，(4)按字母 y 的升幂排列：

(1) $2xy+y^2+x^2$ ________________________；

(2) $3x^2y-5xy^2+y^3-2x^3$ ________________________；

(3) $2xy^2-x^2y+x^3y^3-7$ ________________________；

(4) $xy^3-5x^2y^2+4x^4-3x^3y-y^4$ ________________________.

7. 在多项式 $-1+\frac{1}{3}ab^2-\frac{4}{3}ab^3+6b$ 中，字母 b 的指数最高的项是________，它的系数为________，把这个多项式按字母 b 作降幂排列：________，按字母 b 作升幂排列：________.

8. 把多项式 $ab^3-a^4+7a^2b^2+12b^4-8a^3b$ 重新排列：

(1)按 a 的降幂排列：____________________

(2)按 a 的升幂排列：____________________

(3)按 b 的降幂排列：____________________

(4)按 b 的升幂排列：____________________

9. 将下列多项式按 x 的降幂排列，并补入各多项式的缺项.

x^4-2x+x^3：　　　　　　　　$-5x^3-9x+x^5-1$

10. 将多项式 $4x^4-3x^3y+y^4-2xy^3-2x^2y^2+1$，

(1)按字母 x 进行降幂排列：________________________；

(2)按字母 y 进行降幂排列：________________________.

2.1.5 合并同类项

引入：

1. 某校前年、去年、今年购买的计算机台式分别是 x, $2x$, $4x$，那么这个学校这三年购买的计算机台数是多少呢？即 $x+2x+4x=?$

2. 观察下面的式子，你能在空格中正确地填写数字.

(1) $2x^2+3x^2=(\quad)x^2$

(2) $3ab^2-2ab^2=(\quad)ab^2$

(3) $3a^2+2a-3+3a-2a^2=(\quad)a^2+(\quad)a+(\quad)$

一、同类项

在上面的多项式中(1)，我们发现 $2x^2$ 与 $3x^2$，他们含有相同的字母 x，并且具有相同的指数 2；(2)式中 $3ab^2$，$2ab^2$ 也是具有相同的字母 a、b，并且对应字母的指数也是一样的.

我们把所含字母相同，并且相同字母的指数也是相同的项叫做同类项，几个常数项也是同类项. 如 $-m^2n$ 与 $3m^2n$ 是同类项.

例 1. 若 $5mx^ay$ 与 $-5nx^{2a-3}y$ 都是关于 x, y 的单项式，且是同类项，求 $(7a-22)^{2017}$ 的值

解：由 $5mx^ay$ 与 $-5nx^{2a-3}y$ 都是关于 x, y 的单项式，且是同类项，

所以 $a=2a-3$，解得，$a=3$，

所以 $(7a-22)^{2017}=(7\times3-22)^{2017}=(-1)^{2017}=-1$.

注意： 判定同类项的标准是“两相同”，即所含字母相同，相同字母的指数也相同，二者缺一不可；同类项与系数无关，与字母的排列顺序无关.

练习

若 $5mx^ay-5nx^{2a-3}y=0$，且 $xy\neq0$，求 $(5m-5n)^{2018}$ 的值.

(1) 如果 $3x^ky$ 与 $-x^2y$ 是同类项，那么 $k=$ ________.

(2) 如果 $2a^xb^3$ 与 $-3a^4b^y$ 是同类项，那么 $x=$ ________，$y=$ ________.

(3) 如果 $3a^{x+1}b^2$ 与 $-7a^3b^{2y}$ 是同类项，那么 $x=$ ________，$y=$ ________.

(4) 如果 $-3x^2y^{3k}$ 与 $4x^2y^6$ 是同类项，那么 $k=$ ________.

(5) 如果 $3x^2y^k$ 与 $-x^2$ 是同类项，那么 $k=$ ________.

二、合并同类项

定义： 在多项式中遇到同类项，可以运用交换律、结合律、分配律进行合并，例如

$$\begin{aligned}3a^2+2a-3+3a-2a^2&=(3a^2-2a^2)+(2a+3a)-3\\&=(3-2)a^2+(2+3)a-3\\&=a^2+5a-3\end{aligned}$$

把多项式中的同类项合并成一项，即把它们的系数相加作为新的系数，而字母部分不变，叫做合并同类项.

例 2. $4x^2+2x+7+3x-8x^2-2$

解：$4x^2+2x+7+3x-8x^2-2=4x^2-8x^2+2x+3x+7-2$

$=(4-8)x^2+(2+3)x+(7-2)$

$=-4x^2+5x+5$

例 3. $(6ab+8bc+6ca)-(2ab+2bc+2ca)$

解：$(6ab+8bc+6ca)-(2ab+2bc+2ca)=6ab+8bc+6ca-2ab-2bc-2ca$

$=4ab+6bc+4ac$

例 4. 指出下列多项式中的同类项.

(1)$3x-2y+1+3y-2x-5$；　　(2)$3x^2y-2xy^2+\frac{1}{3}xy^2-\frac{3}{2}yx^2$.

解：(1)$3x$ 与 $-2x$ 是同类项，$-2y$ 与 $3y$ 是同类项，1 与 -5 是同类项.

(2)$3x^2y$ 与 $-\frac{3}{2}yx^2$ 是同类项，$-2xy^2$ 与$\frac{1}{3}xy^2$ 是同类项.

例 5. k 取何值时，$3x^ky$ 与 $-x^2y$ 是同类项？

解：要使 $3x^ky$ 与 $-x^2y$ 是同类项，这两项中 x 的次数必须相等，即 $k=2$. 所以当 $k=2$ 时，$3x^ky$ 与 $-x^2y$ 是同类项.

合并同类项的一般步骤为，准确找出同类项；利用法则，系数跟系数相加，字母和字母的指数不变；写出结果，不要漏项. 我们可以通过“同类项，需判断；两相同，是条件；合并时，需计算；系数加，两不加”来简单记忆.

练习

(1)$2a^2b+\frac{1}{2}a^2b$　　(2)$-a^2b+2a^2b$

(3)$2a^2b+3a^2b-\frac{1}{2}a^2b$　　(4)$a^3+a^2b-ab^2+a^2b-ab^2+b^3$

小结巩固

一、选择题

1. 计算 a^2+3a^2 的结果是(　　).

A. $3a^2$　　B. $4a^2$　　C. $3a^4$　　D. $4a^4$

2. 下面运算正确的是(　　).

A. $3a+2b=5ab$　　B. $3a^2b-3ba^2=0$

C. $3x^2+2x^3=5x^5$　　D. $3y^2-2y^2=1$

3. 下列计算中，正确的是(　　).

A. $2a+3b=5ab$　　B. $a^3-a^2=a$

C. $a^2+2a^2=3a^2$　　D. $(a-1)^0=1$

4. 下列合并同类项正确的是(　　).

A. $2x+4x=8x^2$

B. $3x+2y=5xy$

C. $7x^2-3x^2=4$

D. $9a^2b-9ba^2=0$

5. 下列计算正确的是(　　).

A. $3a+2b=5ab$

B. $5y^2-2y^2=3$

C. $-p^2-p^2=-2p^2$

D. $7m-m=7$

6. 下列各组中两数相互为同类项的是(　　).

A. $\frac{2}{3}x^2y$ 与 $-xy^2$

B. $0.5a^2b$ 与 $0.5a^2c$

C. $3b$ 与 $3abc$

D. $-0.1m^2n$ 与 $\frac{1}{2}mn^2$

7. 下列说法正确的是(　　).

A. 字母相同的项是同类项

B. 只有系数不同的项,才是同类项

C. -1 与 0.1 是同类项

D. $-x^2y$ 与 xy^2 是同类项

二、填空题

1. 化简:$5a-2a=$________;$3x-5x=$________.

2. 当 $m=$________时,$-x^3b^{2m}$ 与 $\frac{1}{4}x^3b$ 是同类项.

3. 如果 $5a^kb$ 与 $-4a^2b$ 是同类项,那么 $5a^kb+(-4a^2b)=$________.

4. 直接写出下列各式的结果.

(1) $-\frac{1}{2}xy+\frac{1}{2}xy=$________

(2) $7a^2b+2a^2b=$________

(3) $-x-3x+2x=$________

(4) $x^2y-\frac{1}{2}x^2y-\frac{1}{3}x^2y=$________

(5) $3xy^2-7xy^2=$________

5. 合并下列各式中的同类项.

(1) $-4x^2y-8xy^2+2x^2y-3xy^2$;

(2) $3x^2-1-2x-5+3x-x^2$;

(3) $-0.8a^2b-6ab-1.2a^2b+5ab+a^2b$;

(4) $5yx-3x^2y-7xy^2+6xy-12xy+7xy^2+8x^2y$.

6. 求下列多项式的值.

(1) $\frac{2}{3}a^2-8a-\frac{1}{2}+6a-\frac{2}{3}a^2+\frac{1}{4}$,其中 $a=\frac{1}{2}$;

(2) $3x^2y^2+2xy-7x^2y^2-\frac{3}{2}xy+2+4x^2y^2$,其中 $x=2,y=\frac{1}{4}$.

2.1.6　整式的加减

引入:

我们前面学习了正式的概念和合并同类项,下面我们来学习整式的加减,我们先观察下面的式子:

$(x+2y)+(2x-y)$;　　$(6m-n)-(2m+n)$

我们发现想要对这样的式子进行计算,那么首先我们就要去括号去点,整式的去括号和整数类似,具体如下:

一、去括号和加括号

去括号法则:括号前面是"+",把括号和它前面的"+"去掉,括号内各项都不改变符号;括号前面是"-",把括号和它前面的"-"去掉,括号内各项都改变符号. 如:$+(a+b+c)=a+b+c$;$-(a+b+c)=-a-b-c$.

加括号法则:所加括号前面是"+",括到括号里的各项都不改变符号;所加括号前面是"-",括到括号里的各项都要改变符号. 如:$a+b-c=+(a+b-c)$;$-a+b-c=-(a-b+c)$.

例1. 下列运算正确的是(　　).

A. $-2(3x-1)=-6x-1$　　B. $-2(3x-1)=-6x+1$

C. $-2(3x-1)=-6x-2$　　D. $-2(3x-1)=-6x+2$

注意: 括号前面有"-",去括号时,括号内的所有项一定都要改变符号.

练习

下列等式是否一定成立.

1. $a+(b-c)=a+b-c$(　　)　　2. $-m+n=-(n+m)$(　　)

3. $3-2x=-(2x+3)$(　　)　　4. $-(u-v)=-u+v$(　　)

5. $5(x-1)=5x-1$(　　)

二、整式的加减

几个整式相加减,通常用括号把每一个整式括起来,再用加减号连接;然后去括号,合并同类项.

例 2. 求$\frac{1}{2}x-2\left(x-\frac{1}{3}y^2\right)+\left(-\frac{3}{2}x+\frac{1}{3}y^2\right)$的值,其中 $x=-2,y=\frac{2}{3}$

解:$\frac{1}{2}x-2\left(x-\frac{1}{3}y^2\right)+\left(-\frac{3}{2}x+\frac{1}{3}y^2\right)=\frac{1}{2}x-2x+\frac{2}{3}y^2-\frac{3}{2}x+\frac{1}{3}y^2=-3x+y^2$

当 $x=-2,y=\frac{2}{3}$时,原式 $=(-3)\times(-2)+\left(\frac{2}{3}\right)^2=6+\frac{4}{9}=6\frac{4}{9}$

注意:①整式加减的最后结果要求是不能含有同类项,即要合并到不能在合并位置 ②一般按照某一个字母降幂或者升幂排列 ③不能出现带分数,带分数要化成假分数.

练习

1. 填空题

(1)$3x$ 与 $-5x$ 的和是________.

(2)$3x$ 与 $-5x$ 的差是________.

(3)$a-b,b-c,c-a$ 三个多项式的和是________.

小结巩固

1. 计算题

(1)$(2x+3y)+(5x-4y)$

(2)$(8a-7b)-(4a-5b)$

(3)$(8x-3y)-(4x+3y-z)+2z$

(4)$(2x-3y)-3(4x-2y)$

(5)$3a^2+a^2-2(2a^2-2a)+(3a-a^2)$

(6)$3b-2c-[-4a+(c+3b)]+c$

2. 若两个单位式的和是 $2x^2+xy+3y^2$,一个加式是 x^2-xy,求另一个加式.

3. 求 $3a-2ab+6$ 与 $5a-6ab-7$ 的和与差.

4. 先化简,再求值:$5(3a^2b-ab^2)-(ab^2+3a^2b)$,其中 $a=\frac{1}{2},b=-1$.

2.1.7　整式的乘除

一、单项式与单项式乘法

引入：

光的速度约为 3×10^5 千米/秒，太阳光照射到地球上需要的时间大约为 5×10^2 秒，你知道地球与太阳的距离约为多少千米吗？

地球与太阳的距离约为 $(3\times10^5)\times(5\times10^2)$，如果括号内的数字改为字母，比如 a^3c 和 b^2c^3，那么式子就变成了 $a^3c\cdot b^2c^3$. 这就是两个单项式相乘，我们可以利用乘法交换律、结合律及同底数幂的运算性质来计算，过程如下：

$$a^3c\cdot b^2c^3=(a^3\cdot b^2)\cdot(c\cdot c^3)=a^3b^2c^4$$

单项式与单项式乘法法则：单项式与单项式相乘，把它们的系数，相同字母分别相乘，对于只在一个单项式里含有的字母，则连同它的指数作为积的一个因式.

例 1.

(1) $3x^2y\cdot(-2xy^3)$　　(2) $(-5a^2b^3)\cdot(-4b^2c)$

解：(1) $3x^2y\cdot(-2xy^3)=[3\cdot(-2)]\cdot(x^2\cdot x)\cdot(y\cdot y^3)$

$=(-6)\cdot x^3\cdot y^4=-6x^3y^4$

(2) $(-5a^2b^3)\cdot(-4b^2c)=[(-5)\cdot(-4)]\cdot a^2\cdot(b^3\cdot b^2)\cdot c$

$=20\cdot a^2\cdot b^5\cdot c=20a^2b^5c$

注意：

1. 单项式与单项式相乘的运算步骤：系数相乘，结果作为积的系数；同底数幂相乘，结果作为积的因式；只有一个单项式中的字母，连同它的指数作为积的一个因式.

2. 单项式乘单项式的结果仍然是单项式.

练习

1. (1) $2x^5\cdot5x^2=$________　　(2) $2ab^2\cdot\frac{2}{3}a^3=$________

(3) $\frac{2}{5}x^2y^3\cdot\frac{5}{16}xyz=$________　　(4) $3x^2y(-4xy^2)\cdot(x^3)^2=$________

2. 下面的计算对不对？如果不对，应怎样改正？

(1) $3a^2\cdot4a^3=7a^5$　　(2) $2x^3\cdot3x^4=5x^{12}$

(3) $3m^2\cdot(-5m^2)=-15m^2$

3. 已知 $-\frac{1}{2}a^2b\cdot mab^2=-3a^3b^3$，则 m 等于(　　).

A. $\frac{3}{2}$　　B. 6　　C. $-\frac{3}{2}$　　D. -6

4. 单项式 $4x^5y$ 与 $2x^2(-y)^3z$ 的积是(　　).

A. $8x^{10}y^3z$　　B. $8x^7(-y)^4z$　　C. $-8x^7y^4z$　　D. $-8x^{10}y^3z$

5. 计算题

(1) $3b^3\cdot\frac{5}{6}b^2$　　(2) $(-6ay^3)(-a^2)$

(3) $(-3x)^3\cdot(5x^2y)$　　(4) $(2\times10^4)(6\times10^3)\cdot10^7$

(5) $2a^2b\left(\frac{1}{2}ab-3ab^2\right)$　　(6) $\left(\frac{1}{3}x-\frac{3}{4}xy\right)\cdot(-12y)$

二、单项式与多项式乘法

引入:

三家连锁店以相同价格 m(单位:元/瓶)销售某种商品,它们在一个月内的销售量(单位:瓶)分别是 a,b,c. 你能用不同的方法计算它们在这个月内销售这种商品的总收入吗?

我们可以通过两种思路来计算上面的问题:第一种思路分别求出三个店的收入,再求出它们的总和,即 $ma+mb+mc$;第二种思路是先计算出三个店的总销量,然后在计算总收入,即 $m(a+b+c)$. 两种计算思路最终的结果应该是一样的,所以 $m(a+b+c)=ma+mb+mc$.

单项式与多项式乘法法则:单项式与多项式相乘,就是用单项式去乘多项式的每一项,再把所得的积相加.

例 2. 计算

1. $(-4x)\cdot(2x^2+3x-1)$

解:$(-4x)\cdot(2x^2+3x-1)=(-4x)\cdot(2x^2)+(-4x)\cdot(3x)+(-4x)(-1)$

$=-8x3-12x^2+4x$

2. $\left(\frac{2}{3}ab^2-2ab\right)\cdot\frac{1}{2}ab$

解:$\left(\frac{2}{3}ab^2-2ab\right)\cdot\frac{1}{2}ab=\left(\frac{2}{3}ab^2\right)\frac{1}{2}ab+(-2ab)\frac{1}{2}ab=\frac{1}{3}a^2b^3-a^2b^2$

例 3. 化简:$-2a^2\left(\frac{1}{2}ab+b^2\right)-5a(a^2b-ab^2)$

$=-a^3b-2a^2b^2-5a^3b+5a^2b^2$

$=-x^3b-2a^2b^2-5a^3b+5a^2b^2$

$=-6a^3b+3a^2b^2$

注意: ①单项式与多项式相乘的计算方法,实质是利用分配律将其转化为单项式乘以单项式;②单项式乘多项式,结果仍是多项式,其项数与因式中多项式的项数相同;③运算结果中有同类项时要合并同类项,从而得到最简结果;④计算时要注意符号问题,多项式的每一项都包括它前面的符号,同时还要注意单项式的符号.

练习

一、选择题

1. 化简 $x(2x-1)-x^2(2-x)$ 的结果是(　　).

A. $-x^3-x$　　B. x^3-x　　C. $-x^2-1$　　D. x^3-1

2. 化简 $a(b-c)-b(c-a)+c(a-b)$ 的结果是(　　).

A. $2ab+2bc+2ac$　　B. $2ab-2bc$　　C. $2ab$　　D. $-2bc$

3. 下列各式中计算错误的是(　　).

A. $2x-(2x^3+3x-1)=4x^4+6x^2-2x$　　B. $b(b^2-b+1)=b^3-b^2+b$

C. $-\frac{1}{2}x(2x^2-2)=-x^3-x$　　D. $\frac{2}{3}x\left(\frac{3}{2}x^3-3x+1\right)=x^4-2x^2+\frac{2}{3}x$

4. $\left(\frac{1}{2}ab^2-\frac{1}{3}a^2b-6ab\right)\cdot(-6ab)$ 的结果为(　　).

A. $36a^2b^2$　　B. $5a^3b^2+36a^2b^2$

C. $-3a^2b^3+2a^3b^2+36a^2b^2$　　D. $-a^2b^3+36a^2b^2$

二、填空题

1. $-(2x-4x^3-8)\cdot\left(-\frac{1}{2}x^2\right)=$________

2. $2(a^2b^2-ab+1)+3ab(1-ab)=$________

3. $(-3x^2)(x^2-2x-3)+3x(x^3-2x^2-5)=$________

4. $8m(m^2-3m+4)-m^2(m-3)=$________

5. $7x(2x-1)-3x(4x-1)-2x(x+3)+1=$________

6. $(-2a^2b)^2(ab^2-a^2b+a^3)=$________

7. $-(-x)^2\cdot(-2x^2y)^3+2x^2(x^6y^3-1)=$________

8. 当 $t=1$ 时,代数式 $t^3-2t[2t^2-3t(2t+2)]$ 的值为________

9. 若 $2x+y=0$,则代数式 $4x^3+2xy(x+y)+y^3$ 的值为________

三、探索题

1. 先化简,再求值

$x(x^2-6x-9)-x(x^2-8x-15)+2x(3-x)$,其中 $x=-\frac{1}{6}$.

2. 已知 $|2m-5|+(2m-5n+20)^2=0$,求 $(-2m^2)-2m(5n-2m)+3n(6m-5n)-3n(4m-5n)$ 的值.

3. 已知:单项式 M、N 满足 $2x(M+3x)=6x^2y^2+N$,求 M、N.

三、多项式与多项式乘法

引入：

如图，为了扩大街心花园的绿地面积，把一块原宽为 a 米，长为 b 米的长方形绿地，分别增加了 m 米和 n 米，你能用几种方法求出扩大后的绿地面积.

我们可以有两种思路来解决以上问题：第一种思路是直接考察新场地面积，即 $(a+n)$ 米 $\cdot$ $(b+m)$ 米；第二种思路是把新场地化成四个部分，面积分别为 ab 平方米，am 平方米，bn 平方米和 mn 平方米，新场地的面积为四个部分的和，即 $ab+am+bn+mn$ 平方米. 两种思路最终结果是一样的，所以

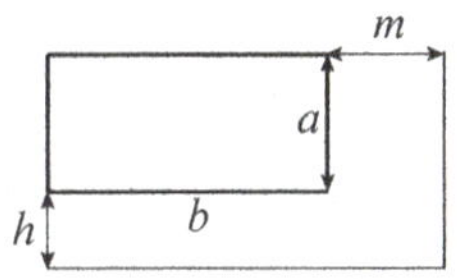

$$(a+n)\cdot(b+m)=ab+am+bn+mn$$

计算 $(a+n)\cdot(b+m)$，可以先把其中的一个多项式，如 $a+n$，看成一个整体，运用单项式与多项式相乘的法则，得 $(a+n)\cdot(b+m)=a\cdot(b+m)+n\cdot(b+m)$，再利用单项式与多项式相乘的法则，得，$a\cdot(b+m)+n\cdot(b+m)=ab+am+bn+mn$.

多项式与多项式乘法法则：多项式与多项式相乘，先用一个多项式的每一个项乘另一个多项式的每一项，再把所有的积相加.

例 4. (1) $(3x+2)(x-1)$　　　　(2) $(x-3)(2x+1)$

解：(1) $(3x+2)(x-1)=3x\cdot x+3x\cdot(-1)+2\cdot x-2\times(-1)$

$=3x^2-3x+2x-1=3x^2-x-1$

(2) $(x-3)(2x+1)=x\cdot(2x)+x\cdot1-3\cdot(2x)-3\times1=2x^2+x-6x-3=2x^2-5x-3$

注意：①要用一个多项式的每一个项分别乘另一个多项式的每一个项，不要漏项. ②注意多项式中的符号问题，多项式的每一项都包括它前面的符号，计算要细心. ③多项式与多项式相乘的展开式中，有同类项的要合并同类项.

练习

一、选择题

1. 计算 $(2a-3b)(2a+3b)$ 的正确结果是(　　).

A. $4a^2+9b^2$　　B. $4a^2-9b^2$　　C. $4a^2+12ab+9b^2$　　D. $4a^2-12ab+9b^2$

2. 若 $(x+a)(x+b)=x^2-kx+ab$，则 k 的值为(　　).

A. $a+b$　　B. $-a-b$　　C. $a-b$　　D. $b-a$

3. 计算 $(2x-3y)(4x^2+6xy+9y^2)$ 的正确结果是(　　).

A. $(2x-3y)^2$　　B. $(2x+3y)^2$　　C. $8x^3-27y^3$　　D. $8x^3+27y^3$

4. $(x^2-px+3)(x-q)$ 的乘积中不含 x^2 项，则(　　).

A. $p=q$　　B. $p=\pm q$　　C. $p=-q$　　D. 无法确定

5. 若 $0<x<1$，那么代数式 $(1-x)(2+x)$ 的值是(　　).

A. 一定为正　　B. 一定为负　　C. 一定为非负数　　D. 不能确定

6. 计算 $(a^2+2)(a^4-2a^2+4)+(a^2-2)(a^4+2a^2+4)$ 的正确结果是(　　).

A. $2(a^2+2)$　　B. $2(a^2-2)$　　C. $2a^3$　　D. $2a^6$

7. 方程 $(x+4)(x-5)=x^2-20$ 的解是(　　).

A. $x=0$　　B. $x=-4$　　C. $x=5$　　D. $x=40$

8. 若 $2x^2+5x+1=a(x+1)^2+b(x+1)+c$,那么 a,b,c 应为(　　).

A. $a=2,b=-2,c=-1$　　B. $a=2,b=2,c=-1$

C. $a=2,b=1,c=-2$　　D. $a=2,b=-1,c=2$

9. 若 $6x^2-19x+15=(ax+b)(cx+d)$,则 $ac+bd$ 等于(　　).

A. 36　　B. 15　　C. 19　　D. 21

10. $(x+1)(x-1)$与(x^4+x^2+1)的积是(　　).

A. x^6+1　　B. x^6+2x^3+1　　C. x^6-1　　D. x^6-2x^3+1

二、填空题

1. $(3x-1)(4x+5)=$________.

2. $(-4x-y)(-5x+2y)=$________.

3. $(x+3)(x+4)-(x-1)(x-2)=$________.

4. $(y-1)(y-2)(y-3)=$________.

5. $(x^3+3x^2+4x-1)(x^2-2x+3)$的展开式中,$x^4$ 的系数是________.

6. 若$(x+a)(x+2)=x^2-5x+b$,则 $a=$________,$b=$________.

7. 若 $a^2+a+1=2$,则$(5-a)(6+a)=$________.

8. 当 $k=$________时,多项式 $x-1$ 与 $2-kx$ 的乘积不含一次项.

9. 若$(x^2+ax+8)(x^2-3x+b)$的乘积中不含 x^2 和 x^3 项,则 $a=$________,$b=$________.

10. 如果三角形的底边为$(3a+2b)$,高为$(9a^2-6ab+4b^2)$,则面积$=$________.

三、解答题

1. 计算下列各式

(1) $(2x+3y)(3x-2y)$　　(2) $(x+2)(x+3)-(x+6)(x-1)$

(3) $(3x^2+2x+1)(2x^2+3x-1)$　　(4) $(3x+2y)(2x+3y)-(x-3y)(3x+4y)$

四、单项式与单项式除法

引入:

木星的质量约为是 1.90×10^{24} 吨,地球的质量约为 5.98×10^{21} 吨,你知道木星的质量约为地球质量的多少倍吗?木星的质量约为地球质量的$(1.90\times10^{24})\div(5.98\times10^{21})$倍

对于上面列出的等式$(1.90\times10^{24})\div(5.98\times10^{21})$,我们把里面的数字换成字母,比如 $12a^3b^2x^3\div3ab^2$,就变成了我们的单项式除以单项式. 计算 $12a^3b^2x^3\div3ab^2$,就是要求一个单项式,使得它与 $3ab^2$ 的乘积等于 $12a^3b^2x^3$.

$\because 4a^2x^3\cdot3ab^2=12a^3b^2x^3$

$\therefore 12a^3b^2x^3\div3ab^2=4a^2x^3$

上面的商式中 $4a^2x^3$ 的系数 $4=12\div3$,a 的指数 $2=3-1$,b 的指数 $0=2-2$,而 $b^0=1$ 的指数 $3=3-0$.

单项式与单项式除法法则:单项式相除,把系数与同底数幂分别相除作为商的因式,对于只在被除式里含有的字母,则连同它的指数作为商的一个因式.

例 5. 计算

(1)$24x^3y^4 \div 6x^2y^2$　　(2)$-3a^3b^4c^2 \div 9b^2c^1$

解:(1)$24x^3y^4 \div 6x^2y^2 = (24 \div 6) \cdot x^{3-2}y^{4-2} = 4xy^2$

(2)$-3a^3b^4c^2 \div 9b^2c^1 = (-3 \div 9) \cdot a^3b^{4-2}c^{2-1} = -\frac{1}{3}a^3b^2c^1$

注意:

①两个单项式相除,只要将系数及同底数幂分别相除既可.

②只在被除式里含有的字母及其指数不要漏掉.

③运算式中单项式的系数应包括它前面的符号.

练习

一、选择题

1. 计算$[(-a)^3]4 \div (-a^4)^3$ 的结果是(　　).

A. -1　　B. 1　　C. 0　　D. $-a$

2. 下列计算正确的是(　　).

A. $2x^3b^2 \div 3xb = x^2b$　　B. $m^6n^6 \div m^3n^4 \cdot 2m^2n^2 = \frac{1}{2}m$

C. $\frac{1}{2}xy \cdot a^3b \div (0.5a^2y) = \frac{1}{4}xa^2$　　D. $4a^6b^4c \div a^3b^2 = 4a^2b^2c$

3. $64a^9b^3c \div (\quad) = 16a^8b^3c$,括号中应填入(　　).

A. $\frac{1}{4}a$　　B. $4a$　　C. $4abc$　　D. $4a^2$

4. 下列计算 $36a^8b^6 \div \frac{1}{3}a^2b \div 4a^3b^2$ 的方法正确的是(　　).

A. $\left(36 \div \frac{1}{3} \div 4\right)a^{8}-2-3b^{6}-1-2$　　B. $36a^8b^6 \div \left(\frac{1}{3}a^2b \div 4a^3b^2\right)$

C. $\left(36-\frac{1}{3}-4\right)a^{8}-2-3b^{6}-1-2$　　D. $\left(36 \div \frac{1}{3} \div 4\right)a^{8}-2-3b^{6}-0-2$

二、计算题

1. $(5a^2b^2c^3)^4 \div (-5a^3bc)^2$

2. $(2a^2b)^4 \cdot 3ab^2c \div 3ab^2 \cdot 4b$

3. $(4 \times 105)^2 \div (-2 \times 102)^3$

五、多项式与单项式除法

引入：

下面有 3 个式子，请各位同学试着计算一下，说说自己是怎么计算的.

(1) $(ac+bc)\div c$　(2) $(xy+x^3y^2)\div x$　(3) $(4xy+x^2y^3)\div xy$

计算 $(ac+bc)\div c$，就是要求一个多项式，使它与 c 的积是 $ac+bc$.

因为 $(a+b)c=ac+bc$

所以 $(ac+bc)\div c=a+b$

又因为 $ac\div c+bc\div c=a+b$

因此 $(ac+bc)\div c=ac\div c+bc\div c$

同理(2)原式 $=x+x^2y^2$　(3)原式 $=4+xy^2$

多项式与单项式除法法则：多项式除以单项式，先把这个多项式的每一项除以这个单项式，再把所得商相加. 例如 $(am+bm+cm+dm)\div m=am\div m+bm\div m+cm\div m+dm\div m=a+b+c+d$.

例 5. 计算

(1) $\left(-36x^4+\frac{4}{3}x^3+9x^2\right)\div 9x^2$　(2) $\left(0.25a^3b^2-\frac{1}{2}a^4a^5-\frac{1}{6}a^4b^3\right)\div(-0.5a^3b^2)$

解： 此题应先利用法则把多项式除以单项式的运算转化为单项式除以单项式的运算，进而求出最后的结果.

(1)原式 $=(-36x^4)\div 9x^2+\frac{4}{3}x^3\div 9x^2+9x^2+9x^2=-4x^2+\frac{4}{27}x+1$

(2)原式 $=0.25a^3b^2\div(-0.5a^3b^2)+\left(-\frac{1}{2}a^4b^5\right)\div(-0.5a^3b^2)+\left(-\frac{1}{6}a^4b^3\right)\div(-0.5a^3b^2)$

$=-\frac{1}{2}+ab^3+\frac{1}{3}ab=ab^3+\frac{1}{3}ab-\frac{1}{2}$

注意： 运算结果，应当按某一字母的降幂(或升幂)排列，这样对于检验运算的正确性极有好处.

例 6. 计算

(1) $(3a^{n+1}+6a^{n+2}-9a^n)\div 3a^{n-1}$

(2) $[2(a+b)^5-3(a+b)^4+(-a-b)^3]\div[a(a+b)^3]$

解： (1)原式 $=3a^{n+1}\div 3a^{n-1}+6a^{n+2}\div 3a^{n-1}-9a^n\div 3a^{n-1}=a^2+2a^3-3a=2a^3+a^2-3a$

(2)原式 $=[2(a+b)^5-3(a+b)^4+(-a-b)^3]\div[a(a+b)^3]$

$=(a+b)^2-\frac{3}{2}(a+b)-\frac{1}{2}=a^2+2ab+b^2-\frac{3}{2}a-\frac{3}{2}a-\frac{1}{2}$

例 7. $\left[(-5ab)^2\cdot a^3-2a^2(5ab^2)^3\cdot\frac{1}{2}b\right]\times(-5a^2b)^2$.

解： 原式 $=\left[25a^2b^2\cdot a^3-2a^2(125a^3b^6)\cdot\frac{1}{2}b\right]\div(25a^4b^2)$

$=(25a^5b^2-125a^5b^7)\div 25a^4b^2=a-5ab^5$

注意：

1. 这个法则适用于多项式除以多项式，注意 $m\div(am+bm+cm+dm)\neq m\div am+m\div bm+m\div cm+m\div dm$，即多项式除以单项式，先把这个多项式的每一项除以这个单项式，再把所得的商相加，单项式除以多项式是不能这么计算的.

2. 多项式的每一项都包括它前面的符号.

3. 所得结果项数与被除式项数相同.

练习

一、选择题

1. 计算 $(12x^3-18x^2-6x)\div(-6x)$ 的结果为（　　）.

A. $-2x^2+3x+1$　　B. $2x^2+3x-1$　　C. $-2x^2-3x-1$　　D. $2x^2-3x-1$

2. 如果 $a=\dfrac{3}{4}$，代数式 $(28a^3-28a^2+7a)\div 7a$ 的值是（　　）.

A. 6.25　　B. 0.25　　C. −2.25　　D. −4

3. 如果 $M\div(-3xy)=4x^3-xy$，则 $M=$（　　）.

A. $-12x^4y+3x^2y^2$　　B. $12x^4y-3x^2y^2$　　C. $-12x^4y-3x^2y^2$　　D. $12x^4y+3x^2y^2$

4. 若 $(x-1)^0-3(x-2)^0$ 有意义，那么 x 的取值范围是（　　）.

A. $x>1$　　B. $x>2$　　C. $x\neq1$ 或 $x\neq2$　　D. $x\neq1$ 且 $x\neq2$

二、填空题

1. 计算

(1) $(-3m^2n^2+24m^4n-mn^2+4mn)\div(-2mn)=$________

(2) $(32x^5-16x^4+8x^3)\div(-2x)^2=$________

2. 光的速度为 3.0×10^8 米/秒，那么光走 6×10^{21} 米要用________秒？

3. 一个矩形的面积为 $(6ab^2+4a^2b)cm^2$，一边为 $2ab$，则周长为________.

4. 与 anb^2 相乘的积为 $5a^2n+3b^2n+3$ 的单项式是________.

三、计算题

1. (1) 已知 $x^m=8$，$x^n=5$，求 x^{m-n} 的值；

(2) 已知 $10^m=3$，$10^n=2$，求 103^{m-2n} 的值.

2. 若 $(x^m\div x^{2n})^3\div x^{m-n}$ 与 $4x^2$ 为同类项，且 $2m+5n=7$，求 $4m^2-25n^2$ 的值.

3. 化简求值：$\left(-\dfrac{3}{4}x^4y^7+\dfrac{1}{2}x^3y^8-\dfrac{1}{9}x^2y^6\right)\div\left(-\dfrac{1}{3}xy^3\right)^2$，其中 $x=-1$，$y=-2$.

小结巩固

一、选择题

1. 化简：$(-3x^2)2x^3$ 的结果是(　　).

A. $-6x^5$　　B. $-3x^5$　　C. $2x^5$　　D. $6x^5$

2. 下列运算正确的是(　　).

A. $2a+a=3a$　　B. $2a-a=1$　　C. $2a\cdot a=3a^2$　　D. $2a\div a=a$

3. 下列计算正确的是(　　).

A. $(x^3)^3=x^6$　　B. $a^6\cdot a^4=a^{24}$

C. $(-bc)^4\div(-bc)^2=b^2c^2$　　D. $x^6\div x^3=x^2$

4. 下列关于数与式的等式中，正确的是(　　).

A. $(-2)^2=|-2^2|$　　B. $10^5\times10^8=10^{40}$　　C. $2x+3y=5xy$　　D. $\dfrac{x^2+y}{x}=x+y$

二、填空题

1. 计算：$(y^3)^2\div y^5=$________；$(a^2b)^2\div a$________.

2. 化简：$9xy\cdot\left(-\dfrac{1}{3}x^2y+1\right)=$________.

3. 计算：$(x+3)\cdot(x-5)=$________.

4. $(ab-3)(ab+3)$的计算结果是________.

三、计算题

1. 计算 $5x(x^2-2x+4)+x^2(x-1)$.

2. 先化简，再求值. $3(x-1)-(x-5)$，其中 $x=2$.

3. 先化简，再求值. $x^2(3-x)+x(x^2-2x)+1$，其中 $x=\sqrt{3}$.

4. 若$(x+a)\cdot(x+2)=x^2-5x+b$，求 a，b 的值.

5. 若$(x+a)(x-4)$的积中不含 x 的一次项，求 a 的值.

6. 计算$(x+3)(x+3)-(x-1)(x-2)$.

7. 计算：

①$(8x^4-6x^3-4x^2+10x)\div(-2x)$

②$\left(\frac{2}{3}a^3b^2c-\frac{2}{5}a^2bc\right)\div\left(-\frac{2}{3}a^2c\right)$

8. 若 $3x^2-x=1$，求 $6x^3+7x^2-5x+2009$ 的值.

2.1.8 乘法公式

一、平方差公式

引入：

前面我们学习了整式的乘法，知道了多项式与多项式相乘的法则. 根据所学知识，计算下列多项式的积，你能发现什么规律？

(1) $(x+1)(x-1)=$ ________;

(2) $(m+2)(m-2)=$ ________;

(3) $(2x+1)(2x-1)=$ ________.

上述问题中相乘的两个多项式有什么共同点？相乘的两个多项式的各项与它们的积中的各项有什么关系？你能将发现的规律用式子表示出来吗？

你能对发现的规律进行推导吗？

$$(a+b)(a-b)=a^2-ab+ab-b^2=a^2-b^2$$

一般的，我们有 $(a+b)(a-b)=a^2-b^2$ 即两个数的和与这两个数的差的积，等于这两个数的平方差. 我们把这个公式叫做(乘法的)平方差公式.

简单记忆为：和乘差，平方差.

特征：

1. 左边是两个二项式相乘，这两个二项式中有一项相同，另一项互为相反数.

2. 右边是左边二项式中两项的平方差(相同项的平方减相反项的平方).

3. 公式中的 a 和 b 可以是具体的数，也可以是含有字母的代数式.

想一想：你能感觉图 2-1 所示的面积说明平方差公式吗？

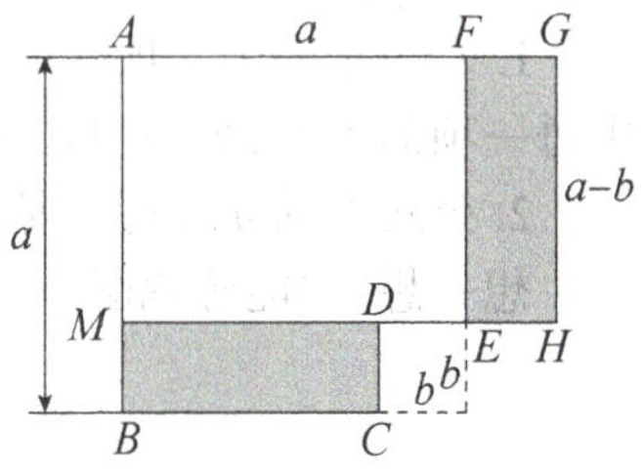

图 2-1

例 1. 运用平方差公式计算

(1) $(2x+1)(2x-1)$ (2) $(a+2b)(a-2b)$ (3) $(-x+2y)(-x-2y)$

解：(1) $(2x+1)(2x-1)=(2x)^2-1^2=4x^2-1$

(2) $(a+2b)(a-2b)=(a)^2-(2b)^2=a^2-4b^2$

(3) $(-x+2y)(-x-2y)=(-x)^2-(2y)^2=x^2-4y^2$

例 2. 计算 101×99

解：$101\times99=(100+1)(100-1)=100^2-1^2=10\ 000-1=9\ 999$

练习

1. 利用平方差公式计算

(1) $(a+2)(a-2)$　　(2) $(3a+2b)(3a-2b)$

(3) $(-x+1)(-x-1)$　　(4) $(-4k+3)(-4k-3)$

2. 利用平方差公式计算

(1) 803×797　　(2) 398×402

二、完全平方公式

引入：

计算下列各式：

(1) $(p+1)^2=$________；$(m+2)^2=$________；

(2) $(p-1)^2=$________；$(m-2)^2=$________.

我们在来计算 $(a+b)^2$，$(a-b)^2$

$(a+b)^2=(a+b)(a+b)=a^2+ab+ab+b^2=a^2+2ab+b^2$

$(a-b)^2=(a-b)(a-b)=a^2-ab-ab+b^2=a^2-2ab+b^2$

一般的，我们有 $(a+b)^2=a^2+2ab+b^2$　$(a-b)^2=a^2-2ab+b^2$ 即两数和（或差）的平方，等于它们的平方和，加上（或减去）它们的积的2倍.

简记：首平方，尾平方，积的2倍在中央.

特征：

1. 左边是一个二项式的完全平方，右边是一个二次三项式，其中有两项是公式左边二项式中每一项的平方，另一项是左边二项式中两项乘积的2倍.

2. 公式中的 a，b 可以是单项式，也可以是多项式.

想一想：你能感觉图2－2所示图形的面积说明平方差公式吗？

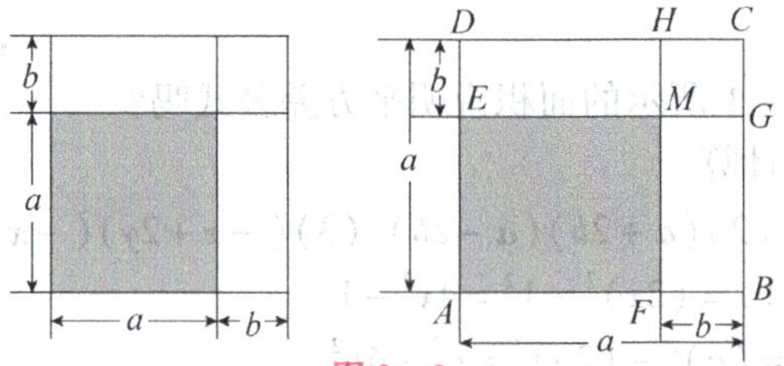

图2－2

例3. 运用完全平方公式计算

(1) $(2x+y)^2$　　(2) $\left(a-\frac{1}{3}\right)^2$

解：(1) $(2x+y)^2=(2x)^2+2\cdot(2x)\cdot y+y^2=4x^2+4xy+y^2$

(2) $\left(a-\frac{1}{3}\right)^2=(a)^2+2\cdot(a)\cdot\left(-\frac{1}{3}\right)+\left(-\frac{1}{3}\right)^2=a^2-\frac{2}{3}a+\frac{1}{9}$

例 4. 运用完全平方公式计算

(1) 101^2　　(2) 99^2

解：(1) $101^2=(100+1)^2=100^2+2\times100\times1+1^2=10\ 000+200+1=10\ 201$

(2) $99^2=(100-1)^2=100^2-2\times100\times1+1^2=10\ 000-200+1=9\ 801$

例 5. 运用乘法公式计算

(1) $(x+y-2)(x-y+2)$　　(2) $(a-b+c)^2$

解：(1) $(x+y-2)(x-y+2)=[x+(y-2)][x-(y-2)]=x^2-(y-2)^2$

$=x^2-(y^2-4y+4)=x^2-y^2+4y-4$

(2) $(a-b+c)^2=[(a-b)+c]^2=(a-b)^2+c^2=a^2+2ab+b^2+c^2$

练习

1. 利用完全平方公式计算.

(1) $\left(\frac{1}{2}x+\frac{2}{3}y\right)^2$　　(2) $(-2m+5n)^2$　　(3) $(2a+5b)^2$　　(4) $(4p-2q)^2$

2. 利用完全平方公式计算.

(1) $\left(\frac{1}{2}x-\frac{2}{3}y^2\right)^2$　　(2) $(1.2m-3n)^2$　　(3) $\left(-\frac{1}{2}a+5b\right)^2$　　(4) $\left(-\frac{3}{4}x-\frac{2}{3}y\right)^2$

3. 计算 $(a+b-2c)(a+b+2c)$

小结巩固

一、填空题

1. $(x+3)(x-3)=$________；$(3-x)(x+3)=$________.

$(-3+x)(-3-x)=$________；$(x-3)(-x-3)=$________；

$(3x^2-2y)(-3x^2-2y)=$________；$(2x-3y)^2=$________.

2. $(a+$____$)(a-$____$)=a^2-0.25$

3. 如果 x^2+kx+9 是一个完全平方式，则 k 的值为________.

4. 已知 $a+b=-3$，$ab=1$，求 $a^2+b^2=$________.

二、计算题

1. 运用平方差公式计算.

① 2002×1998　　② $2009^2-2008\times2010$

2. 用完全平方公式计算. 2009^2

3. 用乘法公式计算.

①$(2x-y-3)^2$　　　　②$(x+y+1)(x+y-1)$

4. 去括号. $(a+b-2)(a-b+2)$

5. 先化简,后求值. $(a-3)(a+3)(a^2+9)$,其中 $a=1$.

6. 先化简,再求值. $(a-2)(a+2)-a(a-2)$,其中 $a=-1$.

7. 先化简,再求值. $(a+b)(a-b)+(a+b)^2-2a^2$,其中 $a=3$,$b=-\frac{1}{3}$.

8. $(a+b)^2+(a-b)(2a+b)-3a^2$,其中 $a=-2-\sqrt{3}$,$b=\sqrt{3}-2$.

2.2　因式分解

2.2.1　因式分解的概念

引入:

我们学过整数的除法,那么 630 能被那些数整除呢?说说你是怎么样想的呢?

在小学我们知道,要解决这个问题,需要把 630 分解成质数的乘积形式,即:

$630=2\times3^2\times5\times7$,类似的,在式子的变形中,有时候,我们也需要将一个多项式写成几个整式的乘积的形式. 比如:$a^2+a=$________　$a^2-1=$________.

我们根据整式的乘法,可以联想到 $a^2+a=a(a+1)$　$a^2-1=(a+1)(a-1)$

像这样我们把一个多项式化成了几个整式的乘积形式,式子变形过程就叫做多项式因式分解,也叫做把这个多项式分解因式.

因式分解与整式乘法是相反方向的变形,即

$$x^2-1 \underset{\text{整式乘法}}{\overset{\text{因式分解}}{\rightleftharpoons}} (x+1)(x-1).$$

注意：

①因式分解与整式乘法的关系：

$a^2-b^2\xrightarrow{\text{因式分解}}(a+b)(a-b)$； $(a+b)(a-b)\xrightarrow{\text{整式乘法}}a^2-b^2$

$a^2\pm2ab+b^2\xrightarrow{\text{因式分解}}(a\pm b)^2$ $(a\pm b)^2\xrightarrow{\text{整式乘法}}a^2\pm2ab+b^2$

②结果一定是积的形式，分解的对象是多项式；

③每个因式必须是整式，且每个因式的次数都必须低于或等于原多项式的次数；

④分解因式必须分解到不能再分解为止.

练习

1. 下列各式变形中，是因式分解的是(　　).

A. $a^2-2ab+b^2-1=(a-b)^2-1$　　B. $2x^2+2x=2x^2\left(1+\frac{1}{x}\right)$

C. $(x+2)(x-2)=x^2-4$　　D. $x^4-1=(x^2+1)(x+1)(x-1)$

2. 下列各式由左到右变形中，是因式分解的是(　　).

A. $a(x+y)=ax+ay$　　B. $x^2-4x+4=x(x-4)+4$

C. $10x^2-5x=5x(2x-1)$　　D. $x^2-16+3x=(x-4)(x+4)+3x$

3. 下列各式从左到右的变形中，是因式分解的是(　　).

A. $(x+3)(x-3)=x^2-9$　　B. $x^2+1=x\left(x+\frac{1}{x}\right)$

C. $3x^2-3x+1=3x(x-1)+1$　　D. $a^2-2ab+b^2=(a-b)^2$

2.2.2 提公因式法

引入：

我们在前面学习 $a^2+a=m$ 因式分解时，我们的方法是把其中一个字母提出来，我们有什么依据吗？

我们看多项式 $ma+mb+mc$，它的各项都有一个公共的因式 m，我们把这个公共的因式叫做这个多项式各项的公因式，如 $ab+ac+ad$ 中，各项都含有因式 a，故 a 叫作这个多项式各项的公因式.

例 1. 单项式 $-12x^{12}y^3$ 与 $8x^{10}y^6$ 的公因式是________.

解：公因式的系数是 -12 和 8 的最大公约数即为 4，公因式的字母取了含有字母的最低次幂即 x^2y^3 所以公因式为 $4x^2y^3$.

注意：

①公因式可以是一个数或者一个字母，也可以是含有字母的代数式，如 $a(x+2)-b(x+2)$ 中，公因式就是 $x+2$.

②公因式的系数，取个系数的最大公约数；公因式的字母，取各项都含有的字母，公因式的次数，取相同字母的最低指数. 例如：$5x^my^3-15x^{m+2}y^3-20x^{m+1}y^2$ 的公因式为 $5x^my^2$.

练习

(1) 多项式 $8x^my^{n-1}-12x^{3m}y^n$ 的公因式是(　　).

A. x^my^n　　B. x^my^{n-1}　　C. $4x^my^n$　　D. $4x^my^{n-1}$

(2) $-xy^2(x+y)^3+x(x+y)^2$ 的公因式是________.

由 $m(a+b+c)=ma+mb+mc$ 可得：$ma+mb+mc=m(a+b+c)$，这样就把 $ma+mb+mc$ 分解成两个因式乘积的形式了，其中一个因式是各项的公因式 m，另一个因式 $a+b+c$. 一般的，如果多项式的各项有公因式，可以把这个公因式提取出来，将多项式写成公因式与另一个因式的乘积的形式，这种分解因式的方法叫做提公因式法.

例 2. 分解下列因式.

(1) $ma+mb$； (2) $m(a-b)+n(b-a)$； (3) $-2a^3b^4-10a^2b^3+2a^2b^2$.

解：(1) $m(a+b)$；

(2) $(m-n)(a-b)$；

(3) $-2a^3b^4-10a^2b^3+2a^2b^2=-2a^2b^2(ab^2+5b-1)$

例 3. 分解下列各式

(1) $12xy^2(a-b)^2-24x^2y^2(b-a)^2+18xy(b-a)^3$

(2) $(a^2+ab-ac)+(ab+b^2-bc)+(c^2-ca-cb)$

解：(1) $12xy^2(a-b)^2-24x^2y^2(b-a)^2+18xy(b-a)^3$

$=6xy(a-b)^2(2y-4xy-3a+3b)$

(2) $(a^2+ab-ac)+(ab+b^2-bc)+(c^2-ca-cb)=(a+b-c)^2$

注意：

①公因式的系数是各项系数的最大公约数；

②公因式中的字母应是各项中的相同字母；

③公因式中字母的指数是各项中相同字母的最低指数；

④有时在多项式中，如果各项都含有相同的“多项式”，就应把它作为一个“整体”提出来；

⑤如果多项式首项系数为负，应提出“ - ”号或用加法交换律使得首项的符号为正.

练习

一、选择题

1. 把多项式 $-4a^3+4a^2-16a$ 分解因式(　　).

A. $-a(4a^2-4a+16)$　　B. $a(-4a^2+4a-16)$

C. $-4(a^3-a^2+4a)$　　D. $-4a(a^2-a+4)$

2. 用提取公因式法分解因式正确的是(　　).

A. $12abc-9a^2b^2=3abc(4-3ab)$　　B. $3x^2y-3xy+6y=3y(x^2-x+2y)$

C. $-a^2+ab-ac=-a(a-b+c)$　　D. $x^2y+5xy-y=y(x^2+5x)$

3. 如果多项式 $-\frac{1}{5}abc+\frac{1}{5}ab^2-a^2bc$ 的一个因式是 $-\frac{1}{5}ab$，那么另一个因式是(　　).

A. $c-b+5ac$　　B. $c+b-5ac$　　C. $c-b+\frac{1}{5}ac$　　D. $c+b-\frac{1}{5}ac$

二、分解因式

(1) $x(x-y)-y(y-x)$　　(2) $-12x^3+12x^2y-3xy^2$

(3) $(x+y)^2+mx+my$　　(4) $a(x-a)(x+y)^2-b(x-a)^2(x+y)$

小结巩固

1. 多项式 $-6a^2b+18a^2b^3x+24ab^2y$ 的公因式是(　　).

A. $mx+my$ 和 $x+y$　　B. $3a(x+y)$ 和 $2y+2x$

C. $3a-3b$ 和 $6(b-a)$　　D. $-2a-2b$ 和 a^2-ab

2. 将多项式 $(3a-4b)(7a-8b)-(11a-12b)(8b-7a)$ 分解因式正确的结果是(　　).

A. $8(7a-8b)(a-b)$　　B. $2(7a-8b)^2$

C. $8(7a-8b)(b-a)$　　D. $-2(7a-8b)^2$

3. 多项式 $(m+1)(m-1)+(m-1)$ 提取公因式 $(m-1)$ 后,另一个因式为(　　).

A. $m+1$　　B. $2m$　　C. 2　　D. $m+2$

4. 分解因式

① $-49a^2bc-14ab^2c+7ab$　　② $(2a+b)(2a-3b)-8a(2a+b)$

③ $-3x^2n-9xn$　　④ $3m(x-y)-2(y-x)^2$

⑤ $-4m^3+16m^2-6m$　　⑥ $5m(a+b)-a-b$

2.2.3　公式法

一、平方差公式分解因式

引入:

我们能将多项式 x^2-9 与多项式 m^2-4 分解因式吗,这两个多项式有什么共同的特点?

我们发现,这两个多项式都可以写成两个式子的平法差形式,对于这样的多项式,我们可以利用平方差公式来分解因式. 也就是我们利用平方差公式的逆运算,$(a+b)(a-b)=a^2-b^2$ 即两个数的平方差,等于这两个数的和与这两个数的差的积.

例 1. 分解因式

(1) $4x^2-9$　　(2) $(x+p)^2-(x+p)^2$

解:(1) $4x^2-9=(2x)^2-3^2=(2x+3)(2x-3)$

(2) $(x+p)^2-(x+p)^2=[(x+p)+(x+p)][(x+p)-(x+p)]=(2x+p+q)(p-q)$

例 2. 分解因式

(1) x^4-y^4　　(2) a^3b-ab

解:(1) $x^4-y^4=(x^2+y^2)(x^2-y^2)=(x^2+y^2)(x+y)(x-y)$

(2) $a^3b-ab=ab(a^2-1)=ab(a+1)(a-1)$

注意: ①公式中的字母 a,b 可代表一个单项式或一个多项式. ②多项式是两项,每一项都是平方的形式且符号相反,这样的形式可以逆用平方差公式进行分解.

练习

1. x^2-4　　2. $9-y^2$　　3. $1-a^2$　　4. $4x^2-y^2$

5. $1-25b^2$　　6. $x^2y^2-z^2$　　7. $\frac{4}{9}m^2-0.01b^2$　　8. $a^2-\frac{1}{9}x^2$

9. $36-m^2n^2$　　10. $4x^2-9y^2$　　11. $0.81a^2-16b^2$　　12. $25p^2-49q^2$

13. $a^2x^4-b^2y^2$　　14. x^4-1　　15. $16a^4-b^4$　　16. $\frac{1}{81}a^4-16b^4m^4$

二、完全平方公式分解因式

引入：

我们能将多项式 $a^2+2ab+b^2$ 和 $a^2-2ab+b^2$ 分解因式吗,这两个多项式有什么共同的特点?

这两个多项式是两个数的平方和加上或者减去这两个数的积的 2 倍,这恰是两个数和或者差的平方,我们把 $a^2+2ab+b^2$ 和 $a^2-2ab+b^2$ 这样的式子叫做完全平方式,利用完全平方公式可以把形如完全平方式的多项式因式分解.

整式的完全平方公式反过来就得到

$$a^2+2ab+b^2=(a+b)^2 \quad a^2-2ab+b^2=(a-b)^2$$

即两个数的平方和加上或者减去这两个数的积的 2 倍,等于这两个数的和或差的平方.

例 3. (1) $4x^2+12x+9$　　(2) $-x^2+2xy-y^2$

解: (1) $4x^2+12x+9=(2x)^2+2\cdot(2x)\cdot3+3^2=(2x+3)^2$

(2) $-x^2+2xy-y^2=-(x^2-2xy+y^2)=-(x-y)^2$

例 4. 分解因式

(1) $3ax^2+6axy+3ay^2$　　(2) $(a+b)^2-12(a+b)+36$

解: (1) $3ax^2+6axy+3ay^2=3a(x^2+2xy+y^2)=3a(x+y)^2$

(2) $(a+b)^2-12(a+b)+36=(a+b)^2-2\cdot(a+b)\cdot6+6^2=(a+b-6)^2$

注意: ①公式中的字母 a,b 可代表一个单项式或一个多项式.

②多项式是三项,有两项是两个数(式)平方的形式且符号相同,有一项是这两个数(式)积的 2 倍,这样的形式可以逆用完全平方公式进行分解.

练习

1. x^2+2x+1　　2. $4a^2+4a+1$　　3. $1-6y+9y^2$　　4. $1+m+\frac{m^2}{4}$

5. x^2-2x+1　6. $a^2-8a+16$　7. $1-4t+4t^2$　8. $m^2-14m+49$

9. $b^2-22b+121$　10. $y^2+y+\frac{1}{4}$　11. $25m^2-80m+64$　12. $4a^2+36a+81$

13. $4p^2-20pq+25q^2$　14. $\frac{x^2}{4}+xy+y^2$　15. $4x^2+y^2-4xy$

小结巩固

一、请化简下面各式

1. x^5-x^3　2. $4ax^2-ay^2$　3. $2ab^3-2ab$　4. x^3-16x

5. $3ax^2-3ay^4$　6. $x^2(2x-5)+4(5-2x)$

7. x^3-4xy^2　8. $32x^3y^4-2x^3$　9. ma^4-16mb^4　10. $-8a(a+1)^2+2a^3$

11. $-ax^4+16a$　12. $16mx(a-b)^2-9mx(a+b)^2$

13. $(x+y)^2+6(x+y)+9$　14. $a^2-2a(b+c)+(b+c)^2$

15. $4-12(x-y)+9(x-y)^2$　16. $(m+n)^2+4m(m+n)+4m^2$

17. $(x+y)^2-4(x+y-1)$　　18. $(a+1)^2+4a(a+1)+4a^2$

二、请计算下面各式

1. 计算

(1)758^2-258^2　　(2)429^2-171^2　　(3)$3.5^2\times9-2.5^2\times4$

2. 已知 $x=12,y=8$,求代数式$\frac{1}{2}x^2+xy+\frac{1}{2}y^2$ 的值.

3. 已知 $a+b=2,ab=\frac{3}{2}$,求代数式 $a^3b+ab^3-2a^2b^2$ 的值.

2.2.4 因式分解的其他常用方法

解决因式分解问题的方法除了同学们上面学习的提公因式和公式法以外,对于特殊的形式,我们还有几种常用的方法.

一、十字相乘法

对于二次三项式的分解因式,借用一个十字叉帮助我们分解因式,这种方法叫做十字相乘法.二次三项式 ax^2+bx+c 的因式分解问题,只要把二次项系数 a 分解成两个因数 a_1 和 a_2 的积,常数项 c 分解成两个因数 c_1 和 c_2 的积,且使 $a_1c_2+a_2c_1=b$ 则有 $ax^2+bx+c=(a_1x+c_1)(a_2x+c_2)$.

因为一个整数分解成两个因数积得形式不唯一,且要满足上述条件,故常用十字相乘的形式进行试算,最后确定分解的结果.具体看下面例题.

例 1. 将下列各式分解因式:(1)x^2+5x+6;(2)x^2-5x+6;(3)$3x^2-x-10$.

解:(1)x^2+5x+6

x 前的系数为 1,我们可以写成 $1\times1,(-1)\times(-1)$ 等,常数项 6 可以写成 $2\times3,3\times2,1\times6,1\times6$ 等,我们选取其中的一种情况,即 $a=1$,分解成为 $a_1=1,a_2=1$;$c=6$,分解成为$c_1=1,c_2=6$.那么 $a_1c_2+a_2c_1=1\times6+1\times1=7\neq5=b$ 说明分解的有错误,当我们选择$a_1=1,a_2=1,c_1=2,c_2=3$ 时 $a_1c_2+a_2c_1=1\times3+1\times2=5=b$,说明分解正确,因此根据$ax^2+bx+c=(a_1x+c_1)(a_2x+c_2)$,$x^2+5x+6=(x+2)(x+3)$.

(2)x^2-5x+6

x 前的系数为 1,我们可以写成 $1\times1,(-1)\times(-1)$ 等,常数项 6 可以写成 $2\times3,3\times2,1\times6,1\times6$ 等,我们选取其中的一种情况,$a=1$,分解成为 $a_1=1,a_2=1$;$c=6$,分解成为$c_1=-2$,

$c_2=-3$；$a_1c_2+a_2c_1=1\times(-3)+1\times(-2)=-5=b$，$x^2-5x+6=(x-2)(x-3)$.

(3)$3x^2-x-10$

x^2 前的系数为3，我们可以写成 1×3，$(-1)\times(-3)$ 等，常数项 -10 可以写成 $2\times(-5)$，$(-5)\times2$，$(-2)\times5$，$5\times(-2)$ 等，我们选取其中的一种情况 $a=3$，分解成为 $a_1=1$，$a_2=3$；$c=-10$，分解成为 $c_1=-2$，$c_2=5$，$a_1c_2+a_2c_1=1\times5+3\times(-2)=5-6=-1=b$，$3x^2-x-10=(x-2)(3x+5)$.

练习

填写下列各式.

(1)$x^2-(a-b)x-ab=(x\quad)(x\quad)$；

(2)$x^2+(a-b)x-ab=(x\quad)(x\quad)$；

(3)$x^2-(a-b)x+ab=(x\quad)(x\quad)$；

(4)$x^2+(a-b)x+ab=(x\quad)(x\quad)$.

二、分组分解法

对于一个多项式，它的各项没有公因式，也不能直接使用公式来分解，这时一般采用分组分解法来进行因式分解.

其分组的原则是：分组后的各组变形后能有公因式可提；分组后可利用公式或十字相乘法继续分解因式.

(1)如果多项式是四项式，则考虑二二分组或者三一分组. 其中二二分组中的两项能运用两数和乘以两数差的公式或提公因式；三一分组中的三项一般能运用两数和的平方公式，一项是常数.

例2. 把下列各式分解因式：

(1)$x^2+y-xy-x$；

(2)$a^2-4ab-9+4b^2$

解：$x^2+y-xy-x$

$=(x^2-xy)+(y-x)$

$=x(x-y)-(x-y)$

$=(x-y)(x-1)$

$a^2-4ab-9+4b^2$

$=(a^2-4ab+4b^2)-9$

$=(a-2b)^2-9$

$=(a-2b+3)(a-2b-3)$

(2)如果多项式是五项式，则考虑三二分组. 其中的三项一般能运用两数和的平方公式，两项则能提公因式.

例3. 把 $x^2-6xy+9y^2-2x+6y$ 因式分解.

解：$x^2-6xy+9y^2-2x+6y$

$=(x^2-6xy+9y^2)-(2x-6y)$

$=(x-3y)^2-2(x-3y)$

$=(x-3y)(x-3y-2)$

(3)如果多项式是六项式，则考虑三三分组或者三二一分组. 其中三三分组中的三项能运用两数和的平方公式，然后再用两数和乘以两数差的公式因式分解；三二一分组中的三项一般能运用两数和的平方公式，两项则能提公因式，一项是常数，再考虑运用两数和的平方公式因式分解.

例4. 把下列各式分解因式.

(1)$4a^2-4ab+b^2-x^2-6x-9$；

(2)$m^2+n^2-8m+8n-2mn+16$.

解：$4a^2-4ab+b^2-x^2-6x-9$

$=(4a^2-4ab+b^2)-(x^2+6x+9)$

$=(2a-b)^2-(x+3)^2$

$=(2a-b+x+3)(2a-b-x-3)$

$m^2+n^2-8m+8n-2mn+16$

$=(m^2-2mn+n^2)-(8m-8n)+16$

$=(m-n)^2-8(m-n)+16$

$=(m-n-4)^2$

练习

(1) $a^2-ab+ac-bc$

(2) $ax-10ay+5by-bx$

(3) $3ax+4by+4ay+3bx$

(4) $m^2+5n-mn-5m$

(5) $x^5+x^4+x^3+x^2+x+1$

(6) a^2-a-b^2+b

(7) $16x^2-8x-y^2+2y$

(8) $4a^2+4a-4a^2b+b+1$

(9) x^4-11x^2+1

(10) $(1-x^2)(1-y^2)-4xy$

(11) $x^2-y^2+ax+ay$

(12) $a^2-2ab+b^2-c^2$

(13) $x^3+x^2y-xy^2-y^3$

(14) $ax^3+ax^2y-2bx^3-2bx^2y$

(15) $15x^2-15x-2xy+2y$

(16) $x^2-4xy+4y^2-2x+4y+1$

(17) $(ax+by)^2+(bx-ay)^2$

(18) $2(a^3+a)-a(a+8)$

三、配方法

配方法是二次三项式进行因式分解的重要方法. 配方法的基本步骤是①二次三项式的二次项系数化为一,②加上并减去一次项系数一半的平方.

例 5. 把下列各式分解因式

(1) x^2-2x-3

(2) $m^4+m^2n^2+n^4$

(3) $2y^2+y-1$

解：(1) x^2-2x-3

$=x^2-2x-3$

$=x^2-2x+1-1-3$

$=(x^2-2x+1)-4$

$=(x-1)^2-4$

$=(x-1+2)(x-1-2)$

$=(x+1)(x-3)$

(2) $m^4+m^2n^2+n^4$

$=m^4+2m^2n^2+n^4-m^2n^2$

$=(m^2+n^2)2-m^2n^2$

$=(m^2+n^2+mn)(m^2+n^2-mn)$

(3) $2y^2+y-1$

$=2\left(y^2+\frac{1}{2}y-\frac{1}{2}\right)$

$=2\left(y^2+\frac{1}{2}y+\frac{1}{16}-\frac{1}{16}-\frac{1}{2}\right)$

$=2\left[\left(y+\frac{1}{4}\right)-\frac{9}{16}\right]$

$=2\left[\left(y+\frac{1}{4}+\frac{3}{4}\right)\left(y+\frac{1}{4}-\frac{3}{4}\right)\right]$

$=2(y+1)\left(y-\frac{1}{2}\right)$

$=(y+1)(2y-1)$

注意：

因式分解的一般步骤：

(1) 如果多项式的各项有公因式，那么先提取公因式.

(2) 在各项提出公因式以后或各项没有公因式的情况下，观察多项式的项数：2 项式可以尝试运用公式法分解因式；3 项式可以尝试运用公式法、十字相乘法分解因式；4 项式及 4 项式以上的可以尝试分组分解法分解因式.

(3) 分解因式必须分解到每一个因式都不能再分解为止.

练习

1. $x^2-2x-15$

2. $x^2-5xy+6y^2$

3. $2x^2-5x-3$

4. $3x^2+8x-3$

5. x^4-10x^2+9

6. $2x^2+15x+7$

7. $3a^2-8a+4$

8. $6y^2-11y-10$

2.3　分式

2.3.1　分式的概念

引入：

如果长方形的面积为 9 平方厘米，长为 4 厘米，宽为多少厘米呢？那如果现在长方形的面积为 S，长为 a，那宽又该为多少呢？

我们很容易地就能得出上面的结果，当给出详细数据的时候，宽为$\frac{9}{4}$厘米，当给出的是字母时，宽为$\frac{s}{a}$. 我们在第二个结果中发现一个异与整式的式子，最大的特点是在分母中出现了字母.

一般的，用 A、B 表示两个整式，$A \div B$ 就可以表示成$\frac{A}{B}$的形式，如果 B 中含有字母，式子$\frac{A}{B}$就叫做分式. 其中，A 叫做分式的分子，B 叫做分式的分母. 分式和整式通称为有理式. 例如$\frac{1}{x+3}$分母中出现了字母 x，所以该式为分式.

我们在学习分数的时候，特点强调是不存在有分母为 0 的分数的，在分式中也有类似的规定，我们把它叫做分式有意义的条件. 规定如下：

1. 分式有意义的条件：分母不等于零.
2. 分式无意义的条件：分母等于零.
3. 分式的值为零的条件：分子等于零且分母不等于零.

注意：

1. 分式有无意义与分母有关但与分子无关，分式要明确其是否有意义，就必须分析、讨论分母中所含字母不能取哪些值，以避免分母的值为零.
2. 本章中如果没有特殊说明，所遇到的分式都是有意义的，也就是说分式中分母的值不等于零.
3. 必须在分式有意义的前提下，才能讨论分式的值.

例 1. 填空

(1) 当 $x=$________时，分式$\frac{2}{2x}$有意义；

(2) 当 $x=$________时，分式$\frac{x}{x-3}$有意义；

(3) 当 $a=$________时，分式$\frac{1}{3-2a}$有意义；

(4) 当 x,y 满足关系________时，分式$\frac{x+y}{2x-y}$有意义.

解：(1) 分式$\frac{2}{2x}$有意义，分母 $2x\neq0$，即 $x\neq0$

(2) 分式$\frac{x}{x-3}$有意义，分母 $x-3\neq0$，即 $x\neq3$

(3)分式$\frac{1}{3-2a}$有意义，分母$3-2a\neq0$即$a\neq\frac{3}{2}$

(4)分式$\frac{x+y}{2x-y}$有意义，分母$2x-y\neq0$即$2x\neq y$

注意：

1. 分式的形式和分数类似，但它们是有区别的. 分数是整式，不是分式，分式是两个整式相除的商式. 分式的分母中含有字母；分数的分子、分母中都不含字母.

2. 分式与分数是相互联系的：由于分式中的字母可以表示不同的数，所以分式比分数更具有一般性；分数是分式中字母取特定值后的特殊情况.

3. 分母中的“字母”是表示不同数的“字母”，但π表示圆周率，是一个常数，不是字母，如$\frac{a}{\pi}$是整式而不能当作分式.

4. 分母中含有字母是分式的一个重要标志，判断一个代数式是否是分式不能先化简，如$\frac{x^2y}{x}$是分式，与xy有区别，xy是整式，即只看形式，不能看化简的结果.

练习

1. 式子①$\frac{2}{x}$　②$\frac{x+y}{5}$　③$\frac{1}{2-a}$　④$\frac{x}{\pi-1}$中，是分式的有(　　).

A. ①②　　B. ③④　　C. ①③　　D. ①②③④

2. 分式$\frac{x+a}{3x-1}$中，当$x=-a$时，下列结论正确的是(　　).

A. 分式的值为零　　B. 分式无意义

C. 若$a\neq-\frac{1}{3}$时，分式的值为零　　D. 若$a\neq\frac{1}{3}$时，分式的值为零

3. 若分式$\frac{x}{|x|-1}$无意义，则x的值是(　　).

A. 0　　B. 1　　C. -1　　D. ±1

4. 化简$\frac{m^2-n^2}{m^2+mn}$的结果是(　　).

A. $\frac{m-n}{2m}$　　B. $\frac{m-n}{m}$　　C. $\frac{m+n}{m}$　　D. $\frac{m-n}{m+n}$

5. 使分式$\frac{1}{1+\frac{1}{1+x}}$有意义的条件是(　　).

A. $x\neq0$　　B. $x\neq-1$且$x\neq-2$

C. $x\neq-1$　　D. $x\neq-1$且$x\neq0$

6. 当________时，分式$\frac{2x+1}{3x-4}$无意义.

7. 当________时，分式$\frac{x}{8x-6}$有意义.

8. 当________时，分式$\frac{4x+3}{x-5}$的值为1.

9. 当________时，分式$\frac{1}{-x+5}$的值为正.

10. 当________时分式$\frac{-4}{x^2+1}$的值为负.

2.3.2　分式的基本性质

引入：

我们在讲到分数的时候，讲过分数的约分和通分，那么分式是否也有类似的计算呢，它的根据是什么呢？

一、分式的基本性质：

分式的分子和分母都乘以(或除以)同一个不等于零的整式，分式的值不变.

基本性质：$\frac{b}{a}=\frac{bm}{am}(m\neq0)$

例 1. 填空

(1)$\frac{a+b}{ab}=\frac{(\quad)}{a^2b}$　　(2)$\frac{2a-b}{a^2}=\frac{(\quad)}{a^2b}$

(3)$\frac{x^2+xy}{x^2}=\frac{x+y}{(\quad)}$　　(4)$\frac{x}{x^2-2x}=\frac{(\quad)}{x-2}$

解：(1)因为$\frac{a+b}{ab}$的分母 ab 乘以 a 才能化成 a^2b，为了保证分式的值不变，根据分式的基本性质，分子也需要乘以 a，即$\frac{a+b}{ab}=\frac{(a+b)\cdot a}{ab\cdot a}=\frac{a^2+ab}{a^2b}$同理，(2)中$\frac{2a-b}{a^2}$的分母需要乘以 b 才能化成 a^2b，将分子也乘以 b，即$\frac{2a-b}{a^2}=\frac{(2a-b)\cdot b}{a^2b}=\frac{2ab-b^2}{a^2b}$

(3)因为$\frac{x^2+xy}{x^2}$的分子 x^2+xy 除以 x，才能化成 $x+y$，所以分母也除以 x，即$\frac{x^2+xy}{x^2}=\frac{(x^2+xy)\div x}{(x^2)\div x}=\frac{x+y}{x}$　同理，(4)中$\frac{x}{x^2-2x}$分母需要除以 x 才能变成 $x-2$，将分母也除以 x，即$\frac{x}{x^2-2x}=\frac{x\div x}{(x^2-2x)\div x}=\frac{1}{x-2}$

注意：

1. 基本性质中的 a,b,m 表示的是整式. 其中 $b\neq0$ 是已知条件中隐含着的条件，一般在解题过程中不另强调；$m\neq0$ 是在解题过程中另外附加的条件，在运用分式的基本性质时，必须重点强调 $m\neq0$ 这个前提条件.

2. 在应用分式的基本性质进行分式变形时，虽然分式的值不变，但分式中字母的取值范围有可能发生变化. 例如：$\frac{x-1}{x}=\frac{x^2-1}{x^2+x}$，在变形后，字母 x 的取值范围变大了.

练习

填空(1)$\frac{a+a^2}{ab}=\frac{(\quad)}{b}$　　(2)$\frac{x^4+x^2y}{x^3}=\frac{x^2+y}{(\quad)}$

二、分式的变号法则

分式的分子、分母与分式本身的符号,改变其中任何两个,分式的值不变.

符号法则:$-\frac{b}{a}=\frac{-b}{a}=\frac{b}{-a}$

根据分式的基本性质有$\frac{-b}{-a}=\frac{b}{a}$,$\frac{-b}{a}=\frac{b}{-a}$. 根据有理数除法的符号法则有$\frac{-b}{a}=\frac{b}{-a}=-\frac{b}{a}$. 分式$\frac{a}{b}$与$-\frac{a}{b}$互为相反数. 分式的符号法则在以后关于分式的运算中起着重要的作用.

注意:

1. 分式的基本性质可类比分数的基本性质去理解记忆,利用分式的基本性质,可以在不改变分式值的条件下,对分式做出一系列的变形.

2. 当分式的分子(分母)是多项式,运用分式的基本性质时,要先把分式的分子(分母)用括号括上,再将分子与分母同乘以(或除以)相同的整式.

练习

一、填空题

1. 写出等式中未知的分子或分母.

①$\frac{y}{3x}=\frac{(\quad)}{3x^2y}$　　②$\frac{x}{x+y}=\frac{x.(\quad)}{(x+y).(\quad)}=\frac{xy+x^2}{(\quad)}$

③$\frac{7xy}{5x^2y}=\frac{7}{(\quad)}$　　④$\frac{1}{a-b}=\frac{(\quad)}{(a-b).(\quad)}=\frac{a+b}{(\quad)}$

2. 不改变分式的值,使分式的分子与分母都不含负号.

①$-\frac{-5x}{2y}=$________　　②$-\frac{-a}{-3b}=$________

3. 等式$\frac{a}{a+1}=\frac{a(a-1)}{a^2-1}$成立的条件是________.

4. 将分式$\frac{0.3a+0.5b}{0.2a-b}$的分子、分母中各项系数都化为整数,且分式的值不变,那么变形后的分式为________.

5. 若$2x=-y$,则分式$\frac{xy}{x^2-y^2}$的值为________.

二、选择题

1. 把分式$\frac{2x}{2x-3y}$中的x和y都扩大为原来的5倍,那么这个分式的值(　　).

A. 扩大为原来的5倍　　B. 不变

C. 缩小到原来的$\frac{1}{5}$　　D. 扩大为原来的$\frac{5}{2}$倍

2. 使等式$\frac{7}{x+2}=\frac{7x}{x^2+2x}$自左到右变形成立的条件是(　　).

A. $x<0$　　B. $x>0$

C. $x\neq0$　　D. $x\neq0$且$x\neq-2$

3. 不改变分式$\frac{-3x+1}{-x^2+7x-2}$的值，使分式的分子、分母中 x 的最高次数式的系数都是正数，应该是(　　).

A. $\frac{3x+1}{x^2-7x+2}$　　B. $\frac{3x+1}{x^2+7x+2}$　　C. $\frac{3x-1}{x^2-7x-2}$　　D. $\frac{3x-1}{x^2-7x+2}$

三、解答题

1. 不改变分式的值，使分式的分子、分母中的首项的系数都不含“－”号.

①$\frac{-2x}{-3y}$　　②$\frac{2x-1}{-x+1}$　　③$\frac{-x^2+2x-1}{x-2}$　　④$\frac{-x-1}{-x^2-3x+1}$

2. 化简求值：$\frac{4x^2-8xy+4y^2}{2x^2-2y^2}$，其中 $x=2$，$y=3$.

3. 已知当 $x=3$ 时，分式 $x+a/3x-b$ 的值为 0，当 $x=1$ 时，分式无意义，试求 a，b 的值.

4. 已知 $x^2+3x-1=0$，求 $x-\frac{1}{x}$的值.

三、通分

在前面的例题中，与分数的通分类似，我们利用分式的基本性质，使分子和分母同乘适当的整式，不改变分式的值，把$\frac{a+b}{ab}$和$\frac{2a-b}{a^2}$化成了具有相同分母的分式，这样的分式变形就叫做分式的通分. 即，根据分式的基本性质，把几个异分母的分式分别化成与原来的分式相等的同分母的分式，叫做分式的通分.

通分的关键是确定几个分式中的最简公分母，我们一般去各个分母的所有因式的最高次幂的积作为公分母，它叫做最简公分母.

例 2. 通分

(1)$\frac{3}{2a^2b}$与$\frac{a-b}{ab^2c}$　　(2)$\frac{2x}{x-5}$与$\frac{3x}{x+5}$

解：(1)最简公分母为 $2a^2b^2c$

$\frac{3}{2a^2b}=\frac{3\cdot(bc)}{2a^2b^2c}=\frac{3bc}{2a^2b^2c}$　$\frac{a-b}{ab^2c}=\frac{(a-b)\cdot 2a}{2a^2b^2c}=\frac{2a^2-2ab}{2a^2b^2c}$

(2)最简公分母为$(x+5)(x-5)$

$\frac{2x}{x-5}=\frac{2x\cdot(x+5)}{(x-5)(x+5)}=\frac{2x^2+10x}{x^2-25}$　$\frac{3x}{x+5}=\frac{3x\cdot(x-5)}{(x-5)(x+5)}=\frac{3x^2-15}{(x-5)(x+5)}$

注意：

1. 把两个或者几个分式通分，①先求各个分式的最简公分母（即各分母系数的最小公倍数、相同因式的最高次幂和所有不同因式的积）②再利用分式的基本性质，用最简公分母除以原来各分母所得的商分别去乘原来分式中的分子、分母，使得每个分式变为原分式的值相等，而且以最简公分母为分母的分式③若分母是多项式，则先分解因式，再通分.

2. 确定最简公分母的一般方法有两种，如果各分母是单项式，确定最简公分母的方法是①取各分母系数的最小公倍数②凡单独出现的字母，连同它的指数作为最简公分母的一个因式③同底数幂取次数最高的. 这样得到的积就是最简公分母；如果各分母都是多项式，就要把它们分解因式，再按照分母是单项式求最简公分母的方法，从系数、相同因式、不同因式三个方面去求.

练习

一、填空题

1. $\frac{x+1}{2x}$；$-\frac{5}{3x^2}$；$\frac{x-2}{6x^2}$的最简公分母是________.

2. $\frac{x+y}{4x^3}$；$\frac{x-1}{2x^2y^3}$；$\frac{2x-y}{5xy^2}$的最简公分母是________.

3. $\frac{x-1}{x+2}$；$\frac{2x+1}{x-3}$的最简公分母是________.

4. $\frac{3}{(x-1)(x-2)}$；$\frac{4}{(2-x)(3-x)}$；$\frac{5}{x-3}$的最简公分母是________.

5. 在下列等式中，填写未知的分子或分母.

(1) $\frac{3y}{4x}=\frac{(\quad)}{4x^2}$　　(2) $\frac{5xy^3}{(\quad)}=\frac{15x^4y^8}{9x^5y^7}$

(3) $\frac{x-y}{7x}=\frac{(y-x)^2}{(\quad)}$　　(4) $\frac{-4x}{2-3x}=\frac{(\quad)}{3x^2-2x}$

6. 如果把分式$\frac{3x}{x+y}$中的 x 和 y 的值都扩大 5 倍，那么分式的值（　　）.

A. 扩大 5 倍　　B. 缩小 5 倍　　C. 不改变　　D. 扩大 25 倍

7. 将 $5a$，$\frac{6}{2a^2b}$，$\frac{a}{4b^3}$通分后最简公分母是（　　）.

A. $8a^2b^3$　　B. $4ab^3$　　C. $8a^2b^4$　　D. $4a^2b^3$

二、通分

1. $\frac{y}{2xz}$；$\frac{x}{3y^2}$；$\frac{1}{4xy}$　　2. $\frac{1}{x^2y^2}$；$\frac{1}{x^2y^3}$；$\frac{1}{xy^4}$

3. $\frac{4a}{5b^2c}$；$\frac{3c}{10a^2b}$；$\frac{5b}{-2ac^2}$　　4. $\frac{2}{3a^2}$；$\frac{3}{-4ab^2}$；$\frac{4}{5a^2b^2}$

5. $\frac{x+1}{2x}$；$-\frac{5}{3x^2}$；$\frac{x-2}{6x^2}$

6. $\frac{x-1}{x+2}$；$\frac{2x+1}{x-3}$

7. $\frac{a}{a-b}$；$\frac{1}{a^2-b^2}$

8. $\frac{x}{a(x-y)}$；$\frac{y}{b(y-x)}$

四、约分

在前面的例题中，与分数的约分类似，我们利用分式的基本性质，使得分子和分母同时除以适当的整式，不改变分式的值，把$\frac{x^2+xy}{x^2}$化为了$\frac{x+y}{x}$，这样的分式变形叫做分式的约分. 即，根据分式的基本性质，把一个分式的分子与分母的公因式约去，叫作分式的约分.

例 3. 约分

(1) $\frac{3abc}{12ab^3c^2}$　　(2) $\frac{x^2+4x+4}{x^2-4}$

解：(1) $\frac{3abc}{12ab^3c^2}=\frac{3abc}{3abc\cdot 4b^2c}=\frac{1}{4b^2c}$　　(2) $\frac{x^2+4x+4}{x^2-4}=\frac{(x+2)^2}{(x+2)(x-2)}=\frac{x+2}{x-2}$

注意：

1. 约分的关键是准确找出分子与分母的公因式，找公因式的方法①当分子和分母都是单项式时，先找出它们系数的最大公约数，再确定相同字母的最低次幂，它们的乘积就是分子与分母的公因式. ②当分子、分母是多项式时，先将分子、分母因式分解，把分子、分母化为几个因式的积后，再找出分子、分母的公因式.

2. 约分的实质是将一个分式化成最简分式，即约分后，分式的分子与分母再没有公因式.

3. 约分应注意一定要把公因式约尽，还应注意分子、分母的整体都要除以同一个公因式，当分子或分母是多项式时，要用分子、分母的公因式去除整个多项式，不能只除某一项，更不能减去某一项. 例如$\frac{2x+m}{3y+m}=\frac{2x}{3y}$是典型错误的.

练习

一、选择题

1. 已知分式$\frac{(x-1)(x+3)}{(x+1)(x-3)}$有意义，则 x 的取值为(　　).

A. $x\neq -1$　　B. $x\neq 3$　　C. $x\neq -1$ 且 $x\neq 3$　　D. $x\neq -1$ 或 $x\neq 3$

2. 下列分式，对于任意的 x 值总有意义的是(　　).

A. $\frac{x-5}{x^2-1}$　　B. $\frac{x-1}{x^2+1}$　　C. $\frac{x^2+1}{8x}$　　D. $\frac{2x}{3x+2}$

3. 若分式$\frac{|m|-1}{m^2-m}$的值为零，则 m 取值为(　　).

A. $m=\pm 1$　　B. $m=-1$　　C. $m=1$　　D. m 的值不存在

4. 当 $x=2$ 时，下列分式中，值为零的是(　　).

A. $\frac{x-2}{x^2-3x+2}$　　B. $\frac{2x-4}{x-9}$　　C. $\frac{1}{x-2}$　　D. $\frac{x+2}{x+1}$

二、约分

(1) $\frac{2b-ab}{a^2-2a}$　　(2) $\frac{(a+b)^2-c^2}{a+b+c}$　　(3) $\frac{6x^2y+2xy^2}{9x^2-y^2}$　　(4) $\frac{16a^4b^2c^5}{12a^3b^4c^2}$

(5) $\frac{-3a^2b(m-1)}{9ab^2(1-m)}$　　(6) $\frac{2x^2y(x-y)^2}{12xy^2(y-x)}$　　(7) $\frac{m^2-2m+1}{1-m^2}$　　(8) $\frac{3a^2-ab}{b^2-6ab+9a^2}$

(9) $\frac{x^2+6x+9}{x^2-9}$　　(10) $\frac{a^2-9}{a^2-6a+9}$　　(11) $\frac{2a+2b}{4a^2-4b^2}$　　(12) $\frac{m^3+2m^2+m}{m^2-1}$

(13) $\frac{2y(2y-x)^4}{6x(x-2y)^3}$　　(14) $\frac{15mn^2+10m^2n}{5mn}$　　(15) $\frac{m^2-3m+2}{m^2-m}$

小结巩固

一、选择题

1. 分式 $\frac{2c}{3a^2b}$，$\frac{2a}{-4b^4c}$，$\frac{5b}{2ac^2}$ 的最简公分母是(　　).

A. $12abc$　　B. $-12abc$　　C. $24a^2b^4c^2$　　D. $12a^2b^4c^2$

2. 在分式 $\frac{2a+3b}{ab}$ 中，a、b 的值都扩大到原来的 3 倍，则分式的值(　　).

A. 扩大 3 倍　　B. 缩小 3 倍　　C. 扩大 6 倍　　D. 不变

3. 对于分式 $\frac{x+a}{3x-1}$，当 $x=-a$ 时，下列结论正确的是(　　).

A. 分式无意义　　B. 分式的值为 0

C. 当 $a\neq-\frac{1}{3}$ 时，分式的值为 0　　D. 当 $a\neq\frac{1}{3}$ 时，分式的值为 0

4. 分式 $\frac{x-1}{(x-2)(x-3)}$ 有意义，则 x 应满足条件是(　　).

A. $x\neq1$　　B. $x\neq2$　　C. $x\neq2$ 且 $x\neq3$　　D. $x\neq2$ 或 $x\neq3$.

5. 若$\frac{|x|-3}{x+3}$的值为0，则x的值为(　　).

A. 3 或 -3　　B. 3　　C. -3　　D. 以上都不对.

6. 若$\frac{x}{|x|}=1$，则x的取值范围为(　　).

A. $x\geqslant 0$　　B. $x\leqslant 0$　　C. $x>0$　　D. $x<0$

7. 若分式$\frac{a^2-1}{a^2+1}$有意义，则(　　).

A. $a\neq 1$　　B. $a\neq -1$　　C. $a\neq \pm 1$　　D. a 为任何数

8. 式子①$\frac{2}{x}$　②$\frac{x+y}{5}$　③$\frac{1}{2-a}$　④$\frac{x}{\pi-1}$中，是分式的有(　　).

A. ①②　　B. ③④　　C. ①③　　D. ①②③④

9. 分式$\frac{x+a}{3x-1}$中，当$x=-a$时，下列结论正确的是(　　).

A. 分式的值为零　　B. 分式无意义

C. 若 $a\neq -\frac{1}{3}$时，分式的值为零　　D. 若 $a\neq \frac{1}{3}$时，分式的值为零

10. 若分式$\frac{x}{|x|-1}$无意义，则x的值是(　　).

A. 0　　B. 1　　C. -1　　D. ± 1

11. 如果分式$\frac{1}{1-2x}$的值为负数，则的x取值范围是(　　).

A. $x\leqslant \frac{1}{2}$　　B. $x<\frac{1}{2}$　　C. $x\geqslant \frac{1}{2}$　　D. $x>\frac{1}{2}$

12. 对于分式$\frac{1}{x-1}$，恒成立的是(　　).

A. $\frac{1}{x-1}=\frac{2}{x+1}$　　B. $\frac{1}{x-1}=\frac{x+1}{x^2-1}$　　C. $\frac{1}{x-1}=\frac{x-1}{(x-1)^2}$　　D. $\frac{1}{x-1}=\frac{-1}{x-3}$

13. 下列各分式正确的是(　　).

A. $\frac{b}{a}=\frac{b^2}{a^2}$　　B. $\frac{a^2+b^2}{a+b}=a+b$　　C. $\frac{a^2-2a+1}{1-a}=1-a$　　D. $\frac{3x-4y}{8xy-6x^2}=\frac{1}{2x}$

14. 下列各题中，所求的最简公分母，错误的是(　　).

A. $\frac{1}{3x}$与$\frac{a}{6x^2}$最简公分母是$6x^2$

B. $\frac{1}{3a^2b^3}$与$\frac{1}{3a^2b^3c}$最简公分母是$3a^2b^3c$

C. $\frac{1}{m+n}$与$\frac{1}{m-n}$的最简公分母是m^2-n^2

D. $\frac{1}{a(x-y)}$与$\frac{1}{b(y-x)}$是简公分母是$ab(x-y)(y-x)$

15. $\frac{1}{a^2-2a+1}$，$\frac{1}{a^2-1}$，$\frac{1}{a^2+2a+1}$的最简公分母是(　　).

A. a^4+2a^2+1　　B. $(a^2-1)(a^2+1)$　　C. a^4-2a^2+1　　D. $(a-1)^4$

二、填空题

1. 当________时，分式$\frac{2x+1}{3x-4}$无意义.

2. 当________时，分式$\frac{x}{8x-6}$有意义.

3. 当________时，分式$\frac{4x+3}{x-5}$的值为1.

4. 当________时，分式$\frac{1}{-x+5}$的值为正.

5. 当________时分式$\frac{-4}{x^2+1}$的值为负.

6. 若分式$\frac{x-1}{x-3}$的值是负数，则 x 的取值范围是________.

7. 若$\frac{|a|}{a-a^2}=\frac{1}{a-1}$，则 a 的取值范围是________.

8. 当________时，分式$\frac{2x+1}{3x-4}$无意义.

9. 当________时，分式$\frac{4x+3}{x-5}$的值为1.

10. 当________时分式$\frac{-4}{x^2+1}$的值为负.

11. 不改变分式的值，使分式的分子、分母中各项系数都是整数：$\frac{0.2x-0.5y}{0.7x+0.3y}=$________.

12. 根据分数的约分，把下列分式化为最简分式：

$\frac{8a^2}{12a}=$________ $\frac{125a^2bc^3}{45ab^2c}=$________；$\frac{26(a+b)^2}{13(a+b)}=$________；$\frac{26a+b}{13a^2-b^2}=$________

13. 若 $4x=5y(y\neq0)$，则$\frac{x^2-y^2}{y^2}$的值等于________.

14. 将分式的分子与分母中各项系数化为整数，则$\frac{a+\frac{1}{3}b}{\frac{2}{3}a+\frac{1}{2}b}=$________.

15. 分式$\frac{1}{4a^2b^2}$与$\frac{x}{6ab^3c}$的最简公分母是________.

16. 分式$\frac{4a}{5b^2c}$，$\frac{3c}{2a^2b}$，$\frac{7b}{10ac}$的最简公分母是________，通分时，这三个分式的分子分母依次乘以________，________，________.

三、计算题

1. 当 x 取什么值时，下列分式有意义.

(1)$\frac{x}{4x+5}$　　　　(2)$\frac{2x}{x^2+4}$

2. x 取什么值时，分式$\frac{x-5}{(x-2)(x+3)}$

(1)无意义？(2)有意义？(3)值为零？

3. 约分.

(1) $\frac{-35a^4b^3c}{21a^2b^4d}$　　(2) $\frac{2x(x-y)^3}{4y(y-x)^2}$　　(3) $\frac{x^2-(y-z)^2}{(x+y)^2-z^2}$

(4) $\frac{4a^2b^3}{30ab^4}$　　(5) $\frac{m^2-2m+1}{1-m^2}$　　(6) $\frac{(a-b)^2}{(b-a)^4}$

4. 把下列各式通分.

(1) $\frac{2}{3a^2},\frac{1}{-6ab^2}$　　(2) $\frac{x}{x^2-4},\frac{x-1}{(x+2)^2}$

(3) $\frac{1}{2x+3},\frac{2}{3-2x},\frac{2x+5}{4x^2-9}$　　(4) $a-b,\frac{b}{a-b},\frac{1}{a^2-b^2}$

5. 已知$\frac{1}{x}-\frac{1}{y}=5$,求分式$\frac{-x+xy+y}{2x+7xy-2y}$的值.

6. 已知$\frac{x}{2}=\frac{y}{3}=\frac{z}{4}$,求$\frac{xy+yz+zx}{x^2+y^2+z^2}$的值.

7. 已知 $x+y=-4,xy=-12$,求$\frac{y+1}{x+1}+\frac{x+1}{y+1}$的值.

8. 已知$\frac{1}{x}-\frac{1}{y}=5$,求分式$\frac{-x+xy+y}{2x+7xy-2y}$的值.

9. 已知$\frac{x}{2}=\frac{y}{3}=\frac{z}{4}$,求$\frac{xy+yz+zx}{x^2+y^2+z^2}$的值.

10. 已知 $x+y=-4,xy=-12$,求$\frac{y+1}{x+1}+\frac{x+1}{y+1}$的值.

11. 已知,分式$\frac{x+y}{1-xy}$的值是 m,如果分式中 x,y 用它们的相反数代入,那么所得的值为 n 则 m,n 的关系是什么?

12. 有四块小场地:一块边长为 a 米的正方形,一块边长为 b 米的正方形,两块长 a 为米,宽为 b 米的长方形. 另有一块大长方形场地,它的面积等于上面四块场地面积的和,它的长为 $2(a+b)$ 米,试用最简单的式子表示出大长方形场地的周长.

13. 甲工程队完成一项工程需要 n 天,乙工程队要比甲队多 3 天才能完成这项工程,写出甲、乙出两队每天完成的工作量的式子,如果两式的分母不同,进行通分.

2.3.3 分式的乘除

一、分式的乘法运算

引入:

请观察下面几个式子的计算,能发现什么规律吗?

(1)$\frac{3}{8}\times\frac{2}{9}=\frac{3\times2}{8\times9}=\frac{1}{12}$　　(2)$\frac{3}{8}\cdot\frac{d}{9}=\frac{3\cdot d}{8\times9}=\frac{d}{24}$

(3)$\frac{3}{b}\cdot\frac{c}{9}=\frac{3\cdot c}{9\cdot b}=\frac{c}{3b}(b\neq0)$

当出现两个分式相乘的时候,你能推导出一般规律吗?

分式的乘法的法则:

两个分式相乘,把分子相乘的积作为积的分子,把分母相乘的积作为积的分母.

$$\frac{a}{b}\cdot\frac{c}{d}=\frac{ac}{bd}\quad(b\neq0\text{ 且 }d\neq0)$$

例 1. 请计算下面各式

(1)$\frac{3a}{4y}\cdot\left(-\frac{2y^2}{3a^2}\right)$　　(2)$-\frac{a^2-1}{a^2+2a+1}\cdot\frac{a+1}{a^2-a}$

解：(1)原式 $= -\frac{3a \cdot 2y^2}{4y \cdot 3a^2}$

$= -\frac{y}{2a}$

(2)原式 $= -\frac{(a+1)(a-1)}{(a+1)^2} \cdot \frac{a+1}{a(a-1)}$

$= -\frac{1}{a}$

注意：

1. 分式与分式相乘，若分子和分母是多项式，则先分解因式，看能否约分，然后再乘.

2. 整式与分式相乘，可以直接把整式(整式可以看做分母是 1 的代数式)和分式的分子相乘作为分子，分母不变. 当整式是多项式时，同样要先分解因式，便于约分.

练习

1. $\frac{3xy^2}{4z^2} \cdot \left(-\frac{8z^2}{y}\right)$等于(　　).

A. $6xyz$　　B. $-\frac{3xy^2-8z^3}{4yz}$　　C. $-6xyz$　　D. $6x^2yz$

2. 计算

$\frac{x+2}{x-3} \cdot \frac{x^2-6x+9}{x^2-4}$.

二、分式的除法运算

引入：

请观察下面几个式子的计算，能发现什么规律吗？

(1) $\frac{5}{7} \div \frac{20}{9} = \frac{5}{7} \times \frac{9}{20} = \frac{5 \times 9}{7 \times 20} = \frac{9}{28}$

(2) $\frac{5}{7} \div \frac{b}{9} = \frac{5}{7} \times \frac{9}{b} = \frac{5 \times 9}{7 \cdot b} = \frac{45}{7b}$

(3) $\frac{5}{a} \div \frac{b}{c} = \frac{5}{a} \times \frac{c}{b} = \frac{5 \cdot c}{a \cdot b} = \frac{5c}{ab}$

当出现两个分式相除的时候，你能推导出一般规律吗？

分式除法的法则：两个分式相除，把除式的分子和分母颠倒位置后再与被除式相乘.

$$\frac{a}{b} \div \frac{c}{d} = \frac{a}{b} . \frac{d}{c} = \frac{ad}{bc} \quad (b \neq 0 \text{ 且 } d \neq 0 \text{ 且 } c \neq 0)$$

例 2. 计算下面各式

(1) $\frac{-2m}{5n} \div (-4m^2)$

(2) $\frac{81-a^2}{a^2+6a+9} \div \frac{a-9}{2a+6}$

解：(1)原式 $= \frac{2m}{5n} \cdot \frac{1}{4m^2}$

$= \frac{2m}{5n \cdot 4m^2} = \frac{1}{10mn}$

(2)原式 $= \frac{(9-a)(9+a)}{(a+3)^2} \cdot \frac{2(a+3)}{a-9}$

$= -\frac{2(a+9)}{a+3}$

注意：

1. 整式与分式运算时，可以把整式看作分母是 1 的式子；

2. 分式的乘除法都能统一成乘法，然后约去公因式，化为最简分式或整式；

3. 分式的乘除法计算结果，要通过约分，化为最简分式或者整式.

练习

1. $\frac{ab^2}{2cd} \div \frac{-3ax}{4cd} = ($　　$)$.

A. $\frac{2b^2}{3x}$　　B. $\frac{3}{2}b^2x$　　C. $-\frac{2b^2}{3x}$　　D. $-\frac{3a^2b^2x}{8c^2d^2}$

2. $\left(-\frac{3a}{b}\right) \div 6ab$ 的结果是(　　).

A. $-8a^2$　　B. $-\frac{a}{2b}$　　C. $-\frac{18a}{b^2}$　　D. $-\frac{1}{2b^2}$

3. 计算:$\frac{a-2}{a+3} \div \frac{a^2-4}{a^2+6a+9}$.

4. $-3xy \div \frac{2y^2}{3x}$的值等于(　　).

5. 计算$\frac{2x^2y}{3mn^2} \cdot \frac{5m^2n}{4xy^2} \div \frac{5xym}{3n}$.

6. 计算$\frac{16-m^2}{16+8m+m^2} \div \frac{m-4}{2m+8} \cdot \frac{m-2}{m+2}$.

三、分式的乘方运算

引入:

我们在实际的分式的乘法运算当中,往往会见到一种特殊的运算形式,如下:

$$\left(\frac{a}{b}\right)^2 = \frac{a}{b} \cdot \frac{a}{b} = \frac{a^2}{b^2}, \left(\frac{a}{b}\right)^3 = \frac{a}{b} \cdot \frac{a}{b} \cdot \frac{a}{b} = \frac{a^3}{b^3},$$

我们把这种形式的分式的乘法叫做分式的乘方运算

一般的,当 n 为正整数时,

$$\left(\frac{a}{b}\right)^n = \underbrace{\frac{a}{b} \cdot \frac{a}{b} \cdots \cdot \frac{a}{b}}_{n\text{个}} = \frac{\overbrace{a \cdot a \cdots \cdot a}^{n\text{个}}}{\underbrace{b \cdot b \cdots \cdot b}_{n\text{个}}} = \frac{a^n}{b^n}, \text{即} \left(\frac{a}{b}\right)^n = \frac{a^n}{b^n} (n \text{ 为正整数})$$

即分式乘方就是把分子分母分别乘方.

例 3. 计算

(1) $\left(\frac{-ab^2}{2c}\right)^2$　　(2) $\left(\frac{y}{x+1}\right)^2$

解:(1) $\left(\frac{-ab^2}{2c}\right)^2 = \frac{(-ab^2)^2}{(2c)^2} = \frac{a^2b^4}{4c^2}$

(2) $\left(\frac{y}{x+1}\right)^2 = \frac{y^2}{(x+1)^2} = \frac{y^2}{x^2+2x+1}$

注意：我们前面学的分式乘法法则，除法法则和乘方法则中，字母 a,b,c 所代表的可以是单项式也可以是多项式. 运算的结果必须是最简分式或整式.

练习：

1. 判断下列各式是否成立，并改正.

(1) $\left(\frac{b^3}{2a}\right)^2=\frac{b^5}{2a^2}$　(2) $\left(\frac{-3b}{2a}\right)^2=\frac{-9b^2}{4a^2}$　(3) $\left(\frac{2y}{-3x}\right)^3=\frac{8y^3}{9x^3}$　(4) $\left(\frac{3x}{x-b}\right)^2=\frac{9x^2}{x^2-b^2}$

2. 计算

(1) $\left(\frac{5x^2}{3y}\right)^2$　(2) $\left(\frac{3a^2b}{-2c^3}\right)^3$　(3) $\left(\frac{a^3}{3xy^2}\right)^2\div\left(-\frac{ay}{2x^2}\right)^3$　(4) $\left(\frac{x^2y}{-z^2}\right)^3\div\left(\frac{-x^3}{z}\right)^2$

(5) $\left(-\frac{x}{y}\right)^2\cdot\left(-\frac{y^2}{x}\right)\div(-xy^4)$　(6) $\left(-\frac{y}{2x}\right)^2\cdot\left(-\frac{3x}{2y}\right)^3\div\left(-\frac{3x}{2ay}\right)^2$

小结巩固

1. $\left(-\frac{b^2}{m}\right)^{2n+1}$ 的值是(　　).

A. $\frac{b^{2n+3}}{m^{2n+1}}$　B. $-\frac{b^{2n+3}}{m^{2n+1}}$　C. $\frac{b^{4n+2}}{m^{2n+1}}$　D. $-\frac{b^{4n+2}}{m^{2n+1}}$

2. 化简 $\left(\frac{x^3y}{z}\right)^2\cdot\left(\frac{xz}{y}\right)\cdot\left(\frac{yz}{x^2}\right)^3$ 等于(　　).

A. $\frac{y^2z^3}{x^2}$　B. xy^4z^2　C. xy^4z^4　D. y^5z

3. 计算 $\left(\frac{b}{2a}\right)^2\div\left(\frac{-b}{a}\right)\cdot\left(-\frac{3b}{4a}\right)^3$.

4. 计算 $\left(\frac{x^2}{y}\right)^2\cdot\left(\frac{y^2}{x}\right)^3\div\left(-\frac{y}{x}\right)^4$.

5. 计算$\left(\frac{x^2}{y}\right)\cdot\left(\frac{y}{x}\right)\div\left(-\frac{y}{x}\right)$的结果是(　　).

A. $\frac{x^2}{y}$　　B. $-\frac{x^2}{y}$　　C. $\frac{x}{y}$　　D. $-\frac{x}{y}$

6. 计算(1)$\frac{2x-6}{x^2-4x+4}\div(x+3)\cdot\frac{x^2+x-6}{3-x}$;

(2)$\frac{x^2-6x+9}{x^2-x-6}\div\frac{x^2-9}{x^2-3x-10}\cdot\frac{x+3}{2x-10}$.

2.3.4　分式的加减

引入:

我们在前面学习了关于分数的知识,我们先来计算下下面的式子吧.

$\frac{2}{7}+\frac{3}{7}=(\quad)$　　　　$\frac{2}{7}-\frac{3}{7}=(\quad)$

$\frac{2}{3}+\frac{1}{4}=(\quad)$　　　　$\frac{2}{3}-\frac{1}{4}=(\quad)$

实际上,分数有加减运算,分式也有加减运算. 分式的加减运算和分数的加减运算类似,也有同分母和异分母区别,具体内容如下:

同分母分式加减法则:同分母分式相加减分母不变,把分子相加.

即:

$$\frac{a}{c}\pm\frac{b}{c}=\frac{a\pm b}{c}$$

异分母相加的法则:异分母分式相加减,先通分,变为同分母的分式,再加减

即:

$$\frac{a}{b}\pm\frac{c}{d}=\frac{ad}{bd}\pm\frac{cd}{bd}=\frac{ad\pm cd}{bd}$$

例 1.

(1)$\frac{5}{m}-\frac{15}{m}$　　(2)$\frac{a+3b}{a+b}+\frac{a-b}{a+b}$　　(3)$\frac{1}{u}+\frac{2}{v}$　　(4)$\frac{1}{x+1}-\frac{1}{x-1}$

解:(1)$\frac{5}{m}-\frac{15}{m}=\frac{5-15}{m}=-\frac{10}{m}$

(2)$\frac{a+3b}{a+b}+\frac{a-b}{a+b}=\frac{(a+3b)+(a-b)}{a+b}=\frac{2a+2b}{a+b}$

(3)$\frac{1}{u}+\frac{2}{v}=\frac{v}{uv}+\frac{2u}{uv}=\frac{v+2u}{uv}$

(4)$\frac{1}{x+1}-\frac{1}{x-1}=\frac{(x-1)}{(x+1)(x-1)}-\frac{(x+1)}{(x+1)(x-1)}=\frac{-2}{(x+1)(x-1)}$

注意: ①分式加减的运算结果必须是最简分式或整式,运算中适当的约分;②一个分式与一个整式相加减,把整式的分母看成“1”;③异分母分式相加减,关键是先要找准最简公分

母转化为同分母分式相加减；④如果分子是多项式，在进行减法时要先把分子用括号括起来.

练习

1. 下列计算正确的是(　　).

A. $\frac{1}{a}+\frac{1}{a}=\frac{1}{2a}$　　B. $\frac{1}{a-b}+\frac{1}{b-a}=0$

C. $\frac{1}{(a-b)^2}+\frac{1}{(b-a)^2}$　　D. $\frac{m-n}{a}-\frac{m+n}{a}=0$

2. 下面各运算结果正确的是(　　).

A. $\frac{1}{1-a}+\frac{1}{a-1}=\frac{2}{1-a}$　　B. $-\frac{x}{a}+\frac{x}{-a}=1$

C. $\frac{m}{m-n}-\frac{n}{n-m}=1$　　D. $\frac{x^2+4x}{(x+2)^2}+\frac{4}{(x+2)^2}=1$

3. 下列各式计算正确的是(　　).

A. $\frac{y}{x-y}-\frac{x}{x-y}=$　　B. $\frac{1}{a-b}+\frac{1}{b-a}=0.$

C. $\frac{1}{1-a}+\frac{1}{a-1}=\frac{2}{1-a}$　　D. $-\frac{x}{a}+\frac{x}{-a}=0$

4. 计算$\frac{2a}{2a-b}-\frac{a-b}{b-2a}+\frac{a-2b}{2a-b}$，正确的结果是(　　).

A. $\frac{2a-3b}{2b-a}$　　B. 1　　C. $\frac{4a-3b}{2a-b}$　　D. $\frac{4a-3b}{b-2a}$

2.3.5　分式的混合运算

我们在今后的运算中，往往见到的不是单纯的加减乘除，而更多的是混合运算，我们必须明确分式混合运算的基本顺序：先乘方，再乘除，最后算减法；遇到括号，先算括号内的；在同级运算中，从左向右依次进行.

例 1. 请计算$\frac{x}{x-y}\cdot\frac{y^2}{x+y}-\frac{x^4y}{x^4-y^4}\div\frac{x^2}{x^2+y^2}$

解：$\frac{x}{x-y}\cdot\frac{y^2}{x+y}-\frac{x^4y}{x^4-y^4}\div\frac{x^2}{x^2+y^2}$

$=\frac{x}{x-y}\cdot\frac{y^2}{x+y}-\frac{x^4y}{(x^2+y^2)(x^2-y^2)}\cdot\frac{x^2+y^2}{x^2}$

$=\frac{xy^2}{(x-y)(x+y)}\cdot-\frac{x^2y}{x^2-y^2}$

$=\frac{xy(y-x)}{(x-y)(x+y)}=-\frac{xy}{x+y}$

例 2. 计算$\frac{1}{x-3}+\frac{1-x}{6+2x}-\frac{6}{x^2-9}$

解：$\frac{1}{x-3}+\frac{1-x}{6+2x}-\frac{6}{x^2-9}=\frac{1}{x-3}+\frac{1-x}{2(x+3)}-\frac{6}{(x+3)(x-3)}$

$=\frac{2(x+3)+(1-x)(x-3)-12}{2(x+3)(x-3)}$

$$=\frac{-(x^2-6x+9)}{2(x+3)(x-3)}=\frac{-(x-3)^2}{2(x+3)(x-3)}=-\frac{x-3}{2x+6}$$

注意：

1. 分式的运算，一是注意符号；而是结果必须化到最简.
2. 合理利用运算律：乘法交换律、结合律、分配律.

练习

一、计算题

(1) $\left(1-x+\frac{x-1}{x}\right)\div\left(1-\frac{1}{x+1}\right)$

(2) $\left[\frac{3x-2}{x^2-x-2}+\left(1-\frac{1}{x+1}\right)\div\left(1+\frac{1}{x-1}\right)\right]\cdot\frac{x-2}{x^2}$

(3) $\left(\frac{a+1}{2a-2}-\frac{3}{2a^2-2}-\frac{a+3}{2a+2}\right)\cdot\frac{4a^2-4}{3}$

(4) $\left(\frac{a-b}{a+b}-\frac{a+b}{a-b}\right)\div\left(1-\frac{a^2+b^2}{a^2-2ab+b^2}\right)$

(5) $\left[\left(1+\frac{4}{x-2}\right)\left(x-4+\frac{4}{x}\right)-3\right]\div\left(\frac{4}{x}-1\right)$

(6) $\left[\frac{1}{a^2}+\frac{1}{b^2}+\frac{2}{a+b}\left(\frac{1}{a}+\frac{1}{b}\right)\right]\div\frac{(a+b)^2}{ab}$

二、计算题

1. $\left(\frac{x-1}{x}-\frac{1}{x}\right)\div\frac{x-2}{x^2-x}$.

2. $\left(\frac{x}{x-5}-\frac{x}{5-x}\right)\div\frac{2x}{x^2-25}$

3. $\left(\frac{2x}{x^2-1}+\frac{x-1}{x+1}\right)\div\frac{1}{x^2-1}$

4. $\left(\frac{a}{a^2-b^2}-\frac{1}{a+b}\right)\div\frac{b}{b^2-ab}$

5. $\left(\frac{1}{a-1}-\frac{1}{a+1}\right)\div\frac{2}{3a+3}$

6. $\left(\frac{3x}{x-2}-\frac{x}{x+2}\right)\div\frac{2x}{x^2-4}$

7. $\frac{m}{m+3}-\frac{6}{m^2-9}\div\frac{2}{m-3}$

8. $\frac{a-2}{a+3}\div\frac{a^2-4}{2a+6}-\frac{5}{a+2}$

9. $\frac{x-1}{x}\div\left(x-\frac{1}{x}\right)$

10. $\left(x-\frac{1}{y}\right)\div\left(y-\frac{1}{x}\right)$

11. $\frac{x+1}{x^2-2x+1}\div\left(1+\frac{2}{x-1}\right)$

12. $1-\frac{a-1}{a}\div\frac{a^2-1}{a^2+2a}$

2.4　二次根式

2.4.1　二次根式的概念及性质

一、二次根式的概念

引入:

请按照要求填空

(1)在一个直角三角形当中,两个直角边为3厘米和5厘米,那么斜边长为________厘米.

(2)修建一个圆形的喷水池,圆形水池的面积为5.2平方厘米,则它的半径为________厘米.

(3)面积为m平方厘米的正方形边长为________厘米.

我们在解决以上问题的时候,需要用到开方运算,最终结果为:

(1) $\sqrt{3^2+5^2}=\sqrt{9+25}=\sqrt{34}$. (2) $r=\sqrt{\frac{5.2}{\pi}}$. (3) $\sqrt{m}$.

一般的,我们把形如$\sqrt[2]{a}$($a\geqslant0$)的式子叫做二次根式,简写成为:$\sqrt{a}$($a\geqslant0$),其中“$\sqrt{\ }$”称为二次根号,a叫做被开方数,2叫作根指数.当被开方数不含字母或者被开方数中不含能开的尽方的因数或者因式时,我们称之为最简二次根式.化简最简二次根式时如果遇到分式形式时,若分母是一个完全平方数(式),直接开方;若分母不能开尽方,则分子、分母同乘适当的数(式),使分母是一个平方数(式)再开方.

例1. 要想$\sqrt{x+3}$有意义,x的取值范围是多少?

解:要想$\sqrt{x+3}$有意义,那么$x+3\geqslant0$,即$x\geqslant-3$.

因此当$x\geqslant-3$时,$\sqrt{x+3}$有意义.

注意：1. $\sqrt{a}$中的 a 可以是一个数，也可以是代数式. 2. $\sqrt{a}(a\geqslant 0)$可理解为非负数的算术平方根.

几个二次根式化成最简二次根式以后，如果被开方数相同，则这几个二次根式叫作同类二次根式. 比如 $2\sqrt{3}$ 和 $-\frac{1}{3}\sqrt{3}$ 是同类二次根式，同类二次根式可以进行合并. 具体方法我们会在后面的二次根式加减运算中讲解. 注意：我们在判断是否是同类二项式时，要抓住"两相同"，及根指数相同，都是 2；被开方数相同.

例 2. 请问下一各个选项中，是同类二次根式的是(　　).

A. $\sqrt{3}$和$\sqrt{6}$　　B. $\frac{1}{2}\sqrt{2}$和 $3\sqrt{2}$　　C. $-2\sqrt{2}$和$\sqrt{4}$

A 选项$\sqrt{3}$和$\sqrt{6}$都是最简二次根式，被开方数不相同，所以不是同类二次根式

B. $\frac{1}{2}\sqrt{2}$和 $3\sqrt{2}$都是最简二次根式，虽然前面的系数不一样，但是被开方数一样，因此是同类二次根式.

C. $-2\sqrt{2}$和$\sqrt{4}$中，$\sqrt{4}$不是最简二次根式，可以化简成为 2，因此不是同类二次根式.

注意：几个同类二次根式在没有化简之前，被开方数完全可以互不相同，如$\sqrt{\frac{1}{2}}$，$\sqrt{8}$，$\sqrt{18}$等都是同类二次根式，判断的关键是能熟练地化二次根式为最简二次根式.

练习

(1) 在一个直角三角形当中，两个直角边为 4 厘米和 5 厘米，那么斜边长为________厘米.

(2) 修建一个圆形的喷水池，圆形水池的面积为 6 平方厘米，则它的半径约为________厘米.

(3) 面积为 7 平方厘米的正方形边长为________厘米.

(4) 要想 $\sqrt{x-2}$有意义，x 的取值范围是多少？

(5) 要想 $\sqrt{2a-2}$有意义，x 的取值范围是多少？

二、二次根式的性质

引入 1：

根据算术平方根的意义填空.

$(\sqrt{3})^2=(\quad)$　　$(\sqrt{5})^2=(\quad)$　　$(\sqrt{0})^2=(\quad)$　　$\left(\sqrt{\frac{1}{5}}\right)^2=(\quad)$

$(\sqrt{3})^2$ 是 3 的算术平方根，根据算术平方根的意义，$\sqrt{3}$是一个平方等于 3 的非负数，因此有$(\sqrt{3})^2=3$. 同理$(\sqrt{5})$，$(\sqrt{0})$，$\left(\sqrt{\frac{1}{5}}\right)$分别是 5，0，$\frac{1}{5}$ 的算术平方根，因此有$(\sqrt{5})^2=5(\sqrt{0})^2=0\left(\sqrt{\frac{1}{5}}\right)^2=\frac{1}{5}$.

性质 1：对于一般的我们有$(\sqrt{a})^2=a$ 其中 $a\geqslant 0$.

例 1. 请计算下面各式

(1) $(\sqrt{2})^2$　　(2) $\left(\sqrt{\frac{1}{2}}\right)^2$　　(3) $(2\sqrt{3})^2$

解：(1) $(\sqrt{2})^2=2$　　(2) $\left(\sqrt{\frac{1}{2}}\right)^2=\frac{1}{2}$　　(3) $(2\sqrt{3})^2=2^2\times(\sqrt{3})^2=4\times3=12$

练习

请计算下列各式

(1) $\left(\sqrt{\frac{1}{3}}\right)^2$　　(2) $(\sqrt{5})^2$　　(3) $(2\sqrt{2})^2$　　(4) $\left(2\sqrt{\frac{1}{2}}\right)^2$

引入 2：

根据算术平方根的意义填空.

$\sqrt{3^2}=($　　$)$　　$\sqrt{5^2}=($　　$)$　　$\sqrt{0^2}=($　　$)$　　$\sqrt{\left(\frac{1}{5}\right)^2}=($　　$)$

$\sqrt{3^2}=\sqrt{3\times3}=\sqrt{9}=3$ 或者 $\sqrt{3^2}=\sqrt{3\times3}=\sqrt{3}\times\sqrt{3}=3$，通过两种思路得到的结果是一致的，即 $\sqrt{3^2}=3$. 同理，我们还可以得到 $\sqrt{5^2}=5$，$\sqrt{0^2}=0$，$\sqrt{\left(\frac{1}{5}\right)^2}=\frac{1}{5}$.

性质 2： 根据算术平方根的意义，我们有 $\sqrt{a^2}=a(a\geqslant0)$.

例 2. 请计算下列各式

(1) $\sqrt{4}$　　(2) $\sqrt{(-5)^2}$

解：(1) $\sqrt{4}=\sqrt{2^2}=2$　　(2) $\sqrt{(-5)^2}=\sqrt{25}=\sqrt{5^2}=5$

注意： $\sqrt{a^2}$ 与 $(\sqrt{a})^2$ 的区别与联系

区别： ①两式的取值范围不同，$\sqrt{a^2}$ 中 a 为全体实数，$(\sqrt{a})^2$ 中 $a\geqslant0$.

②运算顺序不同，$\sqrt{a^2}$ 是先平方后开方，$(\sqrt{a})^2$ 是先开方后平方.

③运算结果不同，$\sqrt{a^2}=|a|=\begin{cases}a(a\geqslant0)\\-a(a<0)\end{cases}$，$(\sqrt{a})^2=a(a\geqslant0)$.

相同：$\sqrt{a^2}$ 与 $(\sqrt{a})^2$ 均为非负数，且当 $a\geqslant0$ 时，$\sqrt{a^2}=(\sqrt{a})^2$.

练习

(1) $\sqrt{8}$　　(2) $\sqrt{\left(-\frac{1}{5}\right)^2}$

小结巩固

一、判断题(对的打"√",错的打"×")

1. 二次根式 $\sqrt{-3x}$ 中字母 x 的取值范围是 $x<0$.(　　)

2. 二次根式 $\sqrt{4-3x}$ 中字母 x 的取值范围是 $x\leqslant\frac{3}{4}$.(　　)

3. 当 $x=-1$ 时,二次根式 $\sqrt{4-2x^2}$ 的值为 $\sqrt{2}$.(　　)

4. 当 $a=-4$ 时,二次根式 $\sqrt{1-2a}$ 的值为 $\sqrt{-9}$.(　　)

5. $\left(\sqrt{-\frac{1}{2}}\right)^2=-\frac{1}{2}$.(　　)

6. $\left(-\sqrt{\frac{1}{2}}\right)^2=-\frac{1}{2}$.(　　)

二、选择题

1. 下列各式中,哪一个是二次根式(　　).

A. $\sqrt{a}$　　B. $\sqrt{x^2-1}$　　C. $\sqrt{\pi}$　　D. $\sqrt{-\frac{1}{5}}$

2. 使代数式 $\frac{\sqrt{1-2x}}{x+2}$ 有意义的 x 的取值范围是(　　).

A. $x\neq-2$　　B. $x\leqslant\frac{1}{2}$ 且 $x\neq-2$　　C. $x<\frac{1}{2}$ 且 $x\neq-2$　　D. $x\geqslant\frac{1}{2}$ 且 $x\neq-2$

3. 下列各式中一定成立的是(　　).

A. $\sqrt{3^2+4^2}=\sqrt{3^2}+\sqrt{4^2}=3+4=7$　　B. $\sqrt{(\sqrt{2}-\sqrt{3})^2}=\sqrt{2}-\sqrt{3}$

C. $\left(-\sqrt{2\frac{1}{2}}\right)^2=\sqrt{\left(-2\frac{1}{2}\right)^2}$　　D. $\sqrt{1-\frac{1}{9}}=1-\frac{1}{3}=\frac{2}{3}$

三、填空题

1. 像 $\sqrt{a^2+4}$, $\sqrt{b-3}\,(b\geqslant3)$, $\sqrt{2s}\,(s\geqslant0)$, $\sqrt{\frac{1}{2}}$ 这种形如 $\sqrt{a}\,(a\geqslant0)$ 的代数式,叫做________.

2. 当 x ________时, $\sqrt{3-4x}$ 有意义.

3. 如果 $\sqrt{-2+x}$ 是二次根式,则 x 的取值范围是________.

4. (1) $\sqrt{(-1)^2}=$________　　(2) $\sqrt{\left(\frac{2}{5}\right)^2}=$________

(3) $(-\sqrt{3})^2=$________　　(4) $\left(\sqrt{1\frac{1}{3}}\right)^2=$________

(5) $\sqrt{(-4)^2}=$________　　(6) $(-\sqrt{(-2)^2})^3=$________

5. (1) $(\sqrt{10})^2-\sqrt{(-10)^2}=$________;　　(2) $\sqrt{(-5)^2}+(-\sqrt{5})^2=$________.

(3) $\sqrt{\left(\frac{3}{7}-2\right)^2}+\sqrt{\left(\frac{3}{7}-1\right)^2}=$________.

6. 当 $x=-2$ 时,二次根式 $\sqrt{2-\frac{1}{2}x}$ 的值为________. 当 a 取________时, $\sqrt{\frac{-2}{a}}$ 有意义.

7. 当 x 取________时，$\sqrt{6x^2}$有意义.

8. 当 $m=-2$ 时，二次根式 $\sqrt{m^2+4}$的值为________.

9. 若直角三角形的两直角边分别是 $2cm$ 和 acm，则直角三角形的斜边长是________.

10. 若正方形的面积是 $(b-3)\text{cm}^2$，则正方形的边长是________.

四、计算

1. 求下列二次根式中字母的取值范围：

(1) $\sqrt{a+3}$　　(2) $\sqrt{\dfrac{-1}{3-a}}$　　(3) $\sqrt{a^2+1}$　　(4) $\dfrac{\sqrt{6-x}}{x+1}$

2. 计算

(1) $\sqrt{\dfrac{1}{4}}-\sqrt{0.16}-\left(\dfrac{1}{2}\right)^2$　　(2) $\sqrt{(\pi-4)^2}+\sqrt{(\pi-3)^2}$

(3) $\sqrt{\dfrac{3^2+4^2}{49}}$

3. 求当二次根式 $\sqrt{4x^2}$的值等于 4 时 x 的值.

4. 若二次根式 $\sqrt{-2x+6}$有意义，化简 $|x-4|-|7-x|$.

2.4.2　二次根式的乘除

一、二次根式的乘法

引入：

计算下列各式，观察计算结果，你发现什么规律吗？

$\sqrt{4}\times\sqrt{9}=($　　$)$　　$\sqrt{4\times9}=($　　$)$　　$\sqrt{16}\times\sqrt{25}=($　　$)$　$\sqrt{16\times25}=($　　$)$

$\sqrt{25}\times\sqrt{36}=($　　$)$　$\sqrt{25\times36}=($　　$)$

因为：$\sqrt{4}\times\sqrt{9}=2\times3=6$　　$\sqrt{4\times9}=\sqrt{36}=6$

所以：$\sqrt{4}\times\sqrt{9}=\sqrt{4\times9}$

同理：$\sqrt{16}\times\sqrt{25}=\sqrt{16\times25}$　　$\sqrt{25}\times\sqrt{36}=\sqrt{25\times36}$

通过计算我们发现，二次根式的乘法规定如下：

$$\sqrt{a}\cdot\sqrt{b}=\sqrt{ab}\,(a\geqslant0,b\geqslant0)$$

在这个性质中，a、b 可以是数，也可以是代数式，无论是数，还是代数式，都必须满足 $a \geqslant 0, b \geqslant 0$，才能用此式进行计算或化简，如果不满足这个条件，等式右边就没有意义，等式也就不能成立了.

我们在最后的运算结果中，一定是最简二次根式，那什么样的结果是最简二次根式呢？主要符合哪个条件，第一：被开方数不含有分母；第二：被开方数中不含能开得尽方的因数或因式. 满足这两个条件的二次根式叫最简二次根式.

例 1. 计算

(1) $\sqrt{3} \times \sqrt{12}$　　(2) $\sqrt{\frac{1}{3}} \times \sqrt{27}$

分析：直接利用 $\sqrt{a} \cdot \sqrt{b} = \sqrt{ab}(a \geqslant 0, b \geqslant 0)$ 计算即可.

解：(1) $\sqrt{3} \times \sqrt{12} = \sqrt{36} = \sqrt{6^2} = 6$

(2) $\sqrt{\frac{1}{3}} \times \sqrt{27} = \sqrt{\frac{1}{3} \times 27} = \sqrt{9} = \sqrt{3^2} = 3$

例 2. 化简

(1) $\sqrt{25 \times 36}$　　(2) $\sqrt{9x^2y^5}$

解：(1) $\sqrt{25 \times 36} = \sqrt{25} \times \sqrt{36} = 5 \times 6 = 30$

(2) $\sqrt{9x^2y^5} = \sqrt{9} \cdot \sqrt{x^2} \cdot \sqrt{y^5} = 3 \cdot x \cdot y^2\sqrt{y}$

注意：

1. 二次根式的乘法法则是积的算术平方根的逆运算，$\sqrt{a} \cdot \sqrt{b} = \sqrt{ab}(a \geqslant 0, b \geqslant 0)$.
2. 二次根式乘法法则适用于多个二次根式相乘，即 $\sqrt{a} \cdot \sqrt{b} \cdot \sqrt{c} = \sqrt{abc}(a \geqslant 0, b \geqslant 0, c \geqslant 0)$.

练习

计算

(1) $\sqrt{49 \times 121}$　　(2) $\sqrt{300}$

(3) $\sqrt{4y}$　　(4) $\sqrt{16ab^2c^3}(b > 0, c > 0)$

(5) $\sqrt{24} \times \sqrt{27}$　　(6) $\sqrt{18} \times \sqrt{20} \times \sqrt{75}$

(7) $\sqrt{3^2 \times 4^3 \times 5}$

二、二次根式的除法

引入：

计算下列各式，观察计算结果，你发现什么规律吗？

$\frac{\sqrt{4}}{\sqrt{9}}$与$\sqrt{\frac{4}{9}}$　　$\frac{\sqrt{16}}{\sqrt{25}}$与$\sqrt{\frac{16}{25}}$　　$\frac{\sqrt{100}}{\sqrt{36}}$与$\sqrt{\frac{100}{36}}$

因为：$\frac{\sqrt{4}}{\sqrt{9}}=\frac{2}{3}$　$\sqrt{\frac{4}{9}}=\sqrt{\frac{2}{3}\times\frac{2}{3}}=\frac{2}{3}$

所以：$\frac{\sqrt{4}}{\sqrt{9}}=\sqrt{\frac{4}{9}}$

同理：$\frac{\sqrt{16}}{\sqrt{25}}=\sqrt{\frac{16}{25}}$　$\frac{\sqrt{100}}{\sqrt{36}}=\sqrt{\frac{100}{36}}$

通过计算我们发现，二次根式的除法规定如下：

一般的，对二次根式的除法规定为：

$$\frac{\sqrt{a}}{\sqrt{b}}=\sqrt{\frac{a}{b}}\,(a\geqslant 0,b>0)$$

应该注意 $a\geqslant 0,b>0$ 这个条件，若没有这个条件，上述法则是不能成立，因为 $a<0,b<0$ 时，虽然$\sqrt{\frac{a}{b}}$有意义，但是$\frac{\sqrt{a}}{\sqrt{b}}$都无意义了，和乘法法则不同的是，这里的 b 是不可以取 0 的，因为分母不能为 0.

在二次根式的除法运算中，当分母是无理数时，我们可以上下同时乘以分母来化简该分式，例如：$\frac{1}{\sqrt{2}}=\frac{\sqrt{2}}{\sqrt{2}\times\sqrt{2}}=\frac{\sqrt{2}}{2}$当分母是一个无理数加和形式时，我们可以利用完全平方公式来对该分式进行化简，例如$\frac{1}{\sqrt{3}+\sqrt{2}}=\frac{\sqrt{3}-\sqrt{2}}{(\sqrt{3}+\sqrt{2})\times(\sqrt{3}-\sqrt{2})}=\frac{\sqrt{3}-\sqrt{2}}{3-2}=\sqrt{3}-\sqrt{2}$.

例 3. 计算

(1) $\frac{\sqrt{72}}{\sqrt{6}}$　　(2) $\sqrt{1\frac{1}{2}}\div\sqrt{\frac{1}{6}}$

解：(1) $\frac{\sqrt{72}}{\sqrt{6}}=\sqrt{\frac{72}{6}}=\sqrt{12}=2\sqrt{3}$　　(2) $\sqrt{1\frac{1}{2}}\div\sqrt{\frac{1}{6}}=\sqrt{1\frac{1}{2}\div\frac{1}{6}}=\sqrt{\frac{3}{2}\times 6}=3$

例 4. 化简

(1) $\sqrt{1\frac{15}{49}}$　　(2) $\sqrt{\frac{7}{100}}$

(3) $\sqrt{\frac{25a^4}{9b^2}}$

解：(1) $\sqrt{1\frac{15}{49}}=\sqrt{\frac{64}{49}}=\frac{\sqrt{64}}{\sqrt{49}}=\frac{8}{7}$　　(2) $\sqrt{\frac{7}{100}}=\frac{\sqrt{7}}{\sqrt{100}}=\frac{\sqrt{7}}{10}$

(3) $\sqrt{\frac{25a^4}{9b^2}}=\frac{\sqrt{25a^4}}{\sqrt{9b^2}}=\frac{5a^2}{3b}$

注意:

1. 二次根式除法法则是商的算术平方根的逆运算.
2. 除法法则中的 b 不可以为 0,当 $b=0$ 时,无意义.

练习

一、选择题

1. 若 $A=\sqrt{(a^2+4)^4}$,则$\sqrt{A}=$(　　).

A. a^2+4　　B. a^2+2　　C. $(a^2+2)^2$　　D. $(a^2+4)^2$

2. 下列名式中计算正确的是(　　).

A. $\sqrt{(-4)(-16)}=\sqrt{-4}\sqrt{-16}=(-2)(-4)=8$

B. $\sqrt{8a^2}=4a(a>0)$

C. $\sqrt{3^2+4^2}=3+4=7$

D. $\sqrt{41^2-40^2}=\sqrt{41+40}\cdot\sqrt{41-40}=9\times1=9$

3. 若 $a\leqslant1$,则 $\sqrt{(1-a)^3}$化简后为(　　).

A. $(a-1)\sqrt{a-1}$　　B. $(1-a)\sqrt{1-a}$

C. $(a-1)\sqrt{1-a}$　　D. $(1-a)\sqrt{a-1}$

4. 化简二次根式 $\sqrt{(-5)^2\times3}$得(　　).

A. $-5\sqrt{3}$　　B. $5\sqrt{3}$　　C. $\pm5\sqrt{3}$　　D. 30

二、填空题

1. 计算$\sqrt{2}\times\sqrt{3}=$________; $\sqrt{36\times9}=$________.

2. $\sqrt{10xy}\cdot\sqrt{30xy}(x>0,y>0)=$________.

3. 计算 $3\sqrt{5a}\cdot2\sqrt{10b}=$________.

4. 使等式 $\sqrt{(x+1)(x-1)}=\sqrt{x-1}\cdot\sqrt{x+1}$成立的条件是________.

5. 当 $a\leqslant0,b<0$ 时,$\sqrt{ab^3}=$________.

6. 若 $\sqrt{x^3+3x^2}=-x\sqrt{x+3}$,则 x 的取值范围是________.

三、计算题

1. 计算

(1) $\sqrt{\frac{1}{2}}\times\sqrt{8}$　　(2) $3\sqrt{5}\times2\sqrt{10}$

(3) $\sqrt{32}\times\sqrt{2}$　　(4) $-4\sqrt{15}\times\left(-\frac{1}{2}\sqrt{5}\right)$

2. 化简

(1) $\sqrt{12}$　(2) $\sqrt{7^2\times5^2}$　(3) $\sqrt{2\,000}$　(4) $\sqrt{53^2-28^2}$

2.4.3　二次根式的加减

引入：

如图 2－3 所示现在有一块长 8cm，宽 4cm 的木板，能否在该木板上截出两个面积为 3 平方厘米和 8 平方厘米的两个正方形木板？

根据正方形的面积公式可以知道，3 平方厘米和 12 平方厘米的边长分别为 $\sqrt{3}$ 厘米和 $\sqrt{12}$ 厘米，由于两个正方形的边长和为 $\sqrt{3}+\sqrt{12}$ 厘米，因此我们只要计算出该式，就能了解到该长方形木板就能否截出两个正方形木板.

$$\sqrt{3}+\sqrt{12}=\sqrt{3}+2\sqrt{3}=3\sqrt{3}$$

根据平方根表我们知道 $\sqrt{3}\approx1.732$ 所以原式 $=3\sqrt{3}\approx3\times1.732\approx5.196>4$ 即两个正方形的边长和大于原来长方形木板的宽度. 因此，这块木板不能按照要求截出两个面积分别为 3 平方厘米和 12 平方厘米的正方形.

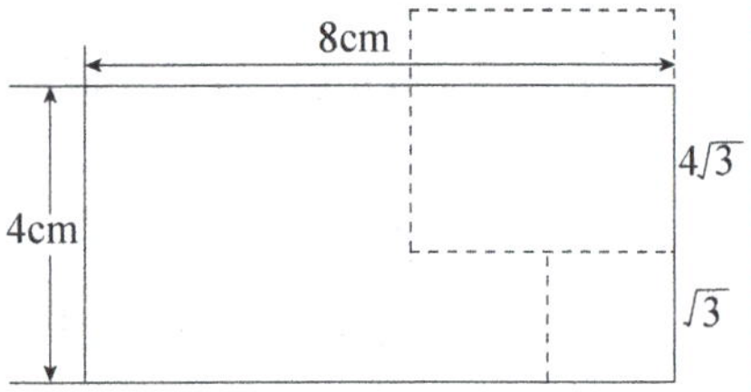

图 2－3

通过 $\sqrt{3}+\sqrt{12}$ 的计算我们发现，在计算过程中我们把 $\sqrt{12}$ 化成最简二次根式 $2\sqrt{3}$，由于被开方数相同，可以利用分配律将两式合并.

运算法则：一般情况下，二次根式加减时，可以先将二次根式化成最简二次根式，再将被开方数相同的二次根式进行合并.

例 1. 计算下列各式

(1) $\sqrt{3a}+\sqrt{12a}$　(2) $\sqrt{18m}-\sqrt{12m}$　(3) $\sqrt{45}-\sqrt{20}$

解：(1) $\sqrt{3a}+\sqrt{12a}=\sqrt{3a}+2\sqrt{3a}=3\sqrt{3a}$

(2) $\sqrt{18m}-\sqrt{12m}=3\sqrt{2m}-2\sqrt{2m}=\sqrt{2m}$

(3) $\sqrt{45}-\sqrt{20}=3\sqrt{5}-2\sqrt{5}=\sqrt{5}$

二次根式的加减我们可以从三个层面进行理解；“一化”把二次根式化为最简二次根式；“二合并”把化简后被开方数相同的二次根式合并；“合并方法”系数相加减，被开方数和根指数不变.

例 2. 计算下列各式

(1) $2\sqrt{27}-6\sqrt{\frac{1}{3}}+3\sqrt{12}$　(2) $(\sqrt{12}+\sqrt{20})+(\sqrt{3}-\sqrt{5})$

解：(1) $2\sqrt{27}-6\sqrt{\frac{1}{3}}+3\sqrt{12}=2\sqrt{3\times9}-6\sqrt{\frac{3}{9}}+3\sqrt{3\times4}=6\sqrt{3}-6\times\frac{\sqrt{3}}{3}+6\sqrt{3}=10\sqrt{3}$

(2) $(\sqrt{12}+\sqrt{20})+(\sqrt{3}-\sqrt{5})=\sqrt{12}+\sqrt{20}+\sqrt{3}-\sqrt{5}=2\sqrt{3}+2\sqrt{5}+\sqrt{3}-\sqrt{5}=3\sqrt{3}+\sqrt{5}$

注意：

1. 二次根式中的系数不能写成带分数，比如 $\frac{7}{3}\sqrt{5}$ 不能写成 $2\frac{1}{3}\sqrt{5}$

2. 二次根式的加法也满足加法交换律和结合律.

练习

一、选择题

1. 计算 $2-\sqrt{9}=($　　$)$.

A. 5　　B. 3　　C. -3　　D. -1

2. 下面计算正确的是(　　).

A. $3+\sqrt{3}=3\sqrt{3}$　　B. $\sqrt{27}\div\sqrt{3}=3$　　C. $\sqrt{2}\cdot\sqrt{3}=\sqrt{5}$　　D. $\sqrt{4}=\pm2$

3. 下列运算中,错误的是(　　).

A. $3\sqrt{2}-2\sqrt{2}=\sqrt{2}$　　B. $\frac{1}{\sqrt{2}}-\frac{\sqrt{2}}{2}$

C. $\sqrt{2}+\sqrt{3}=\sqrt{5}$　　D. $\sqrt{2}\cdot\sqrt{3}=\sqrt{6}$

4. 计算 $\sqrt{27}-\frac{1}{3}\sqrt{18}-\sqrt{12}$的结果是(　　).

A. 1　　B. -1　　C. $\sqrt{3}-\sqrt{2}$　　D. $\sqrt{2}-\sqrt{3}$

5. 下列计算正确的是(　　).

A. $2\sqrt{3}+4\sqrt{2}=6\sqrt{5}$　　B. $\sqrt{8}=4\sqrt{2}$

C. $\sqrt{27}\div\sqrt{3}=3$　　D. $\sqrt{(-3)^2}=-3$

6. 化简 $\sqrt{54}\times\sqrt{\frac{1}{2}}+\sqrt{12}$的结果是(　　).

A. $5\sqrt{2}$　　B. $6\sqrt{3}$　　C. $\sqrt{3}$　　D. $5\sqrt{3}$

7. 下列计算中,正确的是(　　).

A. $3a+\sqrt{2}a=3\sqrt{2}a$　　B. $a^6\div a^3=a^2$

C. $(2a)^{-1}=-2a$　　D. $(-2a^2)^3=-8a^6$

8. 化简$\frac{1}{\sqrt{2}-1}+\frac{2}{\sqrt{3}+1}$的结果为(　　).

A. $\sqrt{3}+\sqrt{2}$　　B. $\sqrt{3}-\sqrt{2}$　　C. $\sqrt{2}+2\sqrt{3}$　　D. $\sqrt{3}+2\sqrt{2}$

二、填空题

1. 计算$(-\sqrt{5})^0+2^{-1}=$________.

2. 计算$\sqrt{8}-\sqrt{2}=$________;$\sqrt{\frac{2}{3}}\times\sqrt{12}=$________.

3. 计算$\sqrt{8}+\sqrt{\frac{1}{3}}-2\sqrt{\frac{1}{2}}=$________.

4. 计算$(2-3)^{-1}-(\sqrt{2}-1)^0$ 的结果是________.

5. 计算$\left(\sqrt{48}+\frac{1}{4}\sqrt{12}\right)+\sqrt{27}=$________.

三、解答题

1. 计算 $\sqrt{28}-\sqrt{7}$;

2. 计算 $\sqrt{50}-\left(\sqrt{98}-\sqrt{\frac{9}{2}}\right)$;

3. 计算$\frac{2}{2-\sqrt{3}}-\sqrt{12}$.

4. $\left(\frac{1}{3}\sqrt{27}-\sqrt{24}-3\sqrt{\frac{2}{3}}\right)\cdot\sqrt{12}$

5. 计算$\sqrt{2}(\sqrt{6}+\sqrt{2})-\sqrt{27}$.

6. 计算$\sqrt{8}-\left(2\sqrt{3}-3\sqrt{\frac{1}{3}}\right)\times\sqrt{6}$

7. 计算$\sqrt{8}-\left(2\sqrt{3}-3\sqrt{\frac{1}{3}}\right)\times\sqrt{6}$

8. 化简 $\sqrt{9x}+2\sqrt{4x}-3x\sqrt{\frac{1}{x}}$.

9. 先化简，再求值.

$\frac{x-4}{x-2}+\frac{4}{x^2-4x+4}\div\frac{x}{x-2}$，其中 $x=\sqrt{2}$.

2.4.4　二次根式的混合运算

引入：

我们在实际运算过程中，遇到的计算问题大多数不是单纯的加减乘除，更多的是混合运算，我们上面分别学习了二次根式的加减乘除，那对于二次根式的混合运算又怎样呢？

二次根式的混合运算顺序与实数的混合运算顺序一样，先乘方，后乘除，最后加减，有括号的先算括号内的，运算结果应化为最简二次根式或整式. 有理数(式)中的运算律及多项式乘法、乘法公式在二次根式的运算中仍然适用.

如：①$\sqrt{x}(2\sqrt{x}+\sqrt{y})$可以利用分配律来进行化简，即

$$\sqrt{x}(2\sqrt{x}+\sqrt{y})=2(\sqrt{x})^2+\sqrt{xy}=2x+\sqrt{xy}.$$

②$(\sqrt{x}+\sqrt{y})(\sqrt{x}-\sqrt{y})$可以利用平方差公式进行化简，即

$$(\sqrt{x}+\sqrt{y})(\sqrt{x}-\sqrt{y})=(\sqrt{x})^2-(\sqrt{y})^2=x-y(x\geqslant 0,y\geqslant 0).$$

③$(\sqrt{x}\pm\sqrt{y})^2$ 可以利用完全平方公式进行化简，即

$$(\sqrt{x}\pm\sqrt{y})^2=(\sqrt{x})^2\pm 2\sqrt{xy}+(\sqrt{y})^2.$$

例 1. 计算

(1) $(\sqrt{3}+\sqrt{2})\times\sqrt{5}$

(2) $(2\sqrt{6}+3\sqrt{2})\div\sqrt{2}$

解：(1) $(\sqrt{3}+\sqrt{2})\times\sqrt{5}=\sqrt{3}\times\sqrt{5}+\sqrt{2}\times\sqrt{5}=\sqrt{15}+\sqrt{10}$

(2) $(2\sqrt{6}+3\sqrt{2})\div\sqrt{2}=2\sqrt{6}\div\sqrt{2}+3\sqrt{2}\div\sqrt{2}=2\sqrt{3}+3$

例 2. 计算

(1)$(\sqrt{3}+2)\times(\sqrt{3}-1)$　　(2)$(\sqrt{3}+2)\div\sqrt{2}$　　(3)$(\sqrt{5}+\sqrt{3})\div(\sqrt{5}-\sqrt{3})$

解：(1)$(\sqrt{3}+2)\times(\sqrt{3}-1)=\sqrt{3}\times\sqrt{3}+\sqrt{3}\times(-1)+2\times\sqrt{3}+2\times(-1)$

$=3-\sqrt{3}+2\sqrt{3}-1=2+\sqrt{3}$

(2)$(\sqrt{3}+2)\div\sqrt{2}=\dfrac{\sqrt{3}+2}{\sqrt{2}}=\dfrac{(\sqrt{3}+2)\times\sqrt{2}}{\sqrt{2}\times\sqrt{2}}=\dfrac{\sqrt{3}\times\sqrt{2}+2\times\sqrt{2}}{2}$

$=\dfrac{\sqrt{6}+2\sqrt{2}}{2}=\dfrac{1}{2}\sqrt{6}+\sqrt{2}$

(3)$(\sqrt{5}+\sqrt{3})\div(\sqrt{5}-\sqrt{3})=\dfrac{\sqrt{5}+\sqrt{3}}{\sqrt{5}-\sqrt{3}}=\dfrac{(\sqrt{5}+\sqrt{3})\times(\sqrt{5}+\sqrt{3})}{(\sqrt{5}-\sqrt{3})\times(\sqrt{5}+\sqrt{3})}$

$=\dfrac{(\sqrt{5})^2+2\sqrt{5}\times\sqrt{3}+(\sqrt{3})^2}{(\sqrt{5})^2-(\sqrt{3})^2}=\dfrac{5+2\sqrt{15}+3}{5-3}$

$=\dfrac{8+2\sqrt{15}}{2}=4+\sqrt{15}$

练习

1. 计算题

(1)$3\sqrt{3}-\sqrt{8}+\sqrt{2}-\sqrt{27}$　　(2)$2\sqrt{12}\times\dfrac{\sqrt{3}}{4}\div5\sqrt{2}$

2. $(1+\sqrt{2})(1-\sqrt{2})+\sqrt{50}-2\sqrt{32}+\sqrt{12}\times\sqrt{3}-\dfrac{\sqrt{18}}{\sqrt{2}}-(\sqrt{2})^2$.

3. (1) $\sqrt{2\dfrac{2}{3}}+\sqrt{24}-\sqrt{96}+\sqrt{\dfrac{1}{6}}$　　(2) $\sqrt{27}-\sqrt{48}+\dfrac{1}{2}\sqrt{12}+\sqrt{75}$

4. $(2-\sqrt{3})(2+\sqrt{3})+(-1)^{2010}(\sqrt{2}-\pi)^0-\left(\dfrac{1}{2}\right)^{-1}$

5. $(\pi-3)^0-(\sqrt{2}+1)(\sqrt{2}-1)+\sqrt{12}+|\sqrt{3}-2|$

6. $9(\sqrt{3}-1)^0+\sqrt{2}\left(\sqrt{2}+\frac{1}{\sqrt{2}}\right)-\frac{\sqrt{18}-\sqrt{8}}{\sqrt{2}}-(2\sqrt{2}-\sqrt{3})^2$

7. $\sqrt{2}\times\left(\sqrt{2}+\frac{1}{\sqrt{2}}\right)-\frac{\sqrt{18}-\sqrt{8}}{\sqrt{2}}$　　　$\left(\frac{1}{2}\right)^{-2}-|2\sqrt{2}-3|+\frac{3}{\sqrt{8}}$

8. $\sqrt{6}\times\sqrt{2}+\sqrt{24}\div\sqrt{3}=\sqrt{48}$

9. 计算(1) $\frac{1}{3}\sqrt{32}+\frac{1}{2}\sqrt{8}-\frac{1}{5}\sqrt{50}$　　　(2) $(5-2\sqrt{6})\times(\sqrt{2}-\sqrt{3})$

(3) $(1+\sqrt{2}+\sqrt{3})(1-\sqrt{2}-\sqrt{3})$　　　(4) $\left(\sqrt{12}-4\sqrt{\frac{1}{8}}\right)\left(2\sqrt{\frac{1}{3}}-4\sqrt{0.5}\right)$

10. (1) $\left(\sqrt{24}-\sqrt{\frac{1}{2}}\right)-\left(\sqrt{\frac{1}{8}}+\sqrt{6}\right)$　　　(2) $2\sqrt{12}\times\frac{\sqrt{3}}{4}\div5\sqrt{2}$

11. (1) $\sqrt{(-2)^2}-\sqrt{2}(\sqrt{2}-2)+\frac{\sqrt{6}}{\sqrt{3}}$　　　(2) $\sqrt[3]{-27}+\sqrt{(-3)^2}-\sqrt[3]{-1}$

12. (1) $\sqrt{8}+3\sqrt{\frac{1}{3}}-\frac{1}{\sqrt{2}}+\frac{\sqrt{3}}{2}$

(2) $(\sqrt{7}+\sqrt{5}+\sqrt{3})(\sqrt{7}-\sqrt{5}-\sqrt{3})$

13. (1) $\sqrt[3]{-27}-\sqrt{0}-\sqrt{\frac{1}{4}}+\sqrt[3]{0.125}+\sqrt[3]{1-\frac{63}{64}}$

(2) $\left(\sqrt{24}-\sqrt{\frac{1}{2}}\right)-2\left(\sqrt{\frac{1}{8}}+\sqrt{6}\right)$

14. 已知 $x=\frac{2+\sqrt{3}}{2-\sqrt{3}}$, $y=\frac{2-\sqrt{3}}{2+\sqrt{3}}$, 求 $2x^2-3xy+2y^2$.

15. (1) $(3\sqrt{6}-4\sqrt{2})(3\sqrt{6}+4\sqrt{2})$

(2) $(\sqrt{3})^2+(\pi+\sqrt{3})^0-\sqrt{27}+|\sqrt{3}-2|$

第三单元 方程与方程组

3.1 一元一次方程

3.1.1 一元一次方程的有关概念

引入：

汽车匀速行驶途径 A、B、C 三地，从 A 点达到 B 点用时 3 小时，从 B 点到达 C 点用时 2 小时，D 地在 B、C 之间，距离 B 点 30 千米，距离 C 点 50 千米，那么 A 地到 D 地的距离是多少千米？如果不能列式子运算，还有其他方法吗？

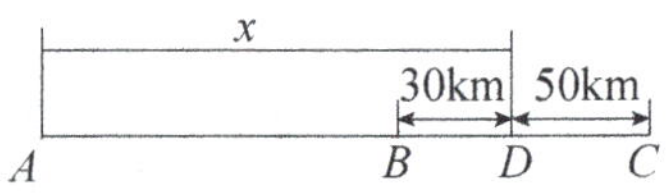

运用传统的算式，我们是没有办法解决该问题的，我们首先可以通过下图来描述该问题，我们假设 A 点到 D 点的距离为 x 千米，因为汽车是匀速行驶，那么汽车在整个行驶过程中速度都是一样的，根据速度等于距离除以时间我们可以列出下式：

$$\frac{x-30}{3}=\frac{x+50}{3+2}$$

其中：$\frac{x-30}{3}$的意义就是汽车从 A 点到达 B 点时的速度，$\frac{x+50}{3+2}$的意义是汽车从 A 点到达 C 点时候的速度. 我们只要通过这个式子解除未知数 X，就能知道 A 点到 D 点的距离.

用算术方法解题时，列出的算式表示用算术方法解题的计算过程，其中只能用已知数；而我们现在用的方法中，不只有已知数，还有未知数. 下面我们就来学习解决含有未知数式子的相关知识.

含有未知数的等式叫做方程. 例如 $3x+2=0$　$x+y=3$ 等

注意： 判断一个式子是不是方程，要看两个条件：一是等式，二是未知数，二者缺一不可.

只含有一个未知数(元)，含未知数的项次数是 1，等号两边都是等式，这样的方程叫做一元一次方程. 标准形式：$ax+b=0$(其中 $a\neq0$，a，b 是已知数)的形式叫一元一次方程的标准形式. 最简形式：方程 $ax=b$($a\neq0$，a，b 为已知数)叫一元一次方程的最简形式例如：$1\ 700+50x=1\ 800$，$2(x+1.5x)=5$ 等都是一元一次方程.

例 1. 下列方程中，哪些是一元一次方程？哪些不是？

(1)$x^2+5+4x=11+x^2$；　　(2)$2x+y=5$；

(3)$x^2-5x+6=0$；　　(4)$\frac{2-x}{x}=3$；

(5) $\frac{y-1}{2}+\frac{y}{3}=1$.

解:(1)、(5)是一元一次方程. 因为它们或等价变形后是只含有一个未知数、并且未知数的次数是1的方程;(2)、(3)、(4)都不是一元一次方程,因为(2)中含有两个未知数;(3)中未知数的最高次数是2;(4)中分母含有未知数,它不是整式方程.

注意:

1. 任何一元一次方程都可以转化为最简形式或标准形式,所以判断一个方程是不是一元一次方程,可以通过变形为最简形式或标准形式来验证,如方程 $x^2+2x+1=x^2-6$ 是一元一次方程. 如果不变形,直接判断就会出现错误.

2. 方程 $ax=b$ 与方程 $ax=b(a\neq0)$ 是不同的,方程 $ax=b$ 想要计算需要分类讨论完成.

3. 一元一次方程具有三个特点,①未知数所在的式子是整式,既分母中不含未知数. ②含有一个未知数③含未知数的项的次数是1,三者缺一不可.

列方程是解决问题的重要方法,利用方程可以解出未知数,从方程 $3x+1=10$,你能估算出 X 的值吗?

我们发现,当 $X=3$ 时,方程 $3x+1=10$ 是成立的,我们把3就叫做方程的解.

定义: 一般的,使方程左,右两边相等的未知数的值叫做方程的解,只含有一个未知数的方程的解,也叫做方程的根. 解方程求方程解的过程叫做解方程.

例2. 若关于 x 的方程 $2(x-1)-a=0$ 的解是 $x=3$,则 a 的值是( ).

A. 4　　B. −4　　C. 5　　D. −5

解:因为方程的解为 $x=3$,也就是说3代入原方程是成立的,所以把3代入原方程得到新的等式,即 $2\times(3-1)-a=0$, $4-a=0$, $a=4$. 因此结果选择A.

注意:

1. 方程的解和解方程是不同的概念,方程的解实质上是求得的结果,它是一个数值(或几个数值),而解方程的含义是指求出方程的解或判断方程无解的过程.

2. 方程的解的检验方法,首先把未知数的值分别代入方程的左、右两边计算它们的值,其次比较两边的值是否相等从而得出结论.

练习

一、简答题

1. 判断下列各式是不是方程,如果是,指出已知数和未知数.

(1) $5x-9=x$　　(2) $2|y|-2=3x$　　(3) $15x^2+1$

(4) $-1-1=-2$　　(5) $4x-2=-x$　　(6) $\frac{x}{5}-\frac{x}{2}=1$

2. 判断下列各式是不是方程,如果是,指出已知数和未知数.

(1) $x+3$　　(2) $2+3=4+1$

(3) $x+4=4+x$

(4) $\frac{1}{x}=2$

(5) $x^2+x+1=3$

(6) $2|x|=3$

(7) $x-4=4-x$

(8) $x^2+x=x(x+2)+3$

二、选择题

1. 下列是一元一次方程的是(　　).

A. $2x+3$　　B. $\frac{x+3}{4}-1=\frac{y-2}{3}$

C. $x^2-5x+6=0$　　D. $7x+(-3)^2=3x-2$

2. 下列各式中,是一元一次方程的有(　　).

①$3+7=10$　②$3x-5=x^2+3x$　③$2x+1=1$　④$x^2+x=1$

A. 1 个　　B. 2 个　　C. 3 个　　D. 4 个

3. 下列关于 x 的方程,一定是一元一次方程的是(　　).

A. $ax=b$　　B. $(a^2+1)x=b$　　C. $(a-1)^2x=b$　　D. $|a+1|x=b$

4. $x=-2$ 是下列方程中哪一个方程的解(　　).

A. $-2x+5=3x+10$　　B. $x^2-4=4x$　　C. $x(x-2)=-4x$　　D. $5x-3=6x-2$

5. 下列结论中不能由 $a+b=0$ 得到的是(　　).

A. $a^2=-ab$　　B. $|a|=|b|$　　C. $a=0,b=0$　　D. $a^2=b^2$

6. 运用等式性质进行的变形,不正确的是(　　).

A. 如果 $a=b$,那么 $a-c=b-c$　　B. 如果 $a=b$,那么 $a+c=b+c$

C. 如果 $a=b$,那么 $a/c=b/c$　　D. 如果 $a=b$,那么 $ac=bc$

7. 在公式 $S=0.5(a+b)h$,已知 $a=3,h=4,S=16$,那么 $b=$(　　).

A. -1　　B. 5　　C. 25　　D. 11

三、填空题

1. 若方程 $2x^{4m-1}+1=0$ 是关于 x 的一元一次方程,则 m 的值为________.

3.1.2　等式及其性质

引入:

思考下列问题:

(1)小莹今年 a 岁,小亮今年 b 岁,再过 c 年他们分别是多少岁?

(2)如果小莹和小亮同岁,(即 $a=b$),那么再过 c 年他们的岁数还相同吗? c 年前呢? 为什么?

(3)一袋巧克力糖的售价是 a 元,一盒果冻的售价是 b 元,买 c 袋巧克力糖和买 c 盒果冻各要花多少钱?

(4)如果一袋巧克力糖与一袋果冻的售价相同(即 $a=b$),那么买 c 袋巧克力糖和买 c 盒果冻的价钱相同吗?

上面的四个问题,都会涉及用等号去联立数字,然后求解,一般的用等号"="来表示相等关系的式子叫做等式.

等式的性质

①等式两边加上或减去同一个数或式子,结果仍相等,即如果 $a=b$,那么 $a\pm c=b\pm c$.

②等式两边乘同一个数或除以同一个不为零的数,结果仍相等,即 $a=b$,那么 $ac=bc$;如果 $a=b$,那么$\frac{a}{c}=\frac{b}{c}(c\neq 0)$.

例 1. 利用等式的性质解下列方程

(1)$x+7=36$　　(2)$-5x=20$　　(3)$-\frac{1}{3}x-5=4$

解:(1)两边同时减去 7,得 $x+7-7=36-7$　于是 $x=19$

(2)两边同时除以 -5,得 $-5x\div(-5)=20\div(-5)$　于是 $x=-4$

(3)两边同时加上 5,得 $-\frac{1}{3}x-5+5=4+5$. 化简为 $-\frac{1}{3}x=9$ 两边同时乘以 -3.

$-\frac{1}{3}x\times(-3)=9\times(-3)$　得 $x=-27$

注意:(1)在对等式变形过程中,等式两边必须同时进行. 即:同时加或同时减,同时乘以或同时除以,不能漏掉某一边.

(2)等式变形过程中,两边同加或同减,同乘或同除以的数或整式必须相同.

(3)在等式变形中,以下两个性质也经常用到:①等式具有对称性,即:如果 $a=b$,那么 $b=a$;②等式具有传递性,即:如果 $a=b$,$b=c$,那么 $a=c$.

(4)方程中的任何一项都可以改变符号后从方程的一边移到另一边,这种变形叫做移项,这个法则叫做移项法则,移项的根据是根据等式的性质 1.

练习

一、选择题

1. 如果 $a=b$,那么结论正确的是(　　).

A. $a+c=b-c$　　B. $ac=b$　　C. $a-c=b-c$　　D. $\frac{a}{c}=\frac{b}{c}$

2. 下列等式能表示加法交换律的是(　　).

A. $a\pm b=b\pm a$　　B. $ab=ba$　　C. $a+b=b+a$　　D. $a-b=b-a$

3. 比 a 的 2 倍大 7 的数是 13,可以列式表示为(　　).

A. $2a+7=13$　　B. $2a+7$　　C. 13　　D. $\frac{13-7}{2}$

4. 利用等式性质 1,将等式 $2x=15+x$ 进行正确变形的是(　　).

A. $2x=15$　　B. $x=15$

C. $-15=x$　　D. $3x=2x$

5. 利用等式性质 2,不能将下列等式直接变形为 $x=c$ 的形式的是(　　).

A. $ax=b$　　B. $\frac{1}{3}x=0$　　C. $2x=b$　　D. $-3x=\frac{1}{2}$

6. 下列各式的变形,正确运用等式的性质的是(　　).

A. 由 $\frac{x}{2}=0$ 得 $x=2$　　B. 由 $\frac{x}{3}=3$ 得 $x=1$

C. 由 $-2a=-3$ 得 $a=\frac{2}{3}$　　D. 由 $x-1=4$ 得 $x=5$

7. 由等式 $4x+6=3x-5$ 得 $x=-11$ 的变形过程为(　　).

A. 等式两边同时除以 4　　B. 等式两边同时减去 6

C. 等式两边同时加上 $(5-3x)$　　D. 等式两边同时加上 $(-6-3x)$

8. 下列变形中,错误的是(　　).

A. $2x+6=0$ 变形为 $2x=-6$　　B. $\frac{x+3}{2}=1-x$ 变形为 $x+3=2-2x$

C. $-2(x-4)=-2$ 变形为 $x-4=1$　　D. $-\frac{x+1}{2}=\frac{1}{2}$ 变形为 $-x+1=1$

9. 下列判断错误的是(　　).

A. 若 $a=b$,则 $ac-3=bc-3$　　B. 若 $a=b$,则 $\frac{a}{c^2+1}=\frac{b}{c^2+1}$

C. 若 $x=2$,则 $x^2=2x$　　D. 若 $ax=bx$,则 $a=b$

10. 解为 $x=-3$ 的方程是(　　).

A. $2x-6=0$　　B. $5x+3=12$

C. $3(x-2)-2(x-3)=5x$　　D. $\frac{x-1}{4}=\frac{3-2x}{6}=\frac{5}{2}$

二、填空题

1. 如果 $x+3=5$,那么 $x=$________,根据________,在等式两边________.
2. 如果 $5x=15$,那么 $x=$________,根据________,在等式两边________.
3. 在等式 $2x-1=4$ 两边同时________得 $2x=5$.
4. 在等式 $4x=2a+3$ 两边同时________得 $4a-2a=3$.
5. 在等式 $x-\frac{2}{3}=y-\frac{2}{3}$ 两边同时________得 $x=y$.
6. 在等式 $-5x=5y$ 两边同时________得 $x=-y$.
7. 在等式 $-\frac{1}{3}x=4$ 的两边同时________得 $x=-12$.
8. 如果 $x=-3$, $y=x$,那么 $y=$________.
9. 如果 $-2=x$,那么 $x=$________.
10. 在等式 $3x=x+4$ 两边都________得 $x=2$.
11. x 的一半比它的 2 倍少 10,用等式表示应为________.
12. 如果 $\frac{x}{2}=\frac{y}{3}=-\frac{z}{4}=2$,那么 $x+y+z$ 的值是________.
13. 由 $2x-1=0$ 得到 $x=\frac{1}{2}$ 可分两步,其步骤如下,完成下列填空.

第一步:根据等式性质________,等式两边________,得 $2x=$________;

第二步:根据等式性质________,等式两边________,得 $x=\frac{1}{2}$.

14. 已知关于 x 的方程 $(a-2)x-4=0$ 的解是 2，则 $a=$________.

15. 一个数的 $\frac{1}{7}$ 与 3 的差等于最大的一位数，则这个数是________.

三、解答题

利用等式的性质解方程.

(1) $x-5=18$　　(2) $\frac{1}{3}x+3=9$　　(3) $5x=6x-2$　　(4) $9-2x=3$

(5) $3x-\frac{1}{2}=5$　　(6) $0.2x+4=3\frac{1}{5}$

3.1.3 一元一次方程的解法

引入：

我们在讨论和学习了一元一次方程的形式和等式性质后，很容易就可以列出一元一次方程，下面我们来继续讨论，如何解出一元一次方程. 一元一次方程解的步骤一般分为五部，具体见下表.

变形名称	具体做法	变形依据	注意事项
去分母	在方程的两边同乘各分母的最小公倍数	等式的性质 2	(1)不要漏乘不含分母的项 (2)分子是一个整体的，去分母后应加上括号
去括号	先去小括号，再去中括号，最后去大括号	去括号法则、分配律	(1)不要漏乘括号里的项 (2)不要弄错符号
移项	把含有未知数的项移到方程的一边，其他各项都移到方程的另一边，记住移项时要变号	等式的性质 2	(1)移项要变号 (2)不要丢项
合并同类项	把方程化为 $ax+b=0(a\neq0)$ 的形式	合并同类项法则	字母及其指数不变.
系数化为 1	在方程两边都除以未知数的系数 a，得到方程的解 $x=\frac{b}{a}$	等式的性质 2	切忌分子分母位置颠倒

下面我们通过例题来看下具体的解题过程.

例 1. 解下列方程

(1) $4-\frac{3}{5}m=-m$　　(2) $-5x+6+7x=1+2x-3+8x$

解：(1) 移项，得 $-\frac{3}{5}m+m=-4$.

合并,得$\frac{2}{5}m=-4$. 系数化为1,得$m=-10$.

(2)移项,得$-5x+7x-2x-8x=1-3-6$.

合并,得$-8x=-8$. 系数化为1,得$x=1$.

例2. 解方程

(1)$2(2x+1)=10x+7$ (2)$3-2(x+1)=2(x-3)$

解:(1)去括号得:$4x+2=10x+7$

移项合并得:$-6x=5$

解得:$x=-\frac{5}{6}$

(2)去括号得:$3-2x-2=2x-6$

移项合并得:$-4x=-7$

解得:$x=\frac{7}{4}$

例3. 解方程:$\frac{4x+3}{6}+\frac{4x+3}{2}+\frac{4x+3}{3}=1$

解法1:去分母,得$(4x+3)+3(4x+3)+2(4x+3)=6$

去括号,得$4x+3+12x+9+8x+6=6$

移项合并,得$24x=-12$

系数化为1,得$x=-\frac{1}{2}$.

解法2:将"$4x+3$"看作整体,直接合并,得$6(4x+3)=6$,即$4x+3=1$

移项,得$4x=-2$

系数化为1,得$x=-\frac{1}{2}$.

例4. 解方程$\frac{x}{0.7}-\frac{0.17-0.2x}{0.03}=1$

解:原方程可以化成:$\frac{10x}{7}-\frac{17-20x}{3}=1$

去分母,得:$30x-7(17-20x)=21$

去括号、移项、合并同类项,得:$170x=140$

系数化成1,得:$x=\frac{14}{17}$.

例5. 解方程$\frac{1}{2}\left[x-\frac{1}{2}(x-1)\right]=\frac{2}{3}(x-1)$

解法1:先去小括号得:$\frac{1}{2}\left(x-\frac{1}{2}x+\frac{1}{2}\right)=\frac{2}{3}x-\frac{2}{3}$

再去中括号得:$\frac{1}{2}x-\frac{1}{4}x+\frac{1}{4}=\frac{2}{3}x-\frac{2}{3}$

移项,合并得:$-\frac{5}{12}x=-\frac{11}{12}$

系数化为1,得:$x=\frac{11}{5}$

解法2:两边均乘以2,去中括号得:$x-\frac{1}{2}(x-1)=\frac{4}{3}(x-1)$

去小括号,并移项合并得:$-\frac{5}{6}x=-\frac{11}{6}$,解得:$x=\frac{11}{5}$

解法3:原方程可化为:$\frac{1}{2}[(x-1)+1-\frac{1}{2}(x-1)]=\frac{2}{3}(x-1)$

去中括号,得$\frac{1}{2}(x-1)+\frac{1}{2}-\frac{1}{4}(x-1)=\frac{2}{3}(x-1)$

移项、合并,得$-\frac{5}{12}(x-1)=-\frac{1}{2}$

解得$x=\frac{11}{5}$.

注意:

(1)解方程时,表中有些变形步骤可能用不到,而且也不一定要按照自上而下的顺序,有些步骤可以合并简化.

(2)去括号一般按由内向外的顺序进行,也可以根据方程的特点按由外向内的顺序进行.

(3)当方程中含有小数或分数形式的分母时,一般先利用分数的性质将分母变为整数后再去分母,注意去分母的依据是等式的性质,而分母化整的依据是分数的性质,两者不要混淆.

练习

一、选择题

1. 下列方程中,解是$x=4$的方程是(　　).

A. $x+5=2x+1$　　B. $3x=-2-10$　　C. $3x-8=5x$　　D. $3(x+2)=3x+2$

2. 方程$2x-5=x-2$的解是(　　).

A. $x=-1$　　B. $x=-3$　　C. $x=3$　　D. $x=1$

3. 下列变形正确的是(　　).

A. 方程$5x=-4$的解是$x=-\frac{5}{4}$

B. 把方程$5-3x=2-x$移项得:$3x+x=5-2$

C. 把方程$2-3(x-5)=2x$去括号得:$2-3x-5=2x$

D. 方程$18-2x=3+3x$的解是$x=3$

二、填空题

1. 以$x=2$为根的一元一次方程是________(写出满足条件的一个方程即可).

2. 已知$3x-2$与$2x-3$的值相等,则$x=$________.

3. 若代数式$3x+2$与$-\frac{1}{3}$是互为倒数,则$x=$________.

三、解方程

(1)$6(1-x)-5(x-2)=2(2x+3)$　　(2)$3(x-3)=5-2(2-5x)$

(3)$y-\frac{y-1}{2}=2-\frac{y+2}{5}$　　(4)$x-\frac{x-1}{2}=\frac{2}{3}-\frac{x+2}{3}$

3.1.4　实际问题与一元一次方程

引入：

我们前面讨论了如何分析数量关系，利用相等关系列方程及如何解方程，可以看出，方程是分析和解决问题的一种很有用的数字工具，本节我们将进一步探究如何用一元一次方程解决实际问题.

用一元一次方程解决实际问题的基本过程如下：

实际问题 ⟶ 一元一次方程 ⟶ 一元一次方程的解 ⟶ 实际问题答案

（设未知数，列方程）　（解方程）　（检验）

具体过程一般包括审、设、列、解、检、答等步骤.

审：审题分析题目中已知什么，求什么，明确各数量之间的关系.

设：用 x 来表示题目中的一个未知数，其他的未知数用含 x 的整式来表示.

列：根据题目中的等量关系列出方程.

解：解所列出的方程，求出未知数的值.

检：检验方程的解是否符合问题的实际意义.

答：写出答案.

具体的实际问题主要包含以下几种，我们现在一一讲解.

一、和、差、倍、分问题

增长量 = 原有量 × 增长率　现在量 = 原有量 + 增长量

倍数关系：通过关键词语“是几倍，增加几倍，增加到几倍，增加百分之几，增长率……”来体现.

多少关系：通过关键词语“多、少、和、差、不足、剩余……”来体现.

例 1. 兄弟二人今年分别为 15 岁和 9 岁，多少年后兄的年龄是弟的年龄的 2 倍？

解：设 x 年后，兄的年龄是弟的年龄的 2 倍，

则 x 年后兄的年龄是 $15+x$，弟的年龄是 $9+x$.

由题意，得 $2\times(9+x)=15+x$

$18+2x=15+x$，移向得：$2x-x=15-18$

$\therefore x=-3$

答：3 年前兄的年龄是弟的年龄的 2 倍.

注意： -3 年的意义，并不是没有意义，而是指以今年为起点前的 3 年，是与 3 年后具有相反意义的量.

练习

1. 一个数的 3 倍比它的 2 倍多 10，若设这个数为 x，可得到方程________.

2. 用一根长 80 厘米的绳子围成一个长方形，且这个长方形的长比宽多 10 厘米，则这个长方形的长和宽各是________、________，面积是________.

二、等积变形问题

（一）“等积变形”是以形状改变而体积不变为前提. 常用等量关系为：

①形状面积变了，周长没变；

②原料体积 = 成品体积.

（二）常见几何图形的面积、体积、周长计算公式，依据形虽变，但体积不变.

①圆柱体的体积公式　$V=$底面积$\times$高$=S\cdot h=\pi r^2h$

②长方体的体积　　$V=$长$\times$宽$\times$高$=abc$

例2. 一根内径为3cm的圆柱形长试管中装满了水，现把试管中的水逐渐滴入一个内径为8cm、高为1.8cm的圆柱形玻璃杯中，当玻璃杯装满水时，试管中的水的高度下降了________cm.

分析：解：设水在圆柱形长试管中的水位为高度为x，由此可列方程如下：

$$\pi\times8\times8\times1.8=\pi\times3\times3\times x$$

$$X=12.8\text{cm}$$

试管中的水高度下降了：12.8 − 1.8 = 11cm

练习

将一个装满水的内部长、宽、高分别为300mm，300mm和80mm的长方体铁盒中的水，倒入一个内径为200mm的圆柱形水桶中，正好倒满，求圆柱形水桶的高（精确到0.1mm，$\pi\approx3.14$）.

三、工程问题

工作量 = 工作效率 × 工作时间

完成某项任务的各工作量的和 = 总工作量 = 1

例3. 甲、乙工程队从相距100m的马路两端开始挖沟，甲工程队每天挖沟的进度是乙工程队的2倍少1m，若5天完工，两队每天各挖几米？

解：设乙队每天挖xm，甲队每天挖$2x-1$m

$$5(2x-1)+5x=100$$

$$10x-5+5x=100$$

$$x=7\text{m}$$

甲：14 − 1 = 13m　乙：7m

练习

一件工程，甲独做需15天完成，乙独做需12天完成，现先由甲、乙合作3天后，甲有其他任务，剩下工程由乙单独完成，问乙还要几天才能完成全部工程？

四、行程问题

路程 = 速度 × 时间　时间 = 路程 ÷ 速度　速度 = 路程 ÷ 时间

(1)相遇问题:相遇路程 = 速度和 × 相遇时间

$$S_1 + s_2 = (v_1 + v_2) \times t$$

(2)追及问题:追及路程 = 速度差 × 追及时间

(3)航行问题:顺流速度 = 静水速度 + 水流速度

逆流速度 = 静水速度 − 水流速度

顺流路程 = 顺流速度 × 顺流时间

逆流路程 = 逆流速度 × 逆流时间

注意: 抓住两码头间距离不变,水流速和船速(静不速)不变的特点考虑相等关系.

例 4. 甲、乙两站相距 480km,一列慢车从甲站开出,每小时行 90km,一列快车从乙站开出,每小时行 140km.

(1)慢车先开出 1 小时,快车再开. 两车相向而行. 问快车开出多少小时后两车相遇?

(2)两车同时开出,相背而行多少小时后两车相距 600km?

(3)两车同时开出,慢车在快车后面同向而行,多少小时后快车与慢车相距 600km?

(4)两车同时开出同向而行,快车在慢车的后面,多少小时后快车追上慢车?

(5)慢车开出 1 小时后两车同向而行,快车在慢车后面,快车开出后多少小时追上慢车?

解:(1)设快车开出 x 小时后两车相遇,由题意得,$140x + 90(x+1) = 480$　$x = 39/23$

(2)设 x 小时后两车相距 600km,由题意得,$(140+90)x + 480 = 600$　$x = 12/23$

(3)设 x 小时后两车相距 600km,由题意得,$(140-90)x + 480 = 600$　$x = 12/5$

(4)设 x 小时后快车追上慢车. 由题意得,$140x = 90x + 480$　$x = 48/5$

(5)设快车开出 x 小时后追上慢车. 由题意得,$140x = 90(x+1) + 480$　$x = 57/5$

练习

一只轮船航行于甲乙两港之间,顺水去,4 小时到达;逆水返回,5 小时到达. 已知两港间相距 80km,求轮船在静水中的速度和水流速度.

五、商品销售问题

(1)商品利润率 $= \dfrac{\text{商品利润}}{\text{商品成本价}} \times 100\%$

(2)商品销售额 = 商品销售价 × 商品销售量

(3)商品的销售利润 = (销售价 − 成本价) × 销售量

(4)利润 = 进价 × 利润率

(5)售价 = 进价 × (1 + 利润率) = 标价 × (折扣数/10)

(6)商品打几折出售,就是按原标价的百分之几十出售,如商品打 8 折出售,即按原标价的 80% 出售. 有关关系式:商品售价 = 商品标价 × 折扣率

(7)商品利润 = 商品售价—商品进价 = 商品标价 × 折扣率—商品进价

例 5. 工艺商场按标价销售某种工艺品时,每件可获利 45 元;按标价的八五折销售该工艺品 8 件与将标价降低 35 元销售该工艺品 12 件所获利润相等. 该工艺品每件的进价、标价分别

是多少元？

解：设该工艺品每件的进价是 x 元，标价是 $(45+x)$ 元. 依题意，得：

$8(45+x)\times0.85-8x=(45+x-35)\times12-12x$

$(360+8x)\times0.85-8x=120$

$306+6.8x-8x=120$

$-1.2x=-186x=155$

答：进价 155 元，标价 200 元.

练习

工艺商场按标价 25 元销售某种工艺品，进价为 15 元，由于商场装修现甩卖，请问售出全部 100 件商品售出后，少获利 500 元，请问商场是以几折销售的？

六、储蓄问题

(1) 顾客存入银行的钱叫做本金，银行付给顾客的酬金叫利息，本金和利息合称本息和，存入银行的时间叫做期数，利息与本金的比叫做利率. 利息的 20% 付利息税

(2) 利息 = 本金 × 利率 × 期数

本息和 = 本金 + 利息

本息 = 本金 × (1 + 利率 × 期数)

利息税 = 利息 × 税率(20%)

纯利息 = 本金 × 利率 × 期数 × (1 − 利息税率)

(3) 利润 $=\dfrac{\text{每个期数内的利息}}{\text{本金}}\times100\%$

例 6. 小刚的爸爸前年买了某公司的二年期债券 4 500 元，今年到期，扣除利息税后(20%)，共得本息和约 4 700 元，问这种债券的年利率是多少(精确到 0.01%)？

解：设这种债券的年利率是 x，根据题意有

$$4\,500+4\,500\times2\times x\times(1-20\%)=4\,700$$

$$x=0.027\,777=0.03$$

练习

小刚的爸爸两年前买了 3 000 元某公司的二年期债券，年利率为 4%，今年到期，小刚爸爸能收到多少钱呢？

七、数字问题

(1)要搞清楚数的表示方法:一般可设个位数字为 a,十位数字为 b,百位数字为 c.

十位数可表示为 $10b+a$,百位数可表示为 $100c+10b+a$.然后抓住数字间或新数、原数之间的关系找等量关系列方程(其中 a、b、c 均为整数,且 $1\leqslant a\leqslant 9$,$0\leqslant b\leqslant 9$,$0\leqslant c\leqslant 9$).

(2)数字问题中一些表示:两个连续整数之间的关系,较大的比较小的大 1;偶数用 $2n$ 表示,连续的偶数用 $2n+2$ 或 $2n-2$ 表示;奇数用 $2n+1$ 或 $2n-1$ 表示.

例 7. 一个两位数,十位数和个位数和为 9,个位数比十位数小 3,求这个两位数.

解:设个位数为 x,十位数为 $x+3$,则根据条件列出方程 $x+(x+3)=9$

去括号,得　$x+x+3=9$

合并同类项,得　$2x+3=9$

移项得,$2x=6$

即 $x=3$

因此个位数为 3　十位数为 6　所以两位数字为 63.

练习

一个三位数,百位数是十位数的 2 倍,十位数是个位数的 2 倍,三个数字和为 7,求这个三位数.

我们在解决实际问题时,通过以上各例,我们需要的注意事项如下表.

步骤	注意事项
设未知数	①设未知数,一般是问什么就直接设什么;②若直接设未知数有难度,可间接设未知数;③设未知数时,必须写清楚未知数的单位名称,如"设火车的速度是 x"是不正确的,应该是"设火车的速度是 x 千米/时"
列方程	①列方程的等量关系是否正确; ②方程两边的量所用单位是否统一
解答	求得方程的解必须检验,看是否符合题意,是否使实际问题有意义

小结巩固

一、选择题

1. A、B 两地相距 10km,甲、乙两人分别从 A、B 两地同时出发,同向而行,若甲在乙的后边,当甲追上乙时,下列等式正确的是(　　).

A. 甲走的路程 = 乙走的路程　　B. 甲走的路程 + 乙走的路程 = 10km

C. 甲走的路程 = 乙走的路程 + 10km　　D. 甲走的路程 = 乙走的路程 = 10km

2. 一件工程甲独做要 4 天完成,乙独做要 6 天完成,则两人合做要完成的天数为(　　).

A. 6　　B. 5　　C. 2.4　　D. 2

3. 某项工程,甲单独完成要 45 天,乙单独做要 30 天.若乙先单干 22 天,剩下的由甲去完成.问甲、乙一共用几天可全部完成任务?若设甲、乙共用 x 天可全部完成任务,下列方程符合题意的是(　　).

A. $\frac{x-22}{45}+\frac{22}{30}=1$　　B. $\frac{x+22}{30}+\frac{x}{45}=1$　　C. $\frac{x+22}{45}+\frac{22}{30}=1$　　D. $\frac{x}{30}+\frac{x-22}{45}=1$

4. 某人从家里去上班，每小时行 5 千米，下班按原路返回时，每小时行 4 千米，结果下班返回比上班多花 10 分钟. 设上班所用时间为 t 小时，可列方程为(　　).

A. $5t=4\left(t-\frac{1}{6}\right)$　　B. $5t=4\left(t+\frac{1}{6}\right)$　　C. $5\left(t-\frac{1}{6}\right)=4t$　　D. $5\left(t+\frac{1}{6}\right)=4t$

5. 一船由甲地开往乙地，顺水航行要 4 小时，逆水航行比顺水航行多用 40 分钟，已知船在静水中走 16 千米/时，求水流速度. 解题时，若设水流速度为 x 千米/时，那么下列方程中正确的是(　　).

A. $4\times(16+x)=\left(4+\frac{2}{3}\right)\times(16-x)$　　B. $4\times16=\left(4+\frac{2}{3}\right)\times(16-x)$

C. $4\times(16+x)=\left(4+\frac{2}{3}\right)\times(16-x)$　　D. $4\times(16+x)=\left(4+\frac{2}{3}\right)\times16$

6. 数学竞赛共有 20 道题，答对一题得 5 分，不答或答错一题扣 3 分，问要得到 84 分需答对几道题？设答对 x 道题，可得(　　).

A. $5x-3(20-x)=84$　　B. $100-3(20-x)=84$

C. $5x-6(20-x)=84$　　D. $100+5x-3(20-x)=84$

7. 某种商品的零售价为每件 900 元，为了适应市场竞争，商店按零售价的九折优惠后，再让利 40 元销售，仍可获利 10%，这种商品的进价为多少元？设这种商品的进货价为 x 元，可列(　　).

A. $900\times90\%-x=(1+10\%)x$　　B. $900\times90\%+40-x=(1+10\%)x$

C. $900\times90\%-40-x=(1+10\%)x$　　D. $900\times90\%-40=(1+10\%)x$

8. 小张和小李骑自行车从 A 地出发到 B 地，A、B 两地相距 100 千米，如小张以 12 千米/时的速度先出发，1 小时后，小李以 15 千米/时的速度追上去，则小李追上小张要(　　).

A. $\frac{5}{4}$小时　　B. $\frac{5}{2}$小时　　C. 4 小时　　D. 5 小时

9. 一种商品进价为每件 a 元，按进价增加 25% 出售，后因库存积压降价，按售价的九折出售，每件还能盈利(　　).

A. $0.125a$ 元　　B. $0.15a$ 元　　C. $0.25a$ 元　　D. $1.25a$ 元

10. 某专卖店在统计 2003 年第一季度的销售额时发现，二月份比一月份增加 10%，三月份比二月份减少 10%，那么三月份比一月份(　　).

A. 增加 10%　　B. 减少 10%　　C. 不增不减　　D. 减少 1%

11. 有若干本连环画册分给小朋友，每人 8 本，则余 14 本；每人 9 本，则最后一个人得 6 本，问有(　　)个小朋友分这批书.

A. 17　　B. 18　　C. 19　　D. 20

12. 某市举行的青年歌手大奖赛，今年共有 a 人参加，参赛的人数比去年增加了 20% 还多 3 人，设去年参赛的人数为 x 人，则 x 为(　　).

A. $\frac{a+3}{1+20\%}$　　B. $(1+20\%)a+3$

C. $\frac{a-3}{1+20\%}$　　D. $\frac{a-3}{1+20\%}$

13. 一个五位数，前三位数为 a，后两位数为 b，如果把后两位数 b 放前三位数 a 前面，组成一个新的五位数，则这个新五位数为(　　).

A. $b+a$　　B. $100a+b$　　C. $100b+\frac{a}{100}$　　D. $1\,000b+a$

14. 某商人在一次买卖中均以 120 元卖出两件衣服，一件赚 25%，一件赔 25%，在这次买卖中，该商人(　　).

A. 赚了 16 元　　B. 赔了 16 元　　C. 不赚不赔　　D. 无法确定

15. 某工人原计划每天生产 a 个零件，现在实际每天多生产 b 个零件，则生产 m 个零件提前的天数为(　　).

A. $\frac{m}{a}-\frac{m}{b}$　　B. $\frac{m}{a}-\frac{m}{a+b}$　　C. $\frac{m}{a+b}$　　D. $\frac{m}{a+b}-\frac{m}{a}$

二、填空题

1. A, B 两地相距 480 千米. 一列慢车从 A 地开出，每小时走 60 千米，一列快车从 B 地开出，每小时走 65 千米.

(1) 两车同时开出，相向而行，x 小时相遇，则可列方程为________.

(2) 两车同时开出，相背而行，x 小时之后，两车相距 620 千米，则可列方程为________.

(3) 慢车先开出 1 小时，相向而行，快车开出 x 小时相遇，则可列方程为________.

(4) 若两车同时开出，同向而行，快车在慢车后面，x 小时后快车追上慢车，可列方程为________.

(5) 若两车同时开出，慢车在快车后面，同向而行，x 小时后快车与慢车相距 640 千米，则可列方程为________.

2. 一架飞机飞行在两个城市之间，顺风要 2 小时 45 分，逆风要 3 小时，已知风速是20 千米/时，则两城市间距离为________.

3. 某城举行自行车环城赛，最快的人在开始后 45 分钟遇到最慢的人，已知最慢的人的速度是 x 千米/时，是最快的人速度的 $\frac{5}{7}$，环城一周是 6 千米，由此可知最慢人的速度是________千米/时.

4. 甲、乙两人同向环湖竞走，环湖一周是 400 米，乙每分钟走 80 米，甲的速度是乙的$1\frac{1}{4}$倍，现在甲在乙的前面 100 米，设 x 分钟后，他们第一次相遇，那么可列出的方程为________.

5. 甲、乙两人在一条长 400 米的环形跑道上从同一起点开始跑步，甲比乙跑得快. 如同向跑，则他们每隔 3 分 20 秒相遇一次；如反向跑，则他们每隔 40 秒钟相会一次. 设甲的速度是 x 米/秒，则乙的速度是________米/秒，他们反向跑时相等关系为________，所列方程为________.

6. 一辆翻斗车向工地运送一堆石子，第一天运了这堆石子的 $\frac{1}{3}$ 还多 2 吨，第二天运了剩下 $\frac{1}{2}$ 的少 1 吨，这时还剩下 38 吨石子没运完，这堆石子原有________吨.

7. 若干本书分给某班同学，如果每人 6 本，则余 18 本；如果每人 7 本，则缺 24 本，这个班的同学有________人，书有________本.

8. 数学课外活动小组的女同学原来占全组人数的 $\frac{1}{3}$，加入了 6 名女同学后，就占全组人数的一半，课外活动小组原来有________名同学.

9. 甲组有 37 人，乙组有 23 人，现在要从甲、乙两组调出相同数量的人去做其他的工作，若使甲组剩下的人数为乙组剩下的人数的 2 倍，则要从甲、乙组各调出________人.

10. 一项工程甲队单独做 10 天可以完成，乙队单独做 15 天可以完成，两队合作 x 天可以完成. 列方程是________.

11. 某企业原来管理人员与营销人员人数之比为 3∶2，总人数为 180 人，为了扩大市场，应从管理人员中抽调________人参加营销工作，就能使营销人员人数是管理人员人数的 2 倍.

12. 一种商品，每件成本 a 元，按成本增加 22% 定出价格，则每件价格是________元，后来因库存积压，准备降价，按价格的85%出售，则此时售价是________元，每件还能盈利________元.

13. 有一旅客携带了30公斤行李从南京乘飞机去天津，按照民航的规定，旅客最多可免费携带20公斤的行李，超重部分则每公斤按飞机票价格的0.15%购买行李票，现该旅客购买了12元的行李票，则他的飞机票价格是________元.

14. 国家规定存款利息的纳税办法是：利息税 = 利息 ×20%，银行一年定期储蓄的年利率为2.25%. 现在小王取出一年到期的本金和利息时，交纳了利息税4.5元，则小王一年前存入银行的钱为________.

15. 甲、乙两人在环形跑道上赛跑，已知甲3分钟跑一圈，乙6分钟跑一圈，则甲、乙在同一地点背向而行，过________分钟两人相遇.

三、解答题

1. 某种商品因换季打折出售，如果按定价的七五折出售将赔25元；而按定价的九折出售将赚20元. 问这种商品的定价为多少元？

2. 某商店为了促销 A 牌高级洗衣机，规定在元旦那天购买该机可以分两期付款，在购买时先付一笔款，余下部分及它的利息（年利率为5.6%）在明年的元旦付清，该洗衣机售价是每台8224元，若两次付款相同，问每次应付款多少元？

3. 工厂甲、乙两车间去年计划共完成税利720万元，结果甲车间完成了计划的115%，乙车间完成了计划的110%，两车间共完成税利812万元，求去年两个车间各超额完成税利多少万元？

4. 一辆汽车用40千米/时的速度由甲地驶向乙地，车行3小时后，因遇雨平均速度被迫每小时减少10千米，结果到达乙地时比预计的时间晚了45分钟，求甲、乙两地间的距离.

5. 甲、乙两人合办一小型服装厂，并协议按照投资额的比例多少分配所得利润，已知甲与乙投资比例为3∶4，第一年共获利30 800元，问甲、乙两人可获利润多少元？

6. 有人问老师班级有多少名学生时，老师说："一半学生在学数学，四分之一学生在学音乐，七分之一的学生在读外语，还剩六名学生在操场踢球."你知道这个班有多少名学生吗？

7. 某人 10 时 10 分离家去赶 11 时整的火车，已知他家离车站 10 千米，他离家后先以 3 千米/时的速度走了 5 分钟，然后乘公共汽车去车站，问公共汽车每小时至少走多少千米才能不误火车？

8. 某市居民生活用电基本价格是每度 0.40 元，若每月用电量超过 a 度，超出部分按基本电价的 70% 收费.

(1) 某户五月份用电 84 度，共交电费 30.72 元，求 a；

(2) 若该户六月份的电费平均为每度 0.36 元，求六月份共用电多少度？应交电费多少元？

9. 为了鼓励节约用水，市政府对自来水的收费标准作如下规定：每月每户不超过 10 吨部分，按 0.45 元/吨收费；超过 10 吨而不超过 20 吨部分，按 0.80 元/吨收费；超过 20 吨部分，按 1.5 元/吨收费. 现已知李老师家六月份缴水费 14 元，问李老师家六月份用水多少吨？

10. 一支自行车队进行训练，训练时所有队员都以 35 千米/时的速度前进. 突然，有一名队员以 45 千米/时的速度独自行进，行进 10 千米后调转车头，仍以 45 千米/时的速度往回骑，直到与其他队员会合. 你知道这名队员从离队到与队员重新会合，经过了多长时间吗？

11. 有 8 名同学分别乘两辆轿车赶往火车站，其中一辆轿车在距离火车站 15 千米时出现故障，此时离火车停止检票时间还有 42 分，这时唯一可以利用的交通工具只有一辆轿车，连司机在内限乘 5 人，这辆小轿车的平均速度为 60 千米/时. 这 8 名同学都能赶上火车吗？

12. 一家庭(父亲、母亲和孩子们)去某地旅游. 甲旅行社说:“如父亲买全票一张,其余人可享受半价优惠.”乙旅行社说:“家庭旅行算集体票,按原价的优惠.”这两家旅行社的原价相同. 你知道哪家旅行社更优惠吗?

13. 我国从 1999 年 11 月 1 日开始对储蓄存款利息征收个人所得税,但教育储蓄和购买国库券暂不征收利息税. 教育储蓄规定定期 1 年利率为 2.25%,三年利率为 2.70%,六年利率为 2.88%. 为了准备小明六年后上大学的学费 5 000 元,他的父母现在就参加了教育储蓄,有两种方案:(1)定期 6 年;(2)定期存 3 年,然后将本息和再转存 3 年定期. 请你帮助选择一种合适的方案(可借助于计算器).

14. 某公司到果园基地购买某种优质水果,慰问医务工作者. 果园基地对购买 3 000 千克以上(含 3 000 千克)的有两种销售方案,甲方案:每千克 9 元,由基地送货上门;乙方案:每千克 8 元,由顾客自己租车运回. 已知该公司租车从基地到公司的运费为 5 000 元. 问选择哪种购买方案付款较少? 并说明理由.

15. A、B 两地相距 60 千米,甲、乙两人分别从 A、B 两地骑车出发,相向而行,甲比乙迟出发 20 分钟,每小时比乙多行 3 千米,在甲出发后 1 小时 40 分钟,两人相遇. 问甲、乙两人每小时各行多少千米?

16. 一支队伍长 450 米,以每分钟 90 米的速度前进,某人从排尾到排头取东西后立即返回排尾,他的速度是每秒 3 米,求此人往返共需多少时间?

17. 甲、乙两车站相距 192 公里,一列快车和一列慢车同时分别从甲、乙两站出发,快车每小时行 72 公里,慢车每小时行 48 公里.

(1)如果两车相向而行,那么出发后几小时两车相遇?

(2)如果两车同向而行,快车在慢车的后面,几小时后,快车追上慢车?

(3) 如果两车都从甲站开往乙站，慢车先出发 $1\frac{1}{4}$ 小时，那么快车追上慢车时，离乙站还有多远？

18. 一列火车匀速前进，从它进入 300 米长的隧道到完全通过隧道经历了 20 秒，隧道顶部一盏固定的灯光，在列车上照了 10 秒钟，求火车车身长.

19. 一旅客坐在时速 40 千米的客车上，他看见迎面开来的火车，用了 3 秒钟的时间从他窗前驶过，已知迎面火车长为 75 米，求火车速度.

20. 在甲处工作的有 31 人，在乙处工作的有 20 人，现在调来 18 人分别派往甲、乙两处，使在甲处工作的人数是乙处的两倍，应往甲、乙两处各派去多少人？

21. 某工人原计划用 26 天生产一批零件，工作 2 天后，因改变了操作方法，每天比原来多生产 5 个零件，结果提前 4 天完成任务，问原来每天生产多少个零件，这批零件有多少个？

22. 在一条长河中有甲、乙两船，现同时由 A 顺流而下，乙船到 B 时接到通知要立即返回到 C 执行公务，甲船继续顺流航行. 已知甲、乙两船在静水中的速度都是 7.5 千米/时，水流速度是 2.5 千米/时. A，C 间距离为 10 千米，如果乙船由 A 经 B 再到达 C 共用 4 小时，问乙船从 B 到达 C 甲船驶离 B 多远？

3.2 二元一次方程组

3.2.1 二元一次方程及二元一次方程组的有关概念

引入：

我们来看一个问题，篮球联赛中，每场比赛都要分出胜负，每队胜1场得2分，负1场得1分，某队为了争取较好名次，想在全部22场比赛中得40分，那么这个队胜负场数应该分别是多少？

这个问题，要求是两个未知数，如果用一元一次方程解决，要稍加思索，因为在列方程时要用到一个未知数表示另一个未知数，能不能根据题意直接设两个未知数，使得列方程变得容易呢？我们就从这个角度出发来学习本节内容.

由问题知道，题中包含两个必须同时满足的条件：

胜的场数 + 负的场数 = 总场数

胜的积分 + 负的积分 = 总积分

这个条件我们就可以列出如下方程

$$x+y=22 \quad 2x+y=40$$

一般的，含有两个未知数（x 和 y），并且含有未知数的项的次数都是1，像这样的方程叫作二元一次方程.

例1. 已知下列方程，其中是二元一次方程的有________.

(1)$2x-5=y$；(2)$x-1=4$；(3)$xy=3$；(4)$x+y=6$；(5)$2x-4y=7$；

(6)$x+\frac{1}{2}=0$；(7)$5x+\frac{2}{y}=1$；(8)$x+\frac{1}{2}y=3$；(9)$x^2-8y=0$；(10)$\frac{x+4y}{2}=6$.

解：只有(1)(4)(5)(8)(10)满足二元一次方程的概念.(2)为一元一次方程，方程中只含有一个未知数；(3)中含未知数的项的次数为2；(6)只含有一个未知数；(7)不是整式方程；(9)中未知数 x 的次数为2.所以结果为(1)(4)(5)(8)(10).

注意： 二元一次方程必须同时满足三个条件.

(1)在方程中"元"是指未知数，"二元"就是指方程中有且只有两个未知数.

(2)"未知数的次数为1"是指含有未知数的项（单项式）的次数是1.

(3)二元一次方程的左边和右边都必须是整式.

练习

下列方程中，属于二元一次方程的有（　　）.

A. $xy-7=1$　　B. $2x-1=3y+1$　　C. $4x-5y=3x-5y$　　D. $3x-\frac{2}{y}=1$

二元一次方程的解：一般使二元一次方程两边的值相等的两个未知数的值，叫做二元一次方程的一组解.

例2. 二元一次方程 $x-2y=1$ 有无数多个解，下列四组值中不是该方程解的是（　　）.

A. $\begin{cases}x=0\\y=-\frac{1}{2}\end{cases}$　　B. $\begin{cases}x=1\\y=1\end{cases}$　　C. $\begin{cases}x=1\\y=0\end{cases}$　　D. $\begin{cases}x=-1\\y=-1\end{cases}$

解：当 $x=0, y=-\frac{1}{2}$ 时，$x-2y=1$，故 A 是原方程的解.

当 $x=1, y=1$ 时，$x-2y=-1$，故 B 不是原方程的解.

当 $x=1, y=0$ 时，$x-2y=1$，故 C 是原方程的解.

当 $x=-1, y=-1$ 时，$x-2y=1$，故 D 是原方程的解.

例 3. 已知二元一次方程 $\frac{x}{4}+\frac{3}{2}y=1$.

(1)用含有 x 的代数式表示 y；

(2)用含有 y 的代数式表示 x；

(3)用适当的数填空，使 $\begin{cases} x=-2 \\ y=\_\_\_\_\_\_ \end{cases}$ 是方程的解.

解：用含一个未知数的代数式表示另一个未知数，就是把要表示的未知数当未知数，把其他的未知数当已知数，然后再将方程变形.

(1)将方程变形为 $3y=2-\frac{x}{2}$，化 y 的系数为 1，得 $y=\frac{2}{3}-\frac{x}{6}$.

(2)将方程变形为 $\frac{x}{2}=2-3y$，化 x 的系数为 1，得 $x=4-6y$.

(3)把 $x=-2$ 代入 $y=\frac{2}{3}-\frac{x}{6}$ 得，$y=1$.

注意：

1. 二元一次方程的解都是一对数值，而不是一个数值，一般用大括号联立起来，如：$\begin{cases} x=2 \\ y=5 \end{cases}$.
2. 一般情况下，二元一次方程有无数个解，即有无数多对数适合这个二元一次方程.

练习

1. 若方程 $ax-2y=4$ 的一个解是 $\begin{cases} x=2 \\ y=1 \end{cases}$，则 $a=$________.
2. 已知：$2x+3y=7$，用关于 y 的代数式表示 x，用关于 x 的代数式表示 y.

我们在解决节前的问题时，不是单单的解决一个式子的值，而是两个条件同时满足，因此我们需要对两个式子进行联立，即

$$\begin{cases} x+y=22 \\ 2x+y=40 \end{cases}$$

一般的，有两个未知数，含有每个未知数的项的次数都是 1，并且一共有两个方程，像这样的方程组叫做二元一次方程组.

例 4. 下列方程组中，是二元一次方程组的是(　　).

A. $\begin{cases} 2x^2+3y=7 \\ 5(x+9)=1-y \end{cases}$

B. $\begin{cases} 3\frac{1}{x}-y^2=8 \\ 2x-3=7y \end{cases}$

C. $\begin{cases} x=13z+5(x-y) \\ 2x-3z=7y \end{cases}$

D. $\begin{cases} 5(x-y)+(x+y)=8 \\ 2x=3(y-1)+7 \end{cases}$

解：A，B 中未知数的次数高于或低于一次，而 C 中出现三个未知数，只有 D 选项满足题意，故正确答案为 D.

注意：常见形式有以下几种：

①两个二元一次方程和在一起组成的方程组$\begin{cases}3x+y=2\\x-y=3\end{cases}$

②一个一元一次方程和一个二元一次方程组成的方程组. 例如$\begin{cases}3x+1=0\\x-2y=5\end{cases}$

③两个含有不同未知数的一元一次方程组成方程组$\begin{cases}3x+1=2\\2y-1=3\end{cases}$

练习

下列方程组中，是二元一次方程组的是(　　).

A. $\begin{cases}x+y=4\\\dfrac{1}{x}+\dfrac{1}{y}=9\end{cases}$　B. $\begin{cases}x+y=5\\y+z=7\end{cases}$　C. $\begin{cases}x=1\\3x-2y=6\end{cases}$　D. $\begin{cases}x-y=xy\\x-y=1\end{cases}$

二元一次方程组的解：一般二元一次方程组的两个方程的公共解，叫做二元一次方程组的解.

例 5. 判断下列各组数是否是二元一次方程组$\begin{cases}4x+2y=2 & ①\\x+y=-1 & ②\end{cases}$的解.

(1)$\begin{cases}x=3\\y=-5\end{cases}$　(2)$\begin{cases}x=-2\\y=1\end{cases}$

解：(1)把$\begin{cases}x=3\\y=-5\end{cases}$代入方程①中，左边 $=2$，右边 $=2$，所以$\begin{cases}x=3\\y=-5\end{cases}$是方程①的解.

把 $x=3$，$y=-5$ 代入方程②中，左边 $=3+(-5)=-2$，右边 $=-1$，左边 $\neq$ 右边，所以$\begin{cases}x=3\\y=-5\end{cases}$不是方程②的解.

所以$\begin{cases}x=3\\y=-5\end{cases}$不是方程组的解.

(2)把$\begin{cases}x=-2\\y=1\end{cases}$代入方程①中，左边 $=-6$，右边 $=2$，所以左边 $\neq$ 右边，所以$\begin{cases}x=-2\\y=1\end{cases}$不是方程①的解，

再把$\begin{cases}x=-2\\y=1\end{cases}$代入方程②中，左边 $=x+y=-1$，右边 $=-1$，左边 $=$ 右边，所以$\begin{cases}x=-2\\y=1\end{cases}$是方程②的解，但由于它不是方程①的解，所以它也不是方程组的解.

注意：

(1)二元一次方程组的解是一组数对，它必须同时满足方程组中的每一个方程，一般写成$\begin{cases}x=a\\y=b\end{cases}$的形式.

(2)一般二元一次方程组的解只有一个，但也有特殊情况，如方程组$\begin{cases}2x+y=5\\2x+y=6\end{cases}$无解，而方程组$\begin{cases}x+y=-1\\2x+2y=-2\end{cases}$的解有无数个.

练习

写出解为$\begin{cases}x=1\\y=-2\end{cases}$的二元一次方程组.

小结巩固

一、选择题

1. 任何一个二元一次方程都有(　　).

A. 一个解　　B. 两个解　　C. 三个解　　D. 无数多个解

2. 下列方程组中,是二元一次方程组的是(　　).

A. $\begin{cases}x+y=4\\\frac{1}{x}+\frac{1}{y}=9\end{cases}$　　B. $\begin{cases}x+y=5\\y+z=7\end{cases}$　　C. $\begin{cases}x=1\\3x-2y=6\end{cases}$　　D. $\begin{cases}x-y=xy\\x-y=1\end{cases}$

3. 在下列方程中,只有一个解的是(　　).

A. $\begin{cases}x+y=1\\3x+3y=0\end{cases}$　　B. $\begin{cases}x+y=0\\3x+3y=-2\end{cases}$　　C. $\begin{cases}x+y=1\\3x-3y=4\end{cases}$　　D. $\begin{cases}x+y=1\\3x+3y=3\end{cases}$

4. 下列方程组中,是二元一次方程组的是(　　).

A. $\begin{cases}x+y=4\\2x+3y=7\end{cases}$　　B. $\begin{cases}2a-3b=11\\5b-4c=6\end{cases}$　　C. $\begin{cases}x^2=9\\y=2x\end{cases}$　　D. $\begin{cases}x+y=8\\x^2-y=4\end{cases}$

5. 一个两位数,它的个位数字与十位数字之和为6,那么符合条件的两位数的个数有(　　).

A. 5 个　　B. 6 个　　C. 7 个　　D. 8 个

6. 下列方程中,是二元一次方程的是(　　).

A. $3x-2y=4z$　　B. $6xy+9=0$　　C. $\frac{1}{x}+4y=6$　　D. $4x=\frac{y-2}{4}$

7. 方程 $y=1-x$ 与 $3x+2y=5$ 的公共解是(　　).

A. $\begin{cases}x=3\\y=2\end{cases}$　　B. $\begin{cases}x=-3\\y=4\end{cases}$　　C. $\begin{cases}x=3\\y=-2\end{cases}$　　D. $\begin{cases}x=-3\\y=-2\end{cases}$

8. 下列各式,属于二元一次方程的个数有(　　).

①$xy+2x-y=7$;　②$4x+1=x-y$;　③$\frac{1}{x}+y=5$;　④$x=y$;　⑤$x^2-y^2=2$;

⑥$6x-2y$;　⑦$x+y+z=1$;　⑧$y(y-1)=2y^2-y^2+x$.

A. 1　　B. 2　　C. 3　　D. 4

9. 某年级学生共有 246 人,其中男生人数 y 比女生人数 x 的 2 倍少 2 人,则下面所列的方程组中符合题意的有(　　).

A. $\begin{cases}x+y=246\\2y=x-2\end{cases}$　　B. $\begin{cases}x+y=246\\2x=y+2\end{cases}$　　C. $\begin{cases}x+y=216\\y=2x+2\end{cases}$　　D. $\begin{cases}x+y=246\\2y=x+2\end{cases}$

10. 若 x、y 均为非负数，则方程 $6x=-7y$ 的解的情况是（　　）.

A. 无解　　B. 有唯一一个解　　C. 有无数多个解　　D. 不能确定

二、判断题

1. 由两个二元一次方程组成方程组一定是二元一次方程组（　　）.

2. $\begin{cases}x=2\\y=-\frac{1}{3}\end{cases}$是方程组$\begin{cases}\frac{x}{3}-\frac{y}{2}=\frac{5}{6}\\\frac{x}{2}-\frac{y}{3}=\frac{10}{9}\end{cases}$的解（　　）.

3. 在方程 $4x-3y=7$，如果用 x 的代数式表示 y，则 $x=\frac{7+3y}{4}$（　　）.

4. 若 $(a^2-1)x^2+(a-1)x+(2a-3)y=0$ 是二元一次方程，则 a 的值为 ±1（　　）.

三、填空题

1. 方程 $2x+3y=10$ 中，当 $3x-6=0$ 时，$y=$________；

2. 在方程 $3x+4y=16$ 中，当 $x=3$ 时，$y=$________，当 $y=-2$ 时，$x=$________；若 x、y 都是正整数，那么这个方程的解为________；

3. 如果 $0.4x-0.5y=1.2$，那么用含有 y 的代数式表示的代数式是________；

4. 已知方程 $2x+3y-4=0$，用含 x 的代数式表示 y，$y=$________；用含 y 的代数式表示 x，$x=$________.

5. 在二元一次方程 $-\frac{1}{2}x+3y=2$ 中，当 $x=4$ 时，$y=$________；当 $y=-1$ 时，$x=$________.

6. 若 $x^{3m}-3-2y^n-1=5$ 是二元一次方程，则 $m=$________，$n=$________.

7. 已知$\begin{cases}x=-2\\y=3\end{cases}$是方程 $x-ky=1$ 的解，那么 $k=$________.

3.2.2 二元一次方程组的解法

引入：

我们在解决篮球问题的时候列出来如下方程组，

$$\begin{cases}x+y=22\\2x+y=40\end{cases}$$

现在的问题就变成了，我们如何来解决二元一次方程组.

一、二元一次方程的解和二元一次方程组的解

一般使二元一次方程两边的值相等的两个未知数的值，叫做二元一次方程的解.

注意：①在二元一次方程中，给定其中一个未知数的值，就可以求出另一个未知数的值；②一般情况下，二元一次方程有无数个解，但并不是说任何一对数值都是他的解.

二元一次方程组的解，一般二元一次方程组的两个方程的公共解叫做二元一次方程组的解.

注意：①二元一次方程组的解是方程组中每个方程的解②二元一次方程组的解一般情况下，是唯一的，但是有的方程组有无数多个解或者是无解. $\begin{cases}x+2y=3\\2x+4y=6\end{cases}$有无数多个解$\begin{cases}x+2y=3\\2x+4y=5\end{cases}$无解.

二、二元一次方程组的解法

二元一次方程组中有两个未知数,如果消去其中的一个未知数,那么就把二元一次方程组化成为我们熟悉的一元一次方程,我们可以先求出一个未知数,然后再求另一个未知数,这种将未知数的个数由多化少逐一解决的思想叫做消元思想.

(一)代入消元法

把二元一次方程组中,一个方程的一个未知数用含另一个未知数的式子表示出来,再带入另一个方程,实现消元,进而求得这个二元一次方程组的解,这种方法叫做代入消元法,简称代入法,其一般步骤如下.

步骤	名称	具体做法	目的	注意
1	变形	用含一个未知数的式子表示另一个未知数	变形为 $y=ax+b(x=ay+b)$	选系数简单的方程变形
2	代入	把 $y=ax+b(x=ay+b)$ 代入另一个没有变形的方程中	消去一个未知数,将二元一次方程组转化为一元一次方程	代入时要"只代不算"
3	解	解代入后的一元一次方程	求出一个未知数	去括号时不要漏乘,移项时要变号
4	回代	把求得的未知数的值代入变形后的方程中	求出另一个未知数	一般代入变形后的方程
5	写结果	把两个未知数的值用大括号联立起来	表示出解	

例 1. 解方程组 $\begin{cases}2x+3y=8 & ①\\3x-5y=5 & ②\end{cases}$

解:由①得 $x=\dfrac{8-3y}{2}$　③;

把③代入②得 $3\times\dfrac{8-3y}{2}-5y=5$;

去分母得 $24-9y-10y=10$;

解之得

再由 $y=\dfrac{14}{19}$代入式中　得 $x=\dfrac{55}{19}$.

练习

1. 方程 $-x+4y=-15$ 用含 y 的代数式表示,x 是(　　).

A. $-x=4y-15$　　B. $x=-15+4y$

C. $x=4y+15$　　D. $x=-4y+15$

2. 把方程 $7x-2y=15$ 写成用含 x 的代数式表示 y 的形式,得(　　).

A. $x=\dfrac{2x-15}{7}$　　B. $x=\dfrac{15x-2y}{7}$　　C. $y=\dfrac{7x-15}{2}$　　D. $y=\dfrac{15-7x}{2}$

3. 用代入法解方程组$\begin{cases}2x+5y=-21\\x+3y=8\end{cases}$较为简便的方法是(　　).

A. 先把①变形　　B. 先把②变形

C. 可先把①变形,也可先把②变形　　D. 把①、②同时变形

(二)加减消元法

当二元一次方程组的两个方程中,同一个未知数的系数相等或互为相反数时,把这两个方程的两边分别相加或相减,就能消去这个未知数,得到一个一元一次方程,这种方法叫做加减消元法,简称加减法,其一般步骤如下:

步骤	名称	具体做法	目的	注意
1	变形	根据绝对值较小的未知数(同一个未知数)的系数的最小公倍数,用适当的数去乘方程的两边	是两个方程中某一个未知数的系数相等或互为相反数	①选准消元对象,当某个未知数的系数相等或互为相反数或有倍数关系时,选择消去该元较简单 ②方程两边同乘某个数时不要漏乘
2	加减	当同一个未知数的系数相同时,将两个方程相减,当同一个未知数的系数互为相反数时,将两个方程相加	消去一个未知数,将二元一次方程组转化为一元一次方程	尽量避免出现未知数的系数为负数的情况
3	解	解消元后得到的一元一次方程	求出一个未知数	
4	回代	把求得的未知数的值代入方程组中的某个系数较简单的方程中	求出另一个未知数	求另一个未知数时,选择系数较为简单的方程
5	写结果	把两个未知数的值用大括号联立起来	表示出解	

例 2. 对于方程组,

$$\begin{cases}x+y=20 & ①\\2x+y=40 & ②\end{cases}$$

解:② − ①得,$(2x+y)-(x+y)=40-22$　即 $x=18$,

把 $x=18$ 代入①得 $y=4$

所以$\begin{cases}x=18,\\y=4.\end{cases}$

练习

1. 方程组$\begin{cases}2m+3n=1\\5m+3n=4\end{cases}$中,$n$ 的系数的特点是________,所以我们只要将两式________,就可以消去未知数,化成一个一元一次方程,达到消元的目的.

2. 用加减法解$\begin{cases}3x+4y=1\\2x-3y=6\end{cases}$时,将方程①两边乘以________,把方程②两边乘以________,可以比较简便地消去未知数________.

3. 用加减法解方程组$\begin{cases}3x+2y=6\\2x+3y=1\end{cases}$时，要使方程中同一个未知数的系数相等或互为相反数，必须适当变形，以下四种变形正确的是(　　).

(1)$\begin{cases}9x+6y=6\\4x+6y=2\end{cases}$　(2)$\begin{cases}9x+6y=18\\4x-6y=2\end{cases}$　(3)$\begin{cases}9x+6y=18\\4x+6y=2\end{cases}$　(4)$\begin{cases}6x+4y=12\\6x+9y=3\end{cases}$

A. (1)(2)　　B. (2)(3)　　C. (3)(4)　　D. (4)(1)

4. 对于方程组$\begin{cases}2x-3y=5\\3x+4y=33\end{cases}$而言，你能设法让两个方程中 x 的系数相等吗？你的方法是____________；若让两个方程中 y 的系数互为相反数，你的方法是________________.

5. 用加减消元法解方程组$\begin{cases}2x-3y=5 & ①\\x=3x+7 & ②\end{cases}$正确的方法是(　　).

A. ①+②得 $2x=5$　　B. ①+②得 $3x=12$

C. ①+②得 $3x+7=5$　　D. ①−②得 $x=-2$

小结巩固

一、选择题

1. 已知方程组$\begin{cases}ax-by=4,\\ax+by=2\end{cases}$的解为$\begin{cases}x=2\\y=1\end{cases}$，则 $2a-3b$ 的值为(　　).

A. 6　　B. 4　　C. −4　　D. −6

2. 如果方程组$\begin{cases}3x+2y=6,\\3x-2y=2\end{cases}$的解也是方程 $4x+2a+y=0$ 的解，则 a 的值是(　　).

A. $-\frac{91}{3}$　　B. $-\frac{19}{6}$　　C. −2　　D. 2

二、填空题

1. 已知$\begin{cases}2x+y=7\\x+2y=8\end{cases}$，则 $x-y=$________，$x+y=$________.

2. 在等式 3×□−2×□=15 的两个方格内分别填入一个数，假定两个数互为相反数且等式成立，则第一个方格内的数是________.

3. 如果单项式 $2a^{m+2n}b^{n-2m+2}$ 与 a^5b^7 的和仍为一个单项式，则 m 的值为________.

三、计算题

1. 用代入消元法解下列方程组.

(1)$\begin{cases}3x+2y=5 & ①\\y=1-x & ②\end{cases}$　　(2)$\begin{cases}2x+3y=-1 & ①\\4x-y=5 & ②\end{cases}$

2. 用加减消元法解下列方程组.

(1)$\begin{cases}3x-y=5 & ①\\5x+2y=23 & ②\end{cases}$　　(2)$\begin{cases}4x+3y=3 & ①\\3x-2y=15 & ②\end{cases}$

四、解答题

1. 关于 x,y 的方程组 $\begin{cases}3x-y=m,\\5x+2y=m+1\end{cases}$ 的解是否是方程 $2x+3y=1$ 的解？为什么？

2. 已知方程组 $\begin{cases}x-2y=3,\\2x+ky=8\end{cases}$ 的解 x 和 y 的值相等，求 k 的值.

3.2.3 实际问题与二元一次方程组

列二元一次方程组解应用题的分析方法和解题步骤与列一元一次方程解应用题类似，一般可按如下步骤进行，

实际问题 ⟶ 二元一次方程 ⟶ 二元一次方程的解 ⟶ 实际问题答案

（设未知数，列方程）　（解方程）　（检验）

具体过程一般包括审、设、找、列、解、答等步骤.

审：审题分析题目中已知什么，求什么，明确各数量之间的关系.

设：其方法通常有两种，第一直接设未知数，第二间接设未知数，并用含有未知数的代数式表示涉及的量.

找：找出能包含未知数的等量关系，一般情况下设几个未知数，就需要找几个等量关系.

列：列方程组，根据给定的相等关系建立方程组.

解：解所列出的方程组，求出未知数的值.

答：检验并作答，所求方程组的解，在正确的基础上还要符合实际意义，并写清单位名称.

列方程组解应用题中常见的类型

一、工程问题

工作效率 × 工作时间 = 工作量

例 1. 一批机器零件共 840 个，如果甲先做 4 天，乙加入合做，那么再做 8 天才能完成；如果乙先做 4 天，甲加入合做，那么再做 9 天才能完成，问：两人每天各做多少个零件？

解：本例由分析知，有两个相等关系：(1) 甲 4 天的工作量 + 甲乙合做 8 天的工作量 = 工作总量；(2) 乙 4 天的工作量 + 甲、乙合做 9 天的工作量 = 工作总量，根据这两个相等关系可列方程求解.

设甲每天做 x 个机器零件，乙每天做 y 个机器零件.

根据题意，得 $\begin{cases}(4+8)x+8y=840\\9x+(4+9)y=840\end{cases}$

解之，得 $\begin{cases}x=50\\y=30\end{cases}$.

答：甲、乙两人每天做机器零件分别为 50 个、30 个.

练习

1. 一家商店要进行装修,若请甲、乙两个装修组同时施工,8 天可以完成,需付两组费用共 3 520元;若先请甲组单独做 6 天,再请乙组单独做 12 天可完成,需付两组费用共 3 480 元,问:(1)甲、乙两组工作一天,商店应各付多少元?(2)已知甲组单独做需 12 天完成,乙组单独做需 24 天完成,单独请哪组,商店所付费用最少?

2. 小明家准备装修一套新住房,若甲、乙两个装饰公司合作 6 周完成需工钱 5. 2 万元;若甲公司单独做 4 周后,剩下的由乙公司来做,还需 9 周完成,需工钱 4. 8 万元. 若只选一个公司单独完成,从节约开支的角度考虑,小明家应选甲公司还是乙公司?请你说明理由.

二、商品销售利润问题

(1)利润 = 售价 − 成本(进价);(2)利润率 $= \dfrac{售价-进价}{进价} \times 100\%$;(3)利润 = 成本(进价) × 利润率;(4)标价 = 成本(进价) ×(1 + 利润率);(5)实际售价 = 标价 × 打折率;打几折就是按标价的十分之几或百分之几十销售(例如八折就是按标价的十分之八即五分之四或者百分之八十).

例 2. 有甲、乙两件商品,甲商品的利润率为 5%,乙商品的利润率为 4%,共可获利 46 元. 价格调整后,甲商品的利润率为 4%,乙商品的利润率为 5%,共可获利 44 元,则两件商品的进价分别是多少元?

解:设甲商品的进价为 x 元,乙商品的进价为 y 元,根据已知条件可得

$$\begin{cases} 0.05x+0.04y=46 \\ 0.04x+0.05y=44 \end{cases}$$

解方程得:$x=600$,$y=400$

所以甲商品的进价为 600 元,乙商品的进价为 400 元.

练习

某商场用 36 万元购进 A、B 两种商品,销售完后共获利 6 万元,其进价和售价如下表:

	A	B
进价(元/件)	1 200	1 000
售价(元/件)	1 380	1 200

注:获利 = 售价 − 进价

求该商场购进 A、B 两种商品各多少件?

三、配套问题

解这类问题的基本等量关系是：总量各部分之间的比例 = 每一套各部分之间的比例.

例 3. 某服装厂生产一批某种款式的秋装，已知每 2 米的某种布料可做上衣的衣身 3 个或衣袖 5 只. 现计划用 132 米这种布料生产这批秋装（不考虑布料的损耗），应分别用多少布料才能使做的衣身和衣袖恰好配套？

解：本题的第一个相等关系比较容易得出：衣身、衣袖所用布料的和为 132 米；第二个相等关系的得出要弄清一整件衣服是怎么样配套的，即衣袖的数量等于衣身的数量的 2 倍（注意：别把 2 倍的关系写反了）.

设用 x 米布料做衣身，用 y 米布料做衣袖才能使衣身和衣袖恰好配套.

根据题意，列方程组得 $\begin{cases} x+y=132 \\ \dfrac{3}{2}x\times 2=\dfrac{5}{2}y \end{cases}$

解方程组得 $\begin{cases} x=60 \\ y=72 \end{cases}$

答：用 60 米布料做衣身，用 72 米布料做衣袖才能使做的衣身和衣袖恰好配套.

练 习

1. 现有 190 张铁皮做盒子，每张铁皮做 8 个盒身或 22 个盒底，一个盒身与两个盒底配成一个完整盒子，问用多少张铁皮制盒身，多少张铁皮制盒底，可以正好制成一批完整的盒子？

2. 某工厂有工人 60 人，生产某种由一个螺栓套两个螺母的配套产品，每人每天生产螺栓 14 个或螺母 20 个，应分配多少人生产螺栓，多少人生产螺母，才能使生产出的螺栓和螺母刚好配套.

3. 一张方桌由 1 个桌面、4 条桌腿组成，如果 1 立方米木料可以做桌面 50 个，或做桌腿 300 条. 现有 5 立方米的木料，那么用多少立方米木料做桌面，用多少立方米木料做桌腿，做出的桌面和桌腿，恰好配成方桌？能配多少张方桌？

四、和差倍分问题

解这类问题的基本等量关系是：较大量 = 较小量 + 多余量，总量 = 倍数 × 倍量.

例 4. 甲乙丙三个工厂共同筹办一所厂校，所出经费不同，其中甲厂出总数的 $\frac{2}{7}$，乙厂出甲丙两厂和的$\frac{1}{2}$,已知丙厂出了16 000元,问这所厂校总经费是多少?甲乙两厂各出多少?

解:题目中的相等关系是:甲厂所出经费 = 总经费 × $\frac{2}{7}$,

乙厂所出经费 =(甲厂所出经费 + 丙厂所出经费)× $\frac{1}{2}$,

设甲厂出 x 元,乙厂出 y 元,由题意得:$\begin{cases} x=\frac{2}{7}(x+y+16\ 000) \\ y=\frac{1}{2}(x+16\ 000) \end{cases}$

$\therefore \begin{cases} 5x-2y=32\ 000 \\ 2y=x+16\ 000 \end{cases}$

$\therefore \begin{cases} x=12\ 000 \\ y=14\ 000 \end{cases}$

$\therefore 12\ 000+14\ 000+16\ 000=42\ 000$(元)

答:总经费为42 000元,甲厂出12 000元,乙厂出14 000元.

练习

1“爱心”帐篷厂和“温暖”帐篷厂原计划每周生产帐篷共9千顶,现某地震灾区急需帐篷14千顶,两厂决定在一周内赶制出这批帐篷. 为此,全体职工加班加点,“爱心”帐篷厂和“温暖”帐篷厂一周内制作的帐篷数分别达到了原来的1.6倍、1.5倍,恰好按时完成了这项任务. 求在赶制帐篷的一周内,“爱心”帐篷厂和“温暖”帐篷厂各生产帐篷多少千顶?

2. “地球一小时”是世界自然基金会在2007年提出的一项倡议. 号召个人、社区、企业和政府在每年3月最后一个星期六20时30分—21时30分熄灯一小时,旨在通过一个人人可为的活动,让全球民众共同携手关注气候变化,倡导低碳生活. 中国内地去年和今年共有119个城市参加了此项活动,且今年参加活动的城市个数比去年的3倍少13个,问中国内地去年、今年分别有多少个城市参加了此项活动.

五、数字问题

解决这类问题,首先要正确掌握自然数、奇数、偶数等有关概念、特征及其表示. 如当 n 为整数时,奇数可表示为 $2n+1$(或 $2n-1$),偶数可表示为 $2n$ 等,有关两位数的基本等量关系式为:两位数 = 十位数字 ×10 + 个位数字

例5. 一个两位数减去它的各位数字之和的3倍,结果是23;这个两位数除以它的各位数字之和,商是5,余数是1,这个两位数是多少?

解:设这个两位数的十位为 x,个位数为 y,根据题意列方程组得:

$$\begin{cases}10x+y-3(x+y)=23\\5(x+y)+1=10x+y\end{cases}$$

解得：$x=5, y=6$　因此这个两位数为 56.

练习

1. 一个两位数，十位上的数字比个位上的数字大 5，如果把十位上的数字与个位上的数字交换位置，那么得到的新两位数比原来的两位数的一半还少 9，求这个两位数？

2. 某三位数，中间数字为 0，其余两个数位上数字之和是 9，如果百位数字减 1，个位数字加 1，则所得新三位数正好是原三位数各位数字的倒序排列，求原三位数.

小结巩固

一、选择题

1. 小锦和小丽购买了价格分别相同的中性笔和笔芯，小锦买了 20 支笔和 2 盒笔芯，用了 56 元；小丽买了 2 支笔和 3 盒笔芯，仅用了 28 元. 设每支中性笔 x 元和每盒笔芯 y 元，根据题意列方程组正确的是(　　).

A. $\begin{cases}2x+20y=56\\2x+3y=28\end{cases}$　B. $\begin{cases}20x+2y=56\\2x+3y=28\end{cases}$　C. $\begin{cases}20x+2y=28\\2x+3y=56\end{cases}$　D. $\begin{cases}2x+2y=28\\20x+3y=56\end{cases}$

2. 春节来临之际，某大型超市开展低价让利促销活动，小红妈妈和小辉妈妈两人趁着促销活动，购买了两个微波炉与一个电暖器，总共花去 1 330 元，已知微波炉的售价比电暖器贵 320 元，则微波炉、电暖器的售价分别是(　　).

A. 550 元、230 元　B. 230 元、550 元　C. 530 元、210 元　D. 210 元、530 元

二、填空题

1. 班上有男女同学 32 人，女生人数的一半比男生总数少 10 人，若设男生人数为 x 人，女生人数为 y 人，则可列方程组为______________.

2. 甲乙两数的和为 10，其差为 2，若设甲数为 x，乙数为 y，则甲、乙两数分别为__________.

三、解答题

1.《一千零一夜》中有这样一段文字：有一群鸽子，其中一部分在树上欢歌，另一部分在地上觅食. 树上的一只鸽子对地上觅食的鸽子说："若从你们中飞上来一只，则树下的鸽子就是整个鸽群的 1/3；若从树上飞下去一只，则树上、树下的鸽子就一样多了."你知道树上、树下各有多少只鸽子吗？

2. 一种饮料大小包装有 3 种,1 个中瓶比 2 小瓶便宜 2 角,1 个大瓶比 1 个中瓶加 1 个小瓶贵 4 角,大、中、小各买 1 瓶,需 9 元 6 角. 3 种包装的饮料每瓶各多少元?

3. 2 辆大卡车和 5 辆小卡车工作 2 小时可运送垃圾 36 吨,3 辆大卡车和 2 辆小卡车工作 5 小时可运输垃圾 80 吨,那么 1 辆大卡车和 1 辆小卡车各运多少吨垃圾?

4. 木工厂有 28 人,2 个工人一天可以加工 3 张桌子,3 个工人一天可加工 10 只椅子,现在如何安排劳动力,使生产的一张桌子与 4 只椅子配套?

5. 一外圆凳由一个凳面和三条腿组成,如果 1 立方米木材可制作 300 条腿或制作凳面 50 个,现有 9 立方米的木材,为充分利用材料,请你设计一下,用多少木材做凳面,用多少木材做凳腿,最多能生产多少张圆凳?

6. 某校体操队和篮球队的人数是 5∶6,排球队的人数比体操队的人数 2 倍少 5 人,篮球队的人数与体操队的人数的 3 倍的和等于 42 人,求三种队各有多少人?

7. 某运输队送一批货物,计划 20 天完成,实际每天多运送 5 吨,结果不但提前 2 天完成任务并多运了 10 吨,求这批货物有多少吨? 原计划每天运输多少吨?

8. 某中学组织七年级同学到长城春游,原计划租用 45 座客车若干辆,但有 15 人没有座位;如果租用 60 座客车,则多出 1 辆,且其余客车恰好坐满,已知 45 座客车日租金为每辆 220 元,60 座客车日租金为每辆 300 元,试问:(1) 七年级人数是多少? 原计划租用 45 座客车多少辆? (2) 要使每个同学都有座位,怎样租车更合算?

3.3　一元二次方程

3.3.1　一元二次方程的有关概念

引入：

问题1　如图3-1所示，有一块矩形铁皮，长100cm，宽50cm. 在它的四个角各切去一个同样的正方形，然后将四周突出的部分折起，就能制作一个无盖方盒. 如果要制作的无盖方盒的底面积是3 600cm^2，那么铁皮各角应切去多大的正方形？

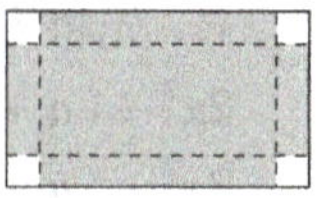

图3-1

问题2　要组织一次排球邀请赛，参赛的每两个队之间都要比赛一场，根据场地和时间等条件，赛程计划安排7天，每天安排4场比赛，你说组织者应邀请多少个队参赛？

问题3　这些方程是几元几次方程？

我们在解决上面的问题时，发现学过的一次的方程无法解决问题，必须引用到更高次数的方程，比如2次、3次等.

定义： 一般等号两边都是整式，只含有一个未知数（一元），并且未知数的最高次数是2（二次）的方程，叫作一元二次方程.

例1. 下面哪些方式是一元二次方程

$$x^2+2x-4=0 \quad x^2-75x+350=0 \quad x^2-x=56$$

以上三个式子他们的只含有一个未知数x，并且x的次数为2，两边还是整式，因此三个式子都是一元二次方程.

练习

下面哪些方式是一元二次方程

(1) $x-2x^2+\sqrt{5}=0$　　(2) $4x^2-3y-1=0$

(3) $x^2+x^{-1}=0$　　(4) $x(x+1)-2=0$

(5) $2x(2x+1)=(2x+3)^2$　　(6) $ax^2+bx+c=0$（x为未知数）

我们把一元二次方程按未知数的降幂排列有：$ax^2+bx+c=0(a\neq0)$. 这种形式叫做一元二次方程的一般形式，其中ax^2是二次项，a是二次项系数，bx为一次项，b是一次项系数，c是常数项. 例如$3x^2+2x+1=0$就是一个一元二次方程，3为二次项系数，2为一次项系数，1为常数项.

使得一元二次方程左右两边相等的未知数的值就是这个一元二次方程的解，也叫做一元二次方程的根.

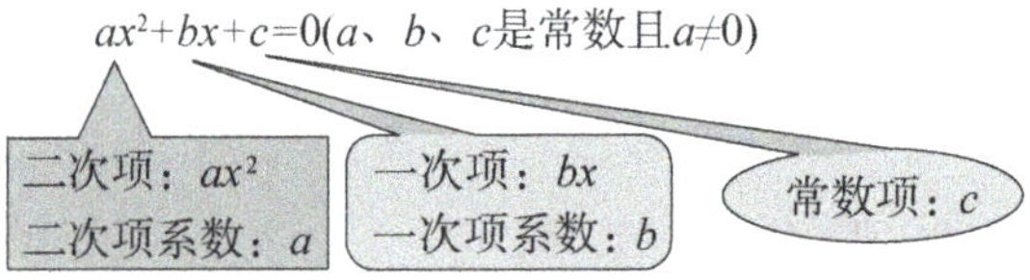

例 2. 一元二次方程 $2x^2-(a+1)x=x(x-1)-1$ 化成一般形式后，二次项系数为 1，一次项系数为 -1，则 a 的值为(　　).

A. -1　　B. 1　　C. -2　　D. 2

解：先将方程加以整理，由一次项系数为 -1，列出关于 a 的一元一次方程，求出 a 的值.

$2x^2-(a+1)x=x(x-1)-1$

$2x^2-(a+1)x-x^2+x+1=0$

$x^2-(a+1-1)x+1=0$

$x^2-ax+1=0$

可知该方程二次项系数为 1，一次项系数为 -1，

$\therefore -a=-1$，$\therefore a=1$

故选 B.

例 3. 关于 x 的一元二次方程 $(a-1)x^2+x+a^2-1=0$ 的一个根是 0，则 a 的值为(　　).

A. 1　　B. -1　　C. 1 或 -1　　D. $\frac{1}{2}$

解：由 0 是该方程的一个根，则将它代入原方程成立，可求 a 的值；同时还要使 $a-1\neq0$.

$\because$ 关于 x 的一元二次方程 $(a-1)x^2+x+a^2-1=0$ 的一个根是 0，

$\therefore a^2-1=0$，$\therefore a=\pm1$

但当 $a=1$ 时，x^2 的系数 $a-1=0$，所以 $a=1$ 不合题意，舍去.

$\therefore a=-1$

故选(B).

注意：1. 一元二次方程三要素 $\begin{cases}\text{整式方程}\\\text{只含有一个未知数}\\\text{未知数的最高次数是 2}\end{cases}$

2. 判断一个数是否是一元二次方程的解的方法是：只需将这个值代入一元二次方程的左右两边，看方程两边是否相等，若相等，这个数就是方程的解. 若不相等，这个数就不是方程的解.

练习

一、选择题

1. 下列方程中的一元二次方程是(　　).

A. $3(x+1)^2=2(x-1)$　　B. $\frac{1}{x^2}+\frac{1}{x}-2=0$

C. $ax^2+bx+c=0$　　D. $x^2+2x=(x+1)(x-1)$

2. 把方程 $-5x^2+6x+3=0$ 的二次项系数化为 1，方程可变为(　　).

A. $x^2+\frac{6}{5}x+\frac{3}{5}=0$　　B. $x^2-6x-3=0$

C. $x^2-\frac{6}{5}x-\frac{3}{5}=0$　　D. $x^2-\frac{6}{5}x+\frac{3}{5}=0$

3. 将方程 $3x^2=2x-1$ 化成一元二次方程的一般形式后,二次项系数、一次项系数和常数项系数可以是(　　).

A. 3,2,-1　　B. 3,-2,-1　　C. 3,-2,1　　D. -3,-2,1

4. 把一元二次方程 $(x+2)(x-3)=4$ 化成一般形式,得(　　).

A. $x^2+x-10=0$　　B. $x^2-x-6=4$　　C. $x^2-x-10=0$　　D. $x^2-x-6=0$

5. 方程 $x^2+\sqrt{3}x-x+1=0$ 的一次项系数是(　　).

A. $\sqrt{3}$　　B. -1　　C. $\sqrt{3}-1$　　D. $\sqrt{3}x-x$

6. 下列方程 $4x^2-3x-1=0$, $5x^2-7x+2=0$, $13x^2-15x+2=0$ 中有一个公共解,那么这个公共解是(　　).

A. $x=\frac{1}{2}$　　B. $x=2$　　C. $x=1$　　D. $x=-1$

二、填空题

1. 下列方程是一元二次方程的有________.

(1) $x^2+\frac{1}{x}-5=0$　　(2) $x^2-3xy+7=0$　　(3) $x+\sqrt{x^2-1}=4$

(4) $m^3-2m+3=0$　　(5) $\frac{\sqrt{2}}{2}x^2-5=0$　　(6) $ax^2-bx=4$

2. 已知 $(m+3)x^2-3mx-1=0$ 是一元二次方程,则 m 的取值范围是________.

3. 一元二次方程 $(1+3x)(x-3)=2x^2+1$ 化为一般形式为:________,二次项系数为:________,一次项系数为:________,常数项为:________.

4. 关于 x 的方程 $(m-1)x^2+(m+1)x+3m+2=0$,当 m ________时为一元一次方程;当 m ________时为一元二次方程.

5. 若方程 $x^2+px+q=0$ 的两个根是 -2 和 3,则 p,q 的值分别为________.

6. 已知方程 $(m+2)x^2+(m+1)x-m=0$,当 m 满足________时,它是一元一次方程;当 m 满足________时,它是一元二次方程.

7. 一元二次方程 $2x^2-x=6$ 的二次项系数、一次项系数及常数之和为________.

三、计算题

1. 将下列方程化为一元二次方程的一般形式,并写出二次项系数、一次项系数及常数项.

(1) $5x^2-1=4x$　　(2) $x^2=x$

(3) $-4x(x+2)=25$　　(4) $(3x-2)(x+1)=8x-3$

2. 关于 x 的方程 $mx^2-3x=x^2-mx+2$ 是一元二次方程,m 应满足什么条件?

3. 已知关于 x 的方程 $(m-3)x^{m^2-7}-x=5$ 是一元二次方程，求 m 的值.

4. 已知关于 x 的一元二次方程 $(m-2)x^2+3x+(m^2-4)=0$ 有一个解是 0，求 m 的值.

5. 将方程 $(8-2x)(5-2x)=18$ 化成一元二次方程的一般形式，并写出其中的二次项系数、一次项系数及常数项.

3.3.2　一元二次方程的解法

引入：

现在我们知道了 $x^2+2x-4=0$、$x^2-75x+350=0$、$x^2-x=56$，都叫做一元二次方程，那这些式子都怎么找到根呢？

一、直接开平方法

引入：

请同学们完成下列各题

填空(1) x^2-8x+ ________ $=(x-$ ________ $)^2$；

(2) $9x^2+12x+$ ________ $=(3x+$ ________ $)^2$；

(3) x^2+px+ ________ $=(x+$ ________ $)^2$.

问题 1：根据完全平方公式可得：

(1) 16　4；(2) 4　2；(3) $\left(\frac{p}{2}\right)^2$　$\frac{p}{2}$.

问题 2：目前我们都学过哪些方程？二元怎样转化成一元？一元二次方程于一元一次方程有什么不同？二次如何转化成一次？怎样降次？以前学过哪些降次的方法？

上面我们已经讲了 $x^2=9$，根据平方根的意义，直接开平方得 $x=\pm3$，如果 x 换元为 $2t+1$，即 $(2t+1)2=9$，能否也用直接开平方的方法求解呢？答案是肯定的，一般的利用平方根的定义直接开平方求一元二次方程的解的方法叫做直接开平方法.

直接开平方法适用于解形如 $(x+a)^2=b$ 的一元二次方程. 根据平方根的定义可知，$x+a$ 是 b 的平方根，当 $b\geq0$ 时，$x+a=\pm\sqrt{b}$，$x=-a\pm\sqrt{b}$，当 $b<0$ 时，方程没有实数根.

例 1. (1) $x^2+6x+9=2$

解：(1) 由已知，得：$(x+3)^2=2$

直接开平方，得：$x+3=\pm\sqrt{2}$

即 $x+3=\sqrt{2}$，$x+3=-\sqrt{2}$

所以，方程的两根 $x_1=-3+\sqrt{2}$，$x_2=-3-\sqrt{2}$

例 2. 市政府计划 2 年内将人均住房面积由现在的 $10m^2$ 提高到 $14.4m^2$，求每年人均住房面积增长率.

解：设每年人均住房面积增长率为 x. 一年后人均住房面积就应该是 $10+10x=10(1+x)$；二年后人均住房面积就应该是 $10(1+x)+10(1+x)x=10(1+x)^2$

设每年人均住房面积增长率为 x，则：

$$10(1+x)^2=14.4$$

$$(1+x)^2=1.44$$

直接开平方，得 $1+x=\pm1.2$

即 $1+x=1.2, 1+x=-1.2$

所以，方程的两根是 $x_1=0.2=20\%$，$x_2=-2.2$

因为每年人均住房面积的增长率应为正的，因此，$x_2=-2.2$ 应舍去.

所以，每年人均住房面积增长率应为20%.

练习

1. 若 $x^2-4x+p=(x+q)^2$，那么 p、q 的值分别是（　　）.

A. $p=4,q=2$　　B. $p=4,q=-2$　　C. $p=-4,q=2$　　D. $p=-4,q=-2$

2. 方程 $3x^2+9=0$ 的根为（　　）.

A. 3　　B. -3　　C. ±3　　D. 无实数根

3. 若 $8x^2-16=0$，则 x 的值是________.

4. 如果方程 $2(x-3)^2=72$，那么，这个一元二次方程的两根是________.

5. 计算

(1) $4x^2-1=0$　　(2) $(x-3)^2=2$　　(3) $81(x-2)^2=16$

二、配方法

引入：

要使一块矩形场地的长比宽多6m，并且面积为16m²，场地的长和宽各是多少？列出下面问题的方程并回答：

(1) 列出的经化简为一般形式的方程与刚才解题的方程有什么不同呢？

(2) 能否直接用上面三个方程的解法呢？

解：我们设长为宽为 x，那么长为 $x+6$，因此我们可以列出方程 $x^2+6x=16$

(1) 列出的经化简为一般形式的方程与前面讲的三道题不同之处是：前三个左边是含有 x 的完全平方式而后二个不具有.

(2) 不能.

既然不能直接降次解方程，那么，我们就应该设法把它转化为可直接降次解方程的方程，下面，我们就来讲如何转化：

$$x^2+6x=16$$

两边加一次项一半的平方，即9，$x^2+6x+3^2=16+9(x+3)^2=25x+3=\pm5$ 即 $x+3=5$ 或 $x+3=-5$ 解一次方程得 $x_1=2, x_2=-8$

可以验证：$x_1=2, x_2=-8$ 都是方程的根，但场地的宽不能使负值，所以场地的宽为2m，常为8m.

一般像上面的解题方法，通过配成完全平方形式来解一元二次方程的方法，叫配方法. 它不仅在解一元二次方程上有所应用，而且在数学的其他领域也有着广泛的应用. 配方法的理论根据是完全平方公式 $a^2 \pm 2ab + b^2 = (a+b)^2$，把公式中的 a 看做未知数 x，并用 x 代替，则有 $x^2 \pm 2bx + b^2 = (x \pm b)^2$.

例 3. 解下列方程

(1) $x^2 + 6x + 5 = 0$　(2) $2x^2 + 6x - 2 = 0$　(3) $(1+x)^2 + 2(1+x) - 4 = 0$

分析：我们已经介绍了配方法，因此，我们解这些方程就可以用配方法来完成，即配一个含有 x 的完全平方.

解：(1) 移项，得：$x^2 + 6x = -5$

配方：$x^2 + 6x + 3^2 = -5 + 3^2 (x+3)^2 = 4$

由此可得：$x + 3 = \pm 2$，即 $x_1 = -1$，$x_2 = -5$

(2) 移项，得：$2x^2 + 6x = -2$

二次项系数化为 1，得：$x^2 + 3x = -1$

配方 $x^2 + 3x + \left(\frac{3}{2}\right)^2 = -1 + \left(\frac{3}{2}\right)^2 \left(x + \frac{3}{2}\right)^2 = \frac{5}{4}$

由此可得 $x + \frac{3}{2} = \pm\frac{\sqrt{5}}{2}$，即 $x_1 = \frac{\sqrt{5}}{2} - \frac{3}{2}$，$x_2 = -\frac{\sqrt{5}}{2} - \frac{3}{2}$

(3) 去括号，整理得：$x^2 + 4x - 1 = 0$

移项，得 $x^2 + 4x = 1$

配方，得 $(x+2)^2 = 5$

$x + 2 = \pm\sqrt{5}$，即 $x_1 = \sqrt{5} - 2$，$x_2 = \sqrt{5} - 2$

注意：一般对于方程 $x^2 = p$

(1) 当 $p > 0$，根据平方根的意义，方程 $x^2 = p$ 有两个不相等的实数根：$x_1 = \sqrt{p}$，$x_2 = -\sqrt{p}$.

(2) 当 $p = 0$，根据平方根的意义，方程 $x^2 = p$ 有两个相等的实数根：$x_1 = x_2 = 0$.

(3) 当 $p < 0$，根据平方根的意义，方程 $x^2 = p$ 无实数根.

2. 配方法的步骤：

步骤	名称	具体做法
1	移项	将常数项移动到等号右边，含未知数的项移动到等号的左边.
2	二次项系数化为 1	等号左右两边同时除以二次项的系数
3	配方	等号左右两边同时加上一次项系数一半的平方.
4	写成平方形式	写成 $(m+nx)^2 = p(p \geqslant 0)$ 的形式
5	求解	直接开平方法求解

练习

1. 将二次三项式 $x^2 - 4x + 1$ 配方后得（　　）.

A. $(x-2)^2 + 3$　B. $(x-2)^2 - 3$　C. $(x+2)^2 + 3$　D. $(x+2)^2 - 3$

2. 已知 $x^2 - 8x + 15 = 0$，左边化成含有 x 的完全平方形式，其中正确的是（　　）.

A. $x^2 - 8x + (-4)^2 = 31$　B. $x^2 - 8x + (-4)^2 = 1$

C. $x^2 + 8x + 4^2 = 1$　D. $x^2 - 4x + 4 = -11$

3. 如果 $mx^2+2(3-2m)x+3m-2=0(m\neq0)$ 的左边是一个关于 x 的完全平方式，则 m 等于(　　).

A. 1　　B. -1　　C. 1 或 9　　D. -1 或 9

4. 方程 $x^2+4x-5=0$ 的解是________.

5. 代数式 $\frac{x^2-x-2}{x^2-1}$ 的值为 0，则 x 的值为________.

6. 已知 $(x+y)(x+y+2)-8=0$，求 $x+y$ 的值，若设 $x+y=z$，则原方程可变为________，所以求出 z 的值即为 $x+y$ 的值，所以 $x+y$ 的值为________.

7. 计算下列各式

(1) $y^2-6y-6=0$　　(2) $3x^2-2=4x$

(3) $x^2-4x=96$　　(4) $x^2-4x-5=0$

(5) $2x^2+3x-1=0$　　(6) $3x^2+2x-7=0$

三、公式法

引入：

已知 $ax^2+bx+c=0(a\neq0)$，试推导它的两个根 $x_1=\frac{-b+\sqrt{b^2-4ac}}{2a}$，$x_2=\frac{-b-\sqrt{b^2-4ac}}{2a}$（这个方程一定有解吗？什么情况下有解？）

分析： 因为前面具体数字已做得很多，我们现在不妨把 a、b、c 也当成一个具体数字，根据上面的解题步骤就可以一直推下去.

解： 移项，得：$ax^2+bx=-c$

二次项系数化为 1，得 $x^2+\frac{b}{a}x=-\frac{c}{a}$

配方，得：$x^2+\frac{b}{a}x+\left(\frac{b}{2a}\right)^2=-\frac{c}{a}+\left(\frac{b}{2a}\right)^2$

即 $\left(x+\frac{b}{2a}\right)^2=\frac{b^2-4ac}{4a^2}$

$\because 4a^2>0$，当 $b^2-4ac\geqslant0$ 时 $\frac{b^2-4ac}{4a^2}\geqslant0$

$\therefore \left(x+\frac{b}{2a}\right)^2=\left(\frac{\sqrt{b^2-4ac}}{2a}\right)^2$

直接开平方，得：$x+\frac{b}{2a}=\pm\frac{\sqrt{b^2-4ac}}{2a}$　即 $x=\frac{-b\pm\sqrt{b^2-4ac}}{2a}$

$\therefore x_1=\frac{-b+\sqrt{b^2-4ac}}{2a}$，$x_2=\frac{-b-\sqrt{b^2-4ac}}{2a}$

由上可知，一元二次方程 $ax^2+bx+c=0(a\neq0)$ 的根由方程的系数 a、b、c 而定.

一般解一元二次方程时，可以先将方程化为一般形式 $ax^2+bx+c=0$，当 $b^2-4ac\geq0$ 时，将 a、b、c 代入式子 $x=\frac{-b\pm\sqrt{b^2-4ac}}{2a}$ 就得到方程的根. 公式法是用求根公式解一元二次方程的解的方法，它是解一元二次方程的一般方法.

例 4. 某数学兴趣小组对关于 x 的方程 $(m+1)x^{m^2+2}+(m-2)x-1=0$ 提出了下列问题.

(1)若使方程为一元二次方程，m 是否存在？若存在，求出 m 并解此方程.

(2)若使方程为一元二次方程 m 是否存在？若存在，请求出.

解：(1)存在. 根据题意，得：$m^2+1=2$

$m^2=1\quad m=\pm1$

当 $m=1$ 时，$m+1=1+1=2\neq0$

当 $m=-1$ 时，$m+1=-1+1=0$(不合题意，舍去)

∴ 当 $m=1$ 时，方程为 $2x^2-1-x=0$

$a=2,b=-1,c=-1$

$b^2-4ac=(-1)^2-4\times2\times(-1)=1+8=9$

$x=\frac{-(-1)\pm\sqrt{9}}{2\times2}=\frac{1\pm3}{4}$

$x_1=1,x_2=-\frac{1}{2}$

因此，该方程是一元二次方程时，$m=1$，两根 $x_1=1,x_2=-\frac{1}{2}$.

(2)存在. 根据题意，得：①$m^2+1=1$，$m^2=0$，$m=0$

因为当 $m=0$ 时，$(m+1)+(m-2)=2m-1=-1\neq0$

所以 $m=0$ 满足题意.

②当 $m^2+1=0$，m 不存在.

③当 $m+1=0$，即 $m=-1$ 时，$m-2=-3\neq0$

所以 $m=-1$ 也满足题意.

当 $m=0$ 时，一元一次方程是 $x-2x-1=0$，解得：$x=-1$

当 $m=-1$ 时，一元一次方程是 $-3x-1=0$，解得 $x=-\frac{1}{3}$

因此，当 $m=0$ 或 $m=-1$ 时，该方程是一元一次方程，并且当 $m=0$ 时，其根为 $x=-1$；当 $m=-1$ 时，其一元一次方程的根为 $x=-\frac{1}{3}$.

注意：1. 公式法解一元二次方程的步骤为：

步骤	名称	具体做法
1	把方程化成一般形式	按照 x 的从高到低次幂重新排列
2	确定 a、b、c	二次项系数为 a，一次项系数为 b，常数项为 c
3	计算 b^2-4ac 的值	把 a,b,c 代入计算
4	求值	当 $b^2-4ac\geq0$ 代入 $\frac{-b\pm\sqrt{b^2-4ac}}{2a}$ 求解 当 $b^2-4ac<0$ 无实数解

2. 当 $\Delta=b^2-4ac\geqslant 0$ 时，方程 $ax^2+bx+c=0(a\neq 0)$ 的实数根可写成 $x=\frac{-b\pm\sqrt{b^2-4ac}}{2a}$ 的形式，和式子叫做二元一次方程 $ax^2+bx+c=0(a\neq 0)$ 的求根公式.

3. 用公式法解一元二次方程的记忆口诀：

①要用公式解方程，首先化成一般式；

②调整系数随其后，使其成为最简比；

③确定系数 a,b,c，计算方程判别式.

练习

用公式解法解下列方程.

1. $x^2-2x-8=0$　　2. $4y=1-\frac{3}{2}y^2$　　3. $3y^2+1=2\sqrt{3}y$

4. $2x^2-5x+1=0$　　5. $-4x^2-8x=-1$　　6. $\sqrt{2}x^2-\sqrt{3}x-\sqrt{2}=0$

四、因式分解法

引入：

解下列方程.

(1) $2x^2+x=0$ (用配方法)　　(2) $3x^2+6x=0$ (用公式法)

请同学们口答下面各题.

(1)上面两个方程中有没有常数项？

(2)等式左边的各项有没有共同因式？

我们发现上面两个方程中都没有常数项；左边都可以因式分解. 因此，上面两个方程都可以写成：

(1) $x(2x+1)=0$　　(2) $3x(x+2)=0$

因为两个因式乘积要等于0，至少其中一个因式要等于0，也就是(1) $x=0$ 或 $2x+1=0$，所以 $x_1=0,x_2=-\frac{1}{2}$.

(2) $3x=0$ 或 $x+2=0$，所以 $x_1=0,x_2=-2$.

因此，我们可以发现，上述两个方程中，其解法都不是用开平方降次，而是先因式分解使方程化为两个一次式的乘积等于0的形式，再使这两个一次式分别等于0，从而实现降次，这种解法叫做因式分解法.

例5. 解方程 $x(x-2)+x-2=0$

解：$x(x-2)+x-2=0$

提公因式得：$(x-2)(x+1)=0$

因此 $x-2=0$ 或者 $x+1=0$

所以 $x_1=2x_2=-1$

练习

一、下面一元二次方程解法中,正确的是( ).

A. $(x-3)(x-5)=10\times2$,$\therefore x-3=10, x-5=2$,$\therefore x_1=13, x_2=7$

B. $(2-5x)+(5x-2)^2=0$,$\therefore (5x-2)(5x-3)=0$,$\therefore x_1=\frac{2}{5}, x_2=\frac{3}{5}$

C. $(x+2)^2+4x=0$,$\therefore x_1=2, x_2=-2$

D. $x^2=x$ 两边同除以 x,得 $x=1$

二、用因式分解法解下列一元二次方程

1. $x^2=2x$

2. $(x+1)^2-(2x-3)^2=0$

3. $x^2-6x+8=0$

4. $4(x+3)^2=25(x-2)^2$

5. $(1+\sqrt{2})x^2-(1-\sqrt{2})x=0$

6. $(2-3x)+(3x-2)^2=0$

例 6. 用几种不同的方法解一元二次方程:

$$4(x-3)^2=9(1-x)^2$$

分析: 此题的特点是方程两边都是完全平方的形式,因此可考虑用几种方法去解,一是两边同时开平方;二是利用因式分解法;三是利用公式法;还可以利用配方法.

解法 1:由 $4(x-3)^2=9(1-x)^2$

$\therefore [2(x-3)]^2=[3(1-x)]^2$

方程两边同时开平方,得

$$2(x-3)=\pm3(1-x)$$

即整理后得

$$2x-6=3-3x \text{ 或 } 2x-6=-3+3x$$

解得 $x_1=\frac{9}{5}, x_2=-3$

解法 2:由 $4(x-3)^2=9(1-x)^2$

得 $4(x-3)^2-9(1-x)^2=0$

$\therefore [2(x-3)]^2-[3(1-x)]^2=0$

$\therefore [2(x-3)+3(1-x)][2(x-3)-3(1-x)]=0$

$(-x-3)(5x-9)=0$

$\therefore -x-3=0$ 或 $5x-9=0$

$\therefore x_1=-3, x_2=\frac{9}{5}$

解法 3:由 $4(x-3)^2=9(1-x)^2$,得

$4x^2-24x+36=9-18x+9x^2$

$5x^2+6x-27=0$

其中 $a=5, b=6, c=-27$

$\Delta = b^2 - 4ac = 6^2 - 4 \times 5 \times (-27) = 576$

$\therefore x = \dfrac{-6 \pm \sqrt{576}}{2 \times 5} = \dfrac{-6 \pm 24}{10}$

$\therefore x_1 = \dfrac{9}{5}, x_2 = -3$

解法4: 由 $4(x-3)^2 = 9(1-x)^2$,整理得

$5x^2 + 6x - 27 = 0$

$x^2 + \dfrac{6}{5}x - \dfrac{27}{5} = 0$

$x^2 + 2 \times \dfrac{3}{5}x + \left(\dfrac{3}{5}\right)^2 = \dfrac{27}{5} + \left(\dfrac{3}{5}\right)^2$

$\left(x + \dfrac{3}{5}\right)^2 = \dfrac{144}{25}$

$\therefore x + \dfrac{3}{5} = \pm \dfrac{12}{5}$

$\therefore x_1 = \dfrac{9}{5}, x_2 = -3$

此题由于题目的特点可以用几种不同的方法求解,通过一题多解,巩固了一元二次方程的解法,又使解题能力得到提高.值得一提的是,在运用开平方法时,如 $x^2 = a^2$,则 $x = \pm a$,而不能只得 $x = a$.

注意: 三种方法(配方法、公式法、因式分解法)的联系与区别.

联系: ①降次,即它的解题的基本思想是:将二次方程化为一次方程,即降次.

②公式法是由配方法推导而得到.

③配方法、公式法适用于所有一元二次方程,因式分解法适用于某些一元二次方程.

区别: ①配方法要先配方,再开方求根.

②公式法直接利用公式求根.

③因式分解法要使方程一边为两个一次因式相乘,另一边为0,再分别使各一次因式等于0.

小结巩固

一、用适当的方法解下列一元二次方程

1. $3x(x-1) = x(x+5)$　　2. $2x^2 - 3 = 5x$　　3. $x^2 - 2y + 6 = 0$

4. $x^2 - 7x + 10 = 0$　　5. $(x-3)(x+2) = 6$　　6. $4(x-3)^2 + x(x-3) = 0$

7. $(5x-1)^2 - 2 = 0$　　8. $3y^2 - 4y = 0$　　9. $x^2 - 7x - 30 = 0$

10. $(y+2)(y-1)=4$ 11. $4x(x-1)=3(x-1)$ 12. $(2x+1)^2-25=0$

13. $x^2-4ax=b^2-4a^2$ 14. $x^2+\frac{\sqrt{5}}{3}x=\frac{31}{36}$ 15. $(y+3)(y-1)=2$

16. $ax^2-(a+b)x+b=0(a\neq 0)$ 17. $3x^2+(9a-1)x-3a=0$

18. $x^2-x-1=0$ 19. $3x^2-9x+2=0$ 20. $x^2+2ax-b^2+a^2=0$

21. $x^2+4x-12=0$ 22. $2x^2-\sqrt{2}x-30=0$ 23. $5x^2-7x+1=0$

24. $5x^2-8x=-1$ 25. $3x^2+5(2x+1)=0$ 26. $(x+1)(x-1)=2\sqrt{2}x$

3.3.3 一元二次方程的判别式和根与系数的关系

引入：

用解下列方程.

(1) $2x^2-3x=0$ (2) $3x^2-2\sqrt{3}x+1=0$ (3) $4x^2+x+1=0$

(1)我们解出了方程的根,有两个不同的解,(2)式我们也解出根,但是只有一个,(3)我们发现根本就解不出来.

我们能不能有个简单的办法直接看出根呢?请同学们填空,发现规律.

方程	b^2-4ac 的值	b^2-4ac 的符号	x_1、x_2 的关系(填相等、不等或不存在)
$2x^2-3x=0$			
$3x^2-2\sqrt{3}x+1=0$			
$4x^2+x+1=0$			

我们发现(1) $b^2-4ac=9>0$,有两个不相等的实根;(2) $b^2-4ac=12-12=0$,有两个相等的实根;(3) $b^2-4ac=|-4\times 4\times 1|=<0$,方程没有实根.

一般来说，一元二次方程 $ax^2+bx+c=0(a\neq0)$ 中，b^2-4ac 叫做一元二次方程 $ax^2+bx+c=0(a\neq0)$ 的根的判别式，通常用“Δ”来表示，即 $\Delta=b^2-4ac$.

(1)当 $\Delta>0$ 时，一元二次方程有 2 个不相等的实数根；

(2)当 $\Delta=0$ 时，一元二次方程有 2 个相等的实数根；

(3)当 $\Delta<0$ 时，一元二次方程没有实数根.

具体来说：求根公式：$x=\frac{-b\pm\sqrt{b^2-4ac}}{2a}$，当 $b^2-4ac>0$ 时，根据平方根的意义，$\sqrt{b^2-4ac}$ 等于一个具体数，所以一元一次方程的 $x_1=\frac{-b+\sqrt{b^2-4ac}}{2a}\neq x_1=\frac{-b-\sqrt{b^2-4ac}}{2a}$，即有两个不相等的实根. 当 $b^2-4ac=0$ 时，根据平方根的意义 $\sqrt{b^2-4ac}=0$，所以 $x_1=x_2=\frac{-b}{2a}$，即有两个相等的实根；当 $b^2-4ac<0$ 时，根据平方根的意义，负数没有平方根，所以没有实数解.

因此，(1)当 $b^2-4ac>0$ 时，一元二次方程 $ax^2+bx+c=0(a\neq0)$ 有两个不相等实数根即 $x_1=\frac{-b+\sqrt{b^2-4ac}}{2a}$，$x_2=\frac{-b-\sqrt{b^2-4ac}}{2a}$.

(2)当 $b-4ac=0$ 时，一元二次方程 $ax^2+bx+c=0(a\neq0)$ 有两个相等实数根即 $x_1=x_2=\frac{-b}{2a}$.

(3)当 $b^2-4ac<0$ 时，一元二次方程 $ax^2+bx+c=0(a\neq0)$ 没有实数根.

我们通过根的判别式和求根公式很明显能得到以下结论：

如果一元二次方程 $ax^2+bx+c=0(a\neq0)$ 的两个实数根是 x_1,x_2，

那么 $x_1+x_2=-\frac{b}{a}$，$x_1x_2=\frac{c}{a}$.

注意它的使用条件为 $7\neq0$，$\Delta\geqslant0$.

例 1. 不解方程，判定方程 $16x^2+8x=-3$ 根的情况.

解：(1)化为 $16x^2+8x+3=0$

这里 $a=16,b=8,c=3,b^2-4ac=64-4\times16\times3=-128<0$

所以，方程没有实数根.

练习

不解方程判定下列方程根的情况.

(1)$x^2+10x+26=0$　　(2)$x^2-x-\frac{3}{4}=0$　　(3)$3x^2+6x-5=0$

(4)$4x^2-x+\frac{1}{16}=0$　　(5)$x^2-\sqrt{3}x-\frac{1}{4}=0$　　(6)$4x^2-6x=0$

(7) $(2x-4)x=5-8x$

3.3.4 实际问题与一元二次方程

一、增长率问题

例 1. 某校去年对实验器材的投资为 2 万元，预计今明两年的投资总额为 12 万元，求该校这两年在实验器材投资上的平均增长率是多少？

解：本例属于平均增长率问题，若设平均增长率为 x，则今年的投资额为 $2(x+1)$ 万元，明年的投资额为 $2(x+1)^2$ 万元，由今明两年的投资总额为 12 万元可列方程.

设这两年在实验器材投资上的平均增长率为 x，根据题意可列方程：$2(1+x)+2(1+x)^2=12$

化简整理得：$x^2+3x-4=0$，解这个方程得：$x_1=1$，$x_2=-4$（负值不合题意，应舍去）.

答：该校这两年在实验器材投资上的平均增长率为 100%.

例 2. 某工厂第一季度的一月份生产电视机是 1 万台，第一季度生产电视机的总台数是 3.31万台，求二月份、三月份生产电视机平均增长的百分率是多少？

解：直接假设二月份、三月份生产电视机平均增长率为 x. 因为一月份是 1 万台，那么二月份应是 $(1+x)$ 台，三月份应是在二月份的基础上以二月份比一月份增长的同样“倍数”增长，即 $(1+x)+(1+x)x=(1+x)^2$，那么就很容易从第一季度总台数列出等式.

设二月份、三月份生产电视机平均增长的百分率为 x，则 $1+(1+x)+(1+x)^2=3.31$

去括号得：$1+1+x+1+2x+x^2=3.31$

整理，得：$x^2+3x-0.31=0$

解得：$x=10\%$

答：二月份、三月份生产电视机平均增长的百分率是 10%.

例 3. 电脑公司 2001 年的各项经营中，一月份的营业额为 200 万元，一月、二月、三月的营业额共 950 万元，如果平均每月营业额的增长率相同，求这个增长率.

分析：设这个增长率为 x，由一月份的营业额就可列出用 x 表示的二、三月份的营业额，又由三月份的总营业额列出等量关系.

解：设平均增长率为 x.

则 $200+200(1+x)+200(1+x)^2=950$

整理，得：$x^2+3x-1.75=0$

解得：$x=50\%$

答：所求的增长率为 50%.

练习

(1) 某林场现有木材 a 立方米，预计在今后两年内年平均增长 $p\%$，那么两年后该林场有木材多少立方米？

(2)某化工厂今年一月份生产化工原料 15 万吨,通过优化管理,产量逐年上升,第一季度共生产化工原料 60 万吨,设二、三月份平均增长的百分率相同,均为 x,可列出方程为________.

二、类似传染病问题

例 4. 某种电脑病毒传播非常快,如果一台电脑被感染,经过两轮感染后就会有 81 台电脑被感染. 请你用学过的知识分析,每轮感染中平均一台电脑会感染几台电脑? 若病毒得不到有效控制,3 轮感染后,被感染的电脑会不会超过 700 台?

解:设每轮感染中平均每一台电脑会感染 x 台电脑,依题意得:

$1+x+(1+x)x=81$

$(1+x)^2=81$

$x+1=9$ 或 $x+1=-9$

$x_1=8$ 或 $x_2=-10$(舍去)

$(1+x)^3=(1+8)^3=729>700$

答:每轮感染中平均每一台电脑会感染 8 台电脑,3 轮感染后,被感染的电脑会超过 700 台.

例 5. 2009 年 5 月 17 日至 21 日,甲型 $H1N1$ 流感在日本迅速蔓延,每天的新增病例和累计确诊病例人数如图 3-2 所示.

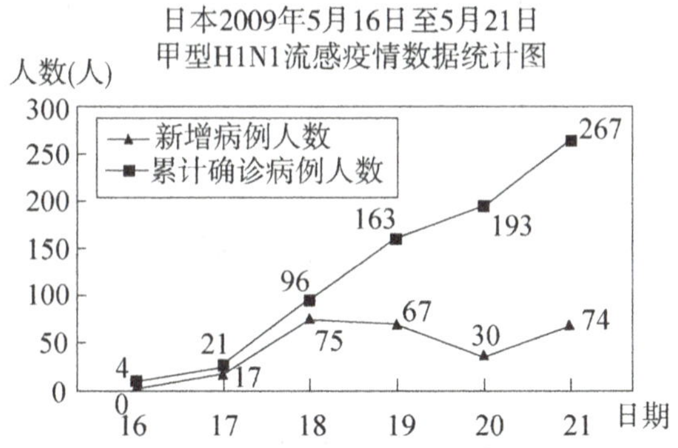

图 3-2

(1)在 5 月 17 日至 5 月 21 日这 5 天中,日本新增甲型 H1N1 流感病例最多的是哪一天?该天增加了多少人?

(2)在 5 月 17 日至 5 月 21 日这 5 天中,日本平均每天新增加甲型 H1N1 流感确诊病例多少人? 如果接下来的 5 天中,继续按这个平均数增加,那么到 5 月 26 日,日本甲型 H1N1 流感累计确诊病例将会达到多少人?

(3)甲型 H1N1 流感病毒的传染性极强,某地因 1 人患了甲型 H1N1 流感没有及时隔离治疗,经过两天传染后共有 9 人患了甲型 H1N1 流感,每天传染中平均一个人传染了几个人? 如果按照这个传染速度,再经过 5 天的传染后,这个地区一共将会有多少人患甲型 H1N1 流感?

解:(1)18 日新增甲型 H1N1 流感病例最多,增加了 75 人;

(2)平均每天新增加 $\frac{267-4}{5}=52.6$ 人,

继续按这个平均数增加,到 5 月 26 日可达 $52.6\times5+267=530$ 人;

(3)设每天传染中平均一个人传染了 x 个人,则

$1+x+x(x+1)=9$

$(x+1)^2=9$

解得 $x=2$($x=-4$ 舍去)

再经过 5 天的传染后,这个地区患甲型 H1N1 流感的人数为

$(1+2)^7=2\ 187$(或 $1+2+6+18+54+162+486+1\ 458=2\ 187$),

即一共将会有 2 187 人患甲型 H1N1 流感.

练习

1. 某种植物的主干长出若干数目的支干,每个支干又长出同样数目的小分支,主干,支干和小分支的总数是 91,每个支干长出多少小分支?

2. 要组织一场篮球联赛,赛制为单循环形式,即每两队之间都赛 1 场,计划安排 15 场比赛,应邀请多少个球队参加比赛?

3. 一个 QQ 群中有若干好友,每个好友都分别给群里其他好友发送了一条信息,这样共有 756 条信息,这个 QQ 群中共有多少个好友?

4. 参加一次聚会的每两人都握了 1 次手,所有人共握手 10 次,有多少人参加聚会?

5. 有一人患了流感,经过两轮传染后共有 100 人患了流感,那么每轮传染中,平均一个人传染的人数为(　　).

A. 8 人　　B. 9 人　　C. 10 人　　D. 11 人

6. 生物兴趣小组的学生,将自己收集的标本向本组其他成员各赠送一件;全组共互赠了 182 件. 如果全组有 x 名学生,则根据题意列出的方程是(　　).

A. $x(x+1)=182$　　B. $x(x-1)=182$

C. $2x(x+1)=182$　　D. $x(x-1)=182\times 2$

7. 元旦期间,一个小组有若干人,新年互送贺卡一张,已知全组共送贺卡 132 张,则这个小组共有________人.

A. 11　　B. 12　　C. 13　　D. 14

三、面积问题

例 6. 某林场计划修一条长 750m,断面为等腰梯形的渠道,断面面积为 1.6m^2,上口宽比渠深多 2m,渠底比渠深多 0.4m.

(1)渠道的上口宽与渠底宽各是多少?

(2)如果计划每天挖土 48m^3,需要多少天才能把这条渠道挖完?

解：因为渠深最小，为了便于计算，不妨设渠深为 xm，则上口宽为 $x+2$，渠底为 $x+0.4$，那么，根据梯形的面积公式便可建模.

(1)设渠深为 xm.

则渠底为 $(x+0.4)$m，上口宽为 $(x+2)$m

依题意，得：$\frac{1}{2}(x+2+x+0.4)x=1.6$

整理，得：$5x^2+6x-8=0$

解得：$x_1=\frac{4}{5}=0.8m$，$x_2=-2$(舍)

$\therefore$ 上口宽为 2.8m，渠底为 1.2m.

(2)$\frac{1.6\times750}{48}=25$ 天

答：渠道的上口宽与渠底深各是 2.8m 和 1.2m；需要 25 天才能挖完渠道.

例 7. 要设计一本书的封面，如图 3－3 所示，封面长 27cm，宽 21cm，正中央是一个与整个封面长宽比例相同的矩形，如果要使四周的彩色边衬所占面积是封面面积的四分之一，上、下边衬等宽，左、右边衬等宽，应如何设计四周边衬的宽度(精确到0.1cm)？

图 3－3

解：依据题意知：中央矩形的长宽之比等于封面的长宽之比 $=9:7$

由此可以判定：上下边衬宽与左右边衬宽之比为 $9:7$

设上、下边衬的宽均为 $9x$cm，则左、右边衬的宽均为 $7x$cm

依题意，得：中央矩形的长为 $(27-18x)$cm，宽为 $(21-14x)$cm.

因为四周的彩色边衬所点面积是封面面积的 $\frac{1}{4}$，则中央矩形的面积是封面面积的.

所以 $(27-18x)(21-14x)=\frac{3}{4}\times27\times21$

整理，得：$16x^2-48x+9=0$

解方程，得：$x=\frac{6\pm3\sqrt{3}}{4}$

$x_1\approx2.8$cm，$x_2\approx0.2$

所以：$9x_1=25.2$cm(舍去)，$9x_2=1.8$cm，$7x_2=1.4$cm

因此，上下边衬的宽均为 1.8cm，左、右边衬的宽均为 1.4cm.

练习

有一张长方形的桌子，长 6 尺，宽 3 尺，有一块台布的面积是桌面面积的 2 倍，并且铺在桌面上时，各边垂下的长度相同，求台布的长和宽各是多少？(精确到 0.1 尺)

四、利润问题

例 8. 某商场礼品柜台春节期间购进大量贺年卡，一种贺年卡平均每天可售出 500 张，每张盈利 0.3 元，为了尽快减少库存，商场决定采取适当的降价措施，调查发现，如果这种贺年卡的售价每降低 0.1 元，那么商场平均每天可多售出 100 张，商场要想平均每天盈利 120 元，每张贺年卡应降价多少元？

解:我们在以前的知识中学习过,总利润 = 每件平均利润 × 总件数. 设每张贺年卡应降价 x 元,则每件平均利润应是 $(0.3-x)$ 元,总件数应是 $\left(500+\frac{x}{0.1}\times100\right)$.

设每张贺年卡应降价 x 元.

则 $(0.3-x)\left(500+\frac{100x}{0.1}\right)=120$

解得:$x=0.1$

答:每张贺年卡应降价 0.1 元.

例 9. 两年前生产 1t 甲种药品的成本是 5 000 元,生产 1t 乙种药品的成本是 6 000 元,随着生产技术的进步,现在生产 1t 甲种药品的成本是 3 000 元,生产 1t 乙种药品的成本是 3 600 元,哪种药品成本的年平均下降率较大?

解:设甲种药品成本的年平均下降率为 x,

则一年后甲种药品成本为 $5\,000(1-x)$ 元,两年后甲种药品成本为 $5\,000(1-x)$ 元.

依题意,得 $5\,000(1-x)^2=3\,000$

解得:$x_1\approx0.225$,$x_2\approx1.775$(不合题意,舍去)

设乙种药品成本的平均下降率为 y.

则:$6\,000(1-y)^2=3\,600$

整理,得:$(1-y)^2=0.6$

解得:$y\approx0.225$

答:两种药品成本的年平均下降率一样大.

因此,虽然绝对量相差很多,但其相对量也可能相等.

练习

新华商场销售甲、乙两种冰箱,甲种冰箱每台进货价为 2 500 元,市场调研表明:当销售价为 2 900 元时,平均每天能售出 8 台;而当销售价每降低 50 元时,平均每天就能多售出 4 台. 乙种冰箱每台进货价为 2 000 元,市场调研表明:当销售价为 2 500 元时,平均每天能售出 8 台;而当销售价每降低 45 元时,平均每天就能多售出 4 台,商场要想使这两种冰箱的销售利润平均每天达到 5 000 元,那么两种冰箱的定价应各是多少?

五、数字问题

例 10. 两个连续奇数的积是 323,求这两个数.

解:解法(一)　设较小奇数为 x,另一个为 $x+2$,

据题意,得 $x(x+2)=323$

整理后,得 $x^2+2x-323=0$

解这个方程,得 $x=17$,$x=-19$.

答:这两个奇数是 17,19 或者 −19,−17.

解法(二)　设较小的奇数为 $2x-1$,则另一个奇数为 $2x+1$.

据题意,得 $(2x-1)(2x+1)=323$

整理后，得 $4x^2=324$

解得 $x=8$，或 $x=-9$

答：两个奇数分别为 17，19；-19，-17.

练习

1. 两个连续整数的积是 210，求这两个数.

2. 三个连续奇数的和是 321，求这三个数.

3. 已知两个数的和是 12，积为 23，求这两个数.

小结巩固

1. 某水果批发商场销售一种高档水果，如果每千克盈利 10 元，每天可售出 500 千克. 经市场调查发现，在进货价不变的情况下，若每千克涨价 1 元，日销售量将减少 20 千克. 现商场要保证每天盈利 6 000 元，那么每千克应涨价多少元？

2. 如图 3-4 所示，将边长为 4 的正方形，沿两边剪去两个边长为 x 的矩形，剩余部分的面积为 9，可列出方程为________.

3. 某工厂 2013 年的年产值为 200 万元，由于技术改进，每年的产值有所增长，预计到 2015 年该工厂的年产值为 242 万元，求每年平均增长率.

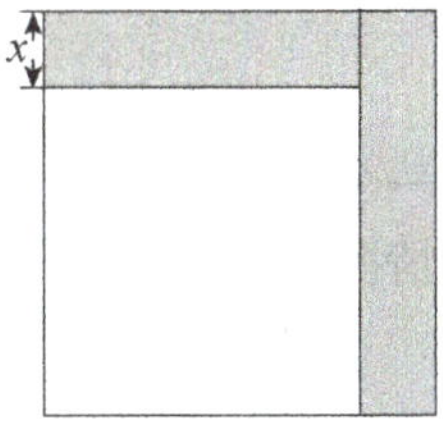

图 3-4

4. 某学校计划在一块长 8 米，宽 6 米的矩形草坪的中央划出面积为 16 平方米的矩形地块栽花，使这矩形草坪四周的草地宽度都一样，求四周草地的宽度应为多少？

5. 某百货商店服装柜在销售中发现:“宝乐”牌童装平均每天可售出 20 件,每件盈利 40 元. 为了迎接“六·一”国际儿童节,商场决定采取适当的降价措施,扩大销售量,增加盈利,减少库存. 经市场调查发现,每件童装每降价 4 元,平均每天就可多售出 8 件,要想平均每天在销售这种童装上盈利 1 200 元,那么每件童装应降价多少元?

6. 要剪一块面积为 150cm^2 的长方形铁片,使它的长比宽多 5cm,这块铁片应该怎样剪? 设长为 $x$cm,则宽为 $(x-5)$cm,依题意列方程 $x(x-5)=150$.

即:$x^2-5x-150=0$

请根据所列方程回答以下问题:

(1) x 可能小于 5 吗? 可能等于 10 吗? 说明理由.

(2) 完成下表:

x	10	11	12	13	14	15	16	17	…
$x^2-5x-150$									

(3) 你知道铁片的长 x 是多少吗?

7. 某商场今年 1 月份的营业额为 400 万元,2 月份的营业额比 1 月份增加 10%,4 月份的营业额达到 633.6 万元,求 2 月份到 4 月份营业额的平均增长率.

8. 青山村种的水稻 2011 年平均每公顷产 8 000kg,2013 年平均每公顷产 9 680kg,求该村水稻每公顷产量的年平均增长率.

9. 某商店经销一种销售成本为每千克 40 元的水产品. 据市场分析若按每千克 50 元销售,一个月能售出 500 千克,销售单价每涨 1 元,月销售量就减少 10 千克. 针对这种水产品的销售情况,请解答以下问题:

(1) 当销售单价定为每千克 55 元时,计算月销售量和月销售利润;

(2) 设销售单价为每千克 x 元,试求出月销售利润 y 元(用含 x 的代数式表示,不必写出 x 的取值范围);

(3) 商店想在月销售成本不超过 10 000 元的情况下,使得月销售利润达到 8 000 元,销售单价应定为多少?

第四单元 不等式与不等式组

4.1 不等式的性质

4.1.1 不等式的有关概念

引入：

一辆匀速行驶的汽车在 11:20 距离 A 地 50 千米，要在 12:00 之前驶过 A 地，车速应满足什么条件呢？

分析： 设车速为 x 千米/时，从时间上看，汽车要在 12:00 之前驶过 A 地，则以这速度行驶 50 千米所用的时间不到 $\frac{2}{3}$ 小时，即 $\frac{50}{x}<\frac{2}{3}$ 从路程上看，汽车要在 12:00 之驶过 A 地，则以这个速度行驶 $\frac{2}{3}$ 小时的路程要超过 50 千米，即 $\frac{2}{3}x>50$，两个式子从不同的侧面反映了同一个问题. 从实例中我们可以看出，在解决实际问题的时候，不等式的用处也是非常大的，一般用符号“<”“>”等表示大小关系的式子，叫做不等式. 像 $a+2\neq a-2$ 这样用符号“≠”表示不等关系的式子也是不等式.

注意： (1)不等号“<”或“>”表示不等关系，它们具有方向性，不等号的开口所对的数较大.

(2)五种不等号的读法及其意义：

符号	读法	意义
“≠”	读作“不等于”	它说明两个量之间的关系是不相等的，但不能确定哪个大，哪个小
“<”	读作“小于”	表示左边的量比右边的量小
“>”	读作“大于”	表示左边的量比右边的量大
“≤”	读作“小于或等于”	即“不大于”，表示左边的量不大于右边的量
“≥”	读作“大于或等于”	即“不小于”，表示左边的量不小于右边的量

(3)有些不等式中不含未知数，如 $3<4$，$-1>-2$；有些不等式中含有未知数，如 $2x>5$ 中，x 表示未知数，对于含有未知数的不等式，当未知数取某些值时，不等式的左、右两边符合不等号所表示的大小关系，我们说不等式成立，否则，不等式不成立.

例 1. 用不等式表示.

(1) x 与 -3 的和是负数；

(2) x 与 5 的和的 28% 不大于 -6；

(3) m 除以 4 的商加上 3 至多为 5.

解：(1) $x-3<0$；(2) $28\%(x+5)\leqslant -6$；(3) $\frac{m}{4}+3\leqslant 5$.

例 2. 列出表示下列各数量关系的不等式：(1) a 是正数；(2) y 与 2 的差是非负数；(3) a 与 6 的和大于 7；(4) y 的一半不小于 3；(5) 8 与 x 的 3 倍的和不大于 1.

解：注意一个数的“和”，“差”，“倍”，“分”的表示法以及“大于”，“不小于”，“不大于”应该用哪一个不等号来表示，另外. 正数都大于 0，负数都小于 0，所以“正数”可表示为“>0”，“负数”可表示为“<0”，“非负数”可表示为“$\geqslant 0$”.

(1) $a>0$　(2) $y-2\geqslant 0$　(3) $a+6>7$　(4) $\geqslant 3$　(5) $8+3x\leqslant 1$

注意： 在不等式及其应用的题目中，经常会出现一些表示不等关系的词语. 正确理解这些关键词很重要. 如：若 x 是非负数，则 $x\geqslant 0$；若 x 是非正数，则 $x\leqslant 0$；若 x 大于 y，则有 $x-y>0$；若 x 小于 y，则有 $x-y<0$ 等.

练习

1. 列不等式.
①x 的 2 倍与 y 的差是非正数；②x 与 3 的差不小于 5

2. 已知关于 x、y 的方程组 $\begin{cases}x+2y=4m+1\\x-2y=9\end{cases}$，试列出使 $x\leqslant y$ 成立的关于 m 的不等式.

使不等式成立的未知数的值叫作不等式的解. 一般含有未知数的不等式的所有的解，组成这个不等式的解集；求不等式的解集的过程叫作解不等式.

不等式的解与不等式的解集的区别与联系：不等式的解是指满足这个不等式的未知数的某个值，而不等式的解集是指满足这个不等式的未知数的所有的值，故不等式的所有解组成了这个不等式的解集，不等式的解集中包括这个不等式的每一个解.

不等式的解集可以在数轴上直观地表示出来，形象地表明不等式的无限个解. 如图所示：

例如用数轴表示不等式的解集：

①$x\geqslant -2$ 表示为：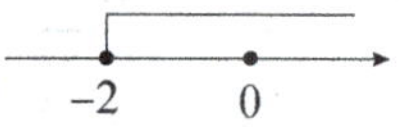

②$x\leqslant -2$ 表示为：

③$x<2$ 表示为：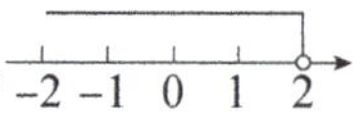

④$x>2$ 表示为：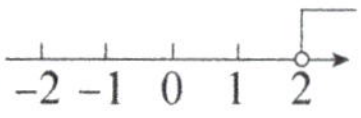

注意： 用数轴表示不等式的解集要注意两点：①定界点：一般在数轴上只标出原点和界点即可，定边界点时要注意点是实心还是空心，若边界点含于集合为实心点，不含于解集为空心点；②定方向："小于向左，大于向右".

例 2. 对于不等式 $4x+7(x-2)>8$ 不是它的解的是(　　).

A. 5　　B. 4　　C. 3　　D. 2

解：当 $x=5$ 时，$4x+7(x-2)=41>8$

当 $x=4$ 时，$4x+7(x-2)=30>8$

当 $x=3$ 时，$4x+7(x-2)=19>8$

当 $x=2$ 时，$4x+7(x-2)=8$

故知 $x=2$ 不是原不等式的解.

例 3. 不等式 $x>1$ 在数轴上表示正确的是(　　).

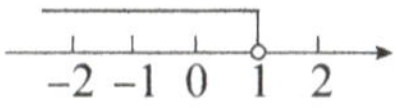

A.

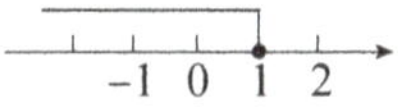

B.

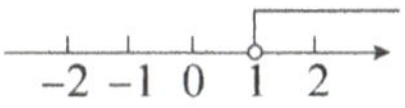

C.

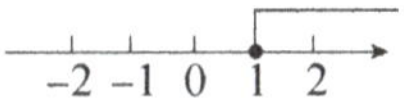

D.

解：∵ 不等式 $x>1$，∴ 在数轴上表示为：

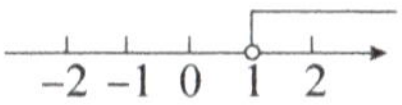

故选 C.

练习

1. 判断下列说法正确的是(　　).

A. $x=2$ 是不等式 $x+3<2$ 的解

B. $x=3$ 是不等式 $3x<7$ 的解

C. 不等式 $3x<7$ 的解是 $x<2$

D. $x=3$ 是不等式 $3x\geqslant 9$ 的解

2. 下列说法错误的是(　　).

A. 不等式 $x<2$ 的正整数解只有一个

B. -2 是不等式 $2x-1<0$ 的一个解

C. 不等式 $-3x>9$ 的解集是 $x>-3$

D. 不等式 $x<10$ 的整数解有无数个

3. 表示不等式组 $\begin{cases}x>a\\x>b\end{cases}$ 的解集如图所示，则不等式组 $\begin{cases}x<a\\x\leqslant b\end{cases}$ 的解集是________.

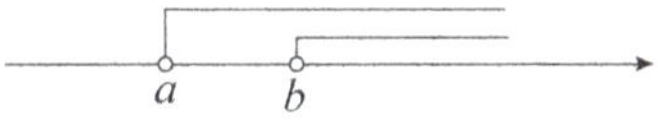

4. x 的解集在数轴上表示为如图所示的不等式组，求 x 的解集.

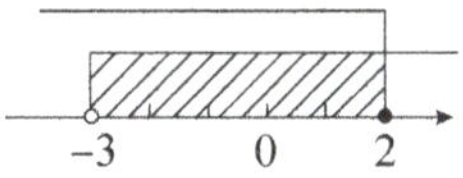

5. 在数轴上表示的解集对应的是(　　).

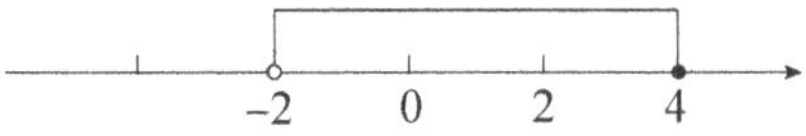

A. $-2<x<4$　　B. $-2<x\leqslant 4$　　C. $-2\leqslant x<4$　　D. $-2\leqslant x\leqslant 4$

小结巩固

1. 用不等式表示"a 的 5 倍与 b 的和不大于 8"为________.

2. 在数学表达式① $-3<0$;② $4x+5>0$;③ $x=3$;④ x^2+x;⑤ $x\neq -4$;⑥ $x+2>x+1$ 是不等式的有( ).

A. 2 个　　B. 3 个　　C. 4 个　　D. 5 个

3. 用不等式表示下列数量关系.

(1) a 与 b 的和大于 a 的 2 倍

(2) a 的 $\frac{1}{2}$ 与 b 的 $\frac{1}{3}$ 的差是负数

(3) x 与 y 之和的绝对值不大于 x 的一半的相反数

(4) a 与 b 两数和的平方不能大于 3

(5) $3x$ 的绝对值不小于 5

(6) a 的 6 倍与 3 的差不大于 1

4.1.2 不等式的性质

引入:

1. 已知老师的年龄为 a,学生的年龄为 b 岁,则有 $a>b$,五年前老师的年龄为______岁,学生的年龄为______岁,不等关系表示为__________,十年后老师为______岁,学生为______岁,不等关系为__________.

2. 已知 $5>3$,用不等号填以下式子的不等关系,你能发现什么?

5×1( )3×1,　　5×0.2( )3×0.2

5×3( )3×3,　　5×2.5( )3×2.5

如果改成除法呢?

$5\div1$( )$3\div1$　　$5\div(-0.2)$( )$3\div(-0.2)$

$5\div(-3)$( )$3\div(-3)$　　$5\div(-2.5)$( )$3\div(-2.5)$

你得到的结论是什么?

3. 刚才我们探究了了正数,那对于负数又有什么规律呢?

$5\times(-1)$( )$3\times(-1)$　　$5\times(-0.2)$( )$3\times(-0.2)$

$5\times(-3)$( )$3\times(-3)$　　$5\times(-2.5)$( )$3\times(-2.5)$

$5\div(-1)$( )$3\div(-1)$　　$5\div(-0.2)$( )$3\div(-0.2)$

$5\div(-3)$( )$3\div(-3)$　　$5\div(-2.5)$( )$3\div(-2.5)$

通过以上的习题,我们得到如下的结论:

不等式的性质 1: 不等式的两边都加上(或减去)同一个数或同一个式子,不等号的方向不变. 如果 $a>b$,那么 $a+c>b+c$(或 $a-c>b-c$)

不等式的性质 2: 不等式的两边都乘以(或除以)同一个正数,不等号的方向不变. 如果 $a>b,c>0$,那么 $ac>bc,\frac{a}{c}>\frac{b}{c}$

不等式的性质 3: 不等式的两边都乘以(或除以)同一个负数,不等号的方向改变. 如果 $a>b,c<0$ 那么 $ac<bc,\frac{a}{c}<\frac{b}{c}$

注意：除了以上不等式的三个性质外，不等式还具有对称性和传递性，具体如下：

1. 一个数大于另一个数，则另一个数一定小于这个数. 若 $a>b\Leftrightarrow b<a$(对称性)

2. 一个数大于另一个数，另一个数大于其他数，则这个数一定大于其他数若 $a>b,b>c\Leftrightarrow a>c$(传递性)

我们的不等式性质是从等式类比过来的，那么不等式与等式性质的关系又如何呢？具体来说，相同的地方是不管是等式还是不等式，都可以在它们的两边同加(减)一个数(整式)，所得结果仍成立. 不同的地方是在等式两边同乘(除以)一个正(负)数(整式)，等式仍然成立；在不等式两边同乘(除以)一个正数(整式)，不等号方向不变，在不等式两边同乘(除以)一个负数(整式)，不等号方向一定改变.

例 1. 若 $x>y$，则下列式子中错误的是(　　).

A. $x-3>y-3$　　B. $x+3>y+3$　　C. $-3x>-3y$　　D. $\frac{x}{3}>\frac{y}{3}$

解：A. 不等式的两边都减 3，不等号的方向不变，故 A 正确

B. 不等式的两边都加 3，不等号方向不变，故 B 正确

C. 不等式的两边都乘 -3，不等号的方向改变，故 C 错误

D. 不等式的两边都除以 3，不等号的方向改变，故 D 正确

故选 C.

注意：1. 我们常见不等式所表示的基本语言与含义还有：

①若 $a-b>0$，则 a 大于 b；

②若 $a-b<0$，则 a 小于 b；

③若 $a-b\geqslant 0$，则 a 不小于 b；

④若 $a-b\leqslant 0$，则 a 不大于 b；

⑤若 $ab>0$ 或 $\frac{a}{b}>0$，则 a、b 同号；

⑥若 $ab<0$ 或 $\frac{a}{b}<0$，则 a、b 异号.

2. 任意两个实数 a、b 的大小关系：

①$a-b>0\Leftrightarrow a>b$　　②$a-b=0\Leftrightarrow a=b$　　③$a-b<0\Leftrightarrow a<b$

3. 不等号具有方向性，其左右两边不能随意交换；但 $a<b$ 可转换为 $b>a$，$c\geqslant d$ 可转换为 $d\leqslant c$.

4. 运用不等式的性质对不等式进行变形时，要特别注意性质 2 和性质 3 的区别，在乘(或除)同一个数时，必须先弄清这个数是正数还是负数，如果是负数，不等号的方向要改变.

例 2. 对于不等式 $x+2<6$，字母 x 表示未知数，当 x 取某一个数值 a(例如 3)时，$x+2$ 的值小于 6，我们就说当 $x=a$ 时，不等式 $x+2<6$ 成立，当 x 取某一个数值 b(例如 5)时，$x+2$ 的值不小于 6，我们就说当 $x=b$ 时，不等式 $x+2<6$ 不成立，说明当 x 取下列数值时，不等式 $2x+1<5$ 是否成立？

$$-1,0,3,-2.5,+4,-4,4.5$$

解：因为当 $x=1,0,-2.5,-4$ 时，不等式 $2x+1<5$ 成立，当 $x=2,+4,4.5$ 时，不等式 $2x+1<5$ 不成立.

练习

1. 指出下面变形是根据不等式的哪一条基本性质.

(1)由 $2a>5$，得 $a>\frac{5}{2}$　　(2)由 $a-7>0$，得 $a>7$

(3)由 $-a>0$,得 $a<0$　　(4)由 $3a>2a-1$,得 $a>-1$

2. 设 $a>b$;用“>”或“<”号填空.

(1)$a-5$ ____ $b-5$　　(2)$-a-b$　$-a$ ____ $-b$

(3)$6a$ ____ $6b$　　(4)$-a-b$　$-a$ ____ b

3. (1)用“>”号或“<”号填空,并简说理由.

①$6+2$ ________ $-3+2$　　②$6\times(-2)$ ________ $-3\times(-2)$

③$6\div2$ ________ $-3\div2$　　④$6\div(-2)$ ________ $-3\div(-2)$

4. 如果 $a>b$,则

①$a+b$ ________ $b+c$　　②$a-b$ ________ $b-c$

③ac ________ $bc(c>0)$　　④$\frac{a}{c}$ ________ $\frac{b}{c}(c<0)$

5. 按照下列条件,写出仍能成立的不等式,并说明根据.

(1)$a>b$ 两边都加上 -4　　(2)$-3a<b$ 两边都除以 -3

(3)$a\geqslant3b$ 两边都乘以 2　　(4)$a\leqslant2b$ 两边都加上 c

6. 根据不等式的性质,把下列不等式化为 $x>a$ 或 $x<a$ 的形式(a 为常数)

(1)$\frac{1}{3}x>-\frac{1}{3}x-2$　　(2)$\frac{1}{2}x\leqslant\frac{1}{2}(6-x)$

(3)$-3x>2$　　(4)$-3x+2<2x+3$

小结巩固

一、判断题(正确的打“√”,错误的打“×”)

1. 不等式两边同时乘以一个整数,不等号方向不变.(　　)
2. 如果 $a>b$,那么 $3-2a>3-2b$.(　　)
3. 如果 a 是有理数,那么 $-8a>-5a$.(　　)
4. 如果 $a<b$,那么 $a^2<b^2$.(　　)
5. 如果 a 为有理数,则 $a>-a$.(　　)
6. 如果 $a>b$,那么 $ac^2>bc^2$.(　　)
7. 如果 $-x>8$,那么 $x>-8$.(　　)
8. 若 $a<b$,则 $a+c<b+c$.(　　)
9. $x>0,y<0$,则 $\frac{x}{y}<0$.(　　)
10. 若 $x>y>0$,则 $\frac{1}{2}(y-x)>0$.(　　)
11. 若 $a<b,c<0$,则 $ac^2-bc^2<0$.(　　)

12. 若 $xz^2 > yz^2$，则 $x > y$.（　　）

13. 若 $a - b > a$，则 $b > 0$.（　　）

14. 若 $ab > c$，则 $a > \frac{c}{b}$.（　　）

15. 若 $\frac{1}{a} > -2$，则 $1 > -2a$.（　　）

二、填空题

1. 若 $a > b$，则 $-\frac{1}{2}a$ ________ $-\frac{1}{2}b$，$2a+1$ ________ $2b+1$.

2. 当 a ________ 0 时，$b<0$ 时，$ab<0$.

3. 在下列空格中填上不等号，并注明理由.

(1)若 $5+x>8$，则 x ________ 3，根据是________.

(2)若 $6x>3$，则 x ________，根据是________.

(3)若 $-\frac{x}{3}>1$，则 x ________ -3，根据是________.

4. 如果 $a<b$，用"<"或">"填空.

(1)$a-1$ ________ $b-1$　　(2)$-2a$ ________ $-2b$　　(3)$1-a$ ________ $1-b$

4.2　一元一次不等式

4.2.1　一元一次不等式的概念

引入：

甲乙两个商店以想通价格出售同样的商品，并且又各自推出不同的优惠方案：在甲店累计购买 100 元商品后，在购买的商品按照原价的 90% 收费；在乙店累计购买 50 元商品后，在购买的商品按照原价的 95% 收费，请问顾客怎样选择商店购物才能得到最大的实惠呢？

我们在解决这样问题的时候，发现解决问题的式子不是传统的方程，而是不等式，而且是只含有一个未知数，且最高此方为 1 的不等式.

一般不等式的两边都是整式，只含有一个未知数并且未知数的最高次数是一，像这样的不等式叫作一元一次不等式. 如"$ax>b$ 或 $ax<b$"，其中 x 是未知数，a，b 是已知数，并且 $a\neq 0$. $ax+b<0$ 或 $ax+b>0(a\neq 0)$ 是一元一次不等式的标准形式. 例如，$x+1>3$，$\frac{4-y}{2}>0$ 是一元一次不等式，而 $x-y>0$，$\frac{2}{x}+5\geqslant 3x$ 不是一元一次不等式.

例 1. 下列式子中，是一元一次不等式的有哪些？

(1)$3x+5=0$　　(2)$2x+3>5$　　(3)$\frac{3}{4}x<8$

(4)$\frac{1}{x}\geqslant 2$　　(5)$2x+y\leqslant 8$

解：(2)、(3)是一元一次不等式.

注意： 一元一次不等式的定义主要由三部分组成：①不等式的左右两边分母不含未

知数;②不等式中只含一个未知数;③未知数的最高次数是 1,三个条件缺一不可.

(2)一元一次不等式与一元一次方程既有区别又有联系.

相同点:二者都是只含有一个未知数,未知数的次数都是 1,“左边”和“右边”都是整式.

不同点:一元一次不等式表示不等关系,由不等号“ < ”、“ ≤ ”、“ ≥ ”或“ > ”连接,不等号有方向;一元一次方程表示相等关系,由等号“ = ”连接,等号没有方向.

练习

1. 观察下列各式,找出一元一次不等式:

(1)$40+15x>130$　　(2)$2x-2.5\geq 1.5$　　(3)$x\leq 8.75$

(4)$7x+4=11$　　(5)$x^2-1>3$

2. 若 $3x^{2m+1}-1>5$ 是关于 x 的一元一次不等式,则 $m=$________.

3. 若 $3x^{2m}+(3m+1)x<8$ 是关于 x 的一元一次不等式,则 $m=$________.

4. 下列不等式中,是一元一次不等式的是(　　).

A. $2x-1>0$　　B. $-1<2$　　C. $3x-2y\leq -1$　　D. $y^2+3>5$

4.2.2　一元一次不等式的解法

与一元一次方程的解法类似,其根据是不等式的基本性质,将不等式逐步化为:$x<a$(或$x>a$)的形式,解一元一次不等式的一般步骤为:(1)去分母;(2)去括号;(3)移项;(4)化为 $ax>b$(或 $ax<b$)的形式(其中 $a\neq 0$);(5)两边同除以未知数的系数,得到不等式的解集.具体联系与区别见下表.

	一元一次方程	一元一次不等式
解法的依据	方程的两边加(或减)同一个数(或式子),方程的解不变	不等式的两边加(或减)同一个数(或式子),不等号的方向不变
	方程的两边乘(或除以)同一个不为零的数,方程的解不变	不等式的两边乘(或除以)同一个正数,不等号的方向不变
		不等式的两边乘(或除以)同一个负数,不等号的方向改变
解法的步骤	1. 去分母;2. 去括号;3. 移项;4. 合并同类项;5. 未知数的系数化为 1	1. 去分母;2. 去括号;3. 移项;4. 合并同类项;5. 未知数的系数化为 1 在步骤 1 和步骤 5 中,如果乘(或除)的数是负数,不等号要改变方向
解的情况	一元一次方程只有一个解	一元一次不等式可以有无数多个解

在计算出结果以后,和方程不一样,除了用式子表示结果外,不等式还可以利用数轴来表示结果.在数轴上可以直观地把不等式的解集表示出来,能形象地说明不等式有无限多个解,它对以后正确确定一元一次不等式组的解集有很大帮助.

例 1. 解不等式 $2(x+1)-1\geq 3x+2$,并把它的解集在数轴上表示出来.

解:去括号,得 $2x+2-1\geq 3x+2$

移项,得 $2x-3x\geq 2-2+1$

合并同类项,得 $-x\geq 1$

系数化为 1,得 $x\leq -1$

这个不等式的解集在数轴上表示为:

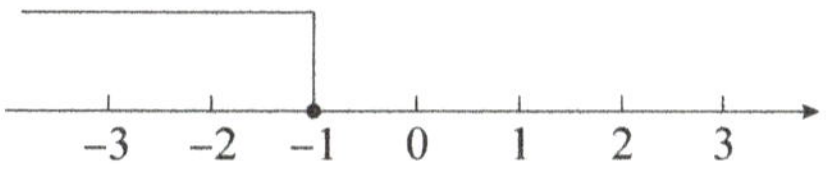

例 2. 解不等式$\frac{x-2}{2}\geqslant\frac{7-x}{3}$,并把它的解集表示在数轴上.

解:去分母,得 $3(x-2)\geqslant2(7-x)$

去括号,得 $3x-6\geqslant14-2x$

移项、合并同类项,得 $5x\geqslant20$

两边都除以 5,得 $x\geqslant4$

这个不等式的解集在数轴上表示如下:

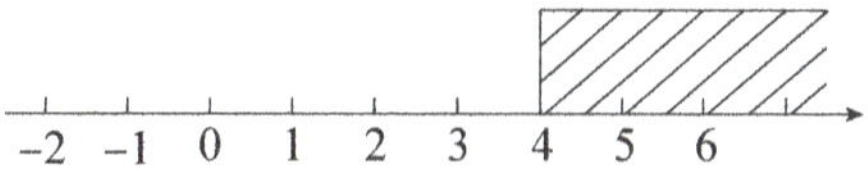

例 3. 解不等式:$\frac{2x-1}{3}\leqslant\frac{3x+2}{4}-1$,并把解集表示在数轴上.

解:去分母得,$4(2x-1)\leqslant3(3x+2)-12$

去括号得,$8x-4\leqslant9x+6-12$

移项得,$8x-9x\leqslant6-12+4$

合并同类项得,$-x\leqslant-2$

把 x 的系数化为 1 得,$x\geqslant2$

在数轴上表示为:

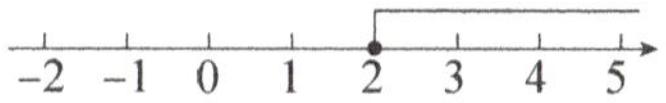

注意: 1. 在解一元一次不等式时,每个步骤并不一定都要用到,可根据具体问题灵活运用.

2. 解不等式应注意:

①去分母时,每一项都要乘同一个数,尤其不要漏乘常数项;

②移项时不要忘记变号;

③去括号时,若括号前面是负号,括号里的每一项都要变号;

④在不等式两边都乘(或除以)同一个负数时,不等号的方向要改变.

3. 在用数轴表示不等式的解集时,要确定边界和方向:

①边界:有等号的是实心圆点,无等号的是空心圆圈.

②方向:大向右,小向左.

练习

1. 不等式$\frac{1+2x}{5}\geqslant1$ 的解集,在数轴上表示正确的是(　　).

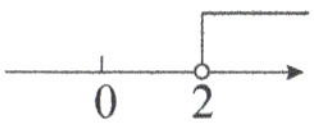

A.

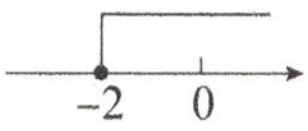

B.

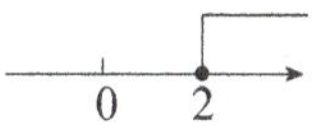

C.

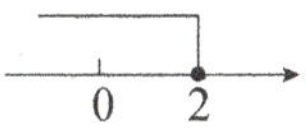

D.

2. 不等式$\frac{3x+2}{2}<x$ 的解集是(　　).

A. $x<-2$　　B. $x<-1$　　C. $x<0$　　D. $x>2$

3. 解不等式 $2-3x\leqslant 3+5x$，则 x ________.

4. 解下列不等式.

①$2x-5>3x+4$　　②$10-4(x-3)\leqslant 2(x-1)$

③$\frac{1-2x}{3}\geqslant\frac{4-3x}{6}$　　④$\frac{x}{2}+2\leqslant 1-\frac{2x-1}{3}$

4.2.3　列一元一次不等式解决实际问题

引入：

我们在前面学习到的如何从商店优惠购买商品的例子里面可以看出，对于一类问题，我们完全可以用一元一次不等式的方法解决，列一元一次不等式解应用题的基本步骤与列一元一次方程解应用题的步骤类似，即解一元一次不等式应用题的步骤：

(1)审题，找不等关系；

(2)设未知数；

(3)列不等关系；

(4)解不等式；

(5)根据实际情况，写出全部答案.

例 1. 一次环保知识竞赛共有 25 道题，规定答对一道题得 4 分，答错或不答一道题扣 1 分，在这次竞赛中，小明被评为优秀(85 分或 85 分以上)，小明至少答对了几道题？

解：设小明答对了 x 道题，则得 $4x$ 分，另有$(25-x)$道要扣分，而小明评为优秀，即小明的得分应大于或等于 85 分，则

$$4x-(25-x)\geqslant 85$$

解得：$x\geqslant 22$

所以，小明至少答对了 22 道题，他可能答对 22，23，24 或 25 道题.

例 2. 小颖准备用 21 元钱买笔和笔记本. 已知每支笔 3 元，每个笔记本 2.2 元，她买了 2 本笔记本. 请你帮她算一算，她还可能买几支笔？

解：设她还可能买 x 支笔，根据题意，得

$$3x+2.2\times 2\leqslant 21$$

解这个不等式，得

$$x\leqslant\frac{16.6}{3}$$

因为在这一问题中 x 只能取正整数，所以还可能买 1 支、2 支、3 支、4 支或 5 支笔.

练习

1. 福林制衣厂现有 24 名制作服装工人，每天都制作某种品牌衬衫和裤子，每人每天可制作衬衫 3 件或裤子 5 条.

(1)若该厂要求每天制作的衬衫和裤子数量相等,则应安排制作衬衫和裤子各多少人?

(2)已知制作一件衬衫可获得利润30元,制作一条裤子可获得利润16元,若该厂要求每天获得利润不少于2 100元,则至少需要安排多少名工人制作衬衫?

2. 某种商品进价150元,标价200元,但销量较小. 为了促销,商场决定打折销售,若为了保证利润率不低于20%,那么至多打几折?

3. 某城市平均每天产生生活垃圾700吨,全部由甲,乙两个垃圾厂处理,已知甲厂每小时处理垃圾55吨,需费用550元;乙厂每小时处理垃圾45吨,需费用495元. 如果规定该城市处理垃圾的费用每天不超过7 370元,甲厂每天至少需要处理垃圾多少小时?

4. 某工程队要招聘甲、乙两种工人150人,甲、乙两种工种的月工资分别为600元和1 000元,现要求乙种工种的人数不少于甲种工种人数的2倍,问甲、乙两种工种各招聘多少人时,可使得每月所付工资最少?

4.3 一元一次不等式组

4.3.1 一元一次不等式组的概念

引入:

现在有两根木条 a 和 b,a 长10cm,b 长3cm,如果在找一根木条 c,用这三根木条钉成一个三角形木框,那么对木条 c 的长如有要求吗?

我们直到三根木条想要构成三角形,必须要满足任意两边只和大于第三边,任意两边只差小于第三边. 因此我们 c 边长度设为 x 时,必须要同时满足两个条件:

$$\begin{cases} x < 10+3 \\ x > 10-3 \end{cases}$$

类似的方程组合我们以后会经常见到. 一般关于同一未知数的几个一元一次不等式合在一起,就组成了一元一次不等式组如$\begin{cases} x-2>5 \\ x-6<2010 \end{cases}$,$\begin{cases} x-7>0 \\ 2x+11>6 \\ 3x+15<9 \end{cases}$等都是一元一次不等式组.

注意：判断一个不等式组是一元一次不等式组可根据下列两个条件.

1. 组成不等式组的每一个不等式必须是一元一次不等式且未知数相同；

2. 不等式组中不等式至少是两个，也就是说可以是 2 个，3 个，4 个或更多个.

例 1. 某小区前坪有一块空地，现想建成一块面积大于 48 平方米，周长小于 34 米的矩形绿化草地，已知一边长为 8 米，设其邻边为 x，请你根据题意写出 x 必须满足的不等式.

解：由题意知，x 必须满足两个条件①面积大于 48 平方米. ②周长小于 34 米. 故必须构建不等式组来体现其不等关系.

依题意得：$\begin{cases}8x>48\\2(x+8)<34\end{cases}$

注意：(1)这里的“几个”不等式是两个、三个或三个以上.

(2)这几个一元一次不等式必须含有同一个未知数.

练习

下列选项中是一元一次不等式组的是(　　).

A. $\begin{cases}x-y>0\\y+z>0\end{cases}$　B. $\begin{cases}x^2-x>0\\x+1<0\end{cases}$　C. $\begin{cases}y+2>0\\x+y<0\end{cases}$　D. $\begin{cases}2x+3>0\\x>0\end{cases}$

4.3.2　一元一次不等式组的解集

引入：

我们在前面遇到的三角形问题时候，我们列出了不等式组$\begin{cases}x>10+3\\x<10-3\end{cases}$，利用我们前面的数轴知识我们可以得到 $7<x<13$.

一般几个不等式的解集的公共部分，叫作由它们所组成的不等式组的解集，如果这些不等式的解集无公共部分，就说这个不等式组无解.

例 1. 请写出解集

(1)$\begin{cases}x>2\\x>-3\end{cases}$的解集是________.　　(2)$\begin{cases}x<2,\\x<-3\end{cases}$的解集是________.

解：(1)$x>2$　(2)$x<-3$

注意：

(1)找几个不等式的解集的公共部分的方法是先将几个不等式的解集在同一数轴上表示出来，然后找出它们重叠的部分.

(2)有的一元一次不等式组中的各不等式的解集可能没有公共部分，也就是说有的不等式组可能出现无解的情况.

练习

直接写出解集.

(1)$\begin{cases}x<2,\\x>-3\end{cases}$的解集是________　　(2)$\begin{cases}x>2,\\x<-3\end{cases}$的解集是________

通常我们解一元一次不等式组的方法步骤如下.

第一步：分别求出不等式组中各不等式的解集；

第二步：将各不等式的解集在数轴上表示出来；

第三步：在数轴上找出各不等式的解集的公共部分，这个公共部分就是不等式组的解集.

即：

当$\begin{cases}x>a\\x>b\end{cases}$时，$x>b$（同大取大） 当$\begin{cases}x<a\\x<b\end{cases}$时，$x<a$（同小取小）

当$\begin{cases}x>a\\x<b\end{cases}$时，$(a<x<b)$（大小小大取中间） 当$\begin{cases}x<a\\x>b\end{cases}$时无解（大大小小无解）

例 2. 解不等式组$\begin{cases}x-3(x-2)\geqslant 4 & ①\\ \dfrac{1+2x}{3}>x-1 & ②\end{cases}$

解：解不等式组时，要先分别求出不等式组中每个不等式的解集，然后画数轴，找它们解集的公共部分，这个公共部分就是不等式组的解集.

解：$\begin{cases}x-3(x-2)\geqslant 4 & ①\\ \dfrac{1+2x}{3}>x-1 & ②\end{cases}$

由①得 $x\leqslant 1$；

由②得 $x<4$；

所以原不等式组的解集为 $x\leqslant 1$.

注意：确定一元一次不等式组解集的常用方法有两种.

(1)数轴法：运用数轴法确定不等式组的解集，就是将不等式组中的每一个不等式的解集在数轴上表示出来，然后找出它们的公共部分，这个公共部分就是此不等式组的解集；如果没有公共部分，则这个不等式组无解，这种方法体现了数形结合的思想，既直观又明了，易于掌握.

(2)口诀法：为了便于快速找出不等式组的解集，结合数轴将其总结为朗朗上口的四句口诀：同大取大、同小取小、大小小大中间找，大大小小无解了.

例 3. 解不等式组$\begin{cases}\dfrac{x-3}{2}+3\geqslant x+1\\ 1-3(x-1)<8-x\end{cases}$，并把解集在数轴上表示出来.

解：$\begin{cases}\dfrac{x-3}{2}+3\geqslant x+1 & ①\\ 1-3(x-1)<8-x & ②\end{cases}$

∵ 解不等式①得：$x\leqslant 1$，

解不等式②得：$x>-2$，

∴ 不等式组的解集为：$-2<x\leqslant 1$.

在数轴上表示不等式组的解集为：

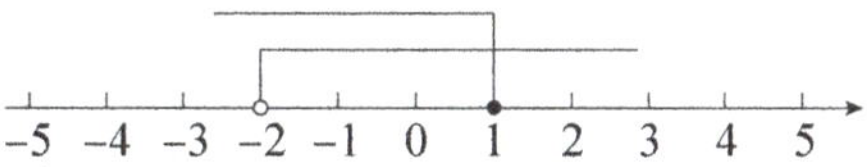

通过以上各题我们可以看出，解一元一次不等式组时，一般先求出其中各不等式的解集，再求出这些解集的公共部分. 利用数轴可以直观地表示不等式组的解集. 为了解题方便，可采用数轴法和口诀法，数轴法直观明了，口诀法易记易用. 由两个一元一次不等式组成的不等式组的解集，可划分为以下四种情形.

不等式组	数轴表示	解集	口诀(规律)
$\begin{cases}x>a\\x>b\end{cases}(a<b)$	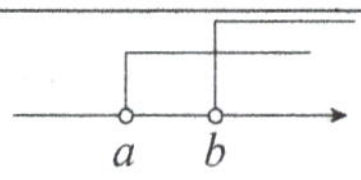	$x>b$	同大取大
$\begin{cases}x<a\\x<b\end{cases}(a<b)$	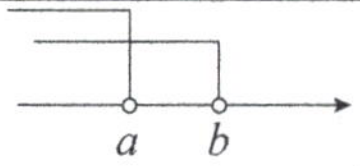	$x<a$	同小取小
$\begin{cases}x>a\\x<b\end{cases}(a<b)$	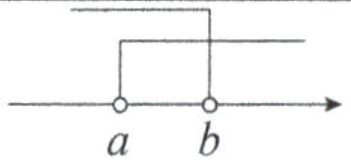	$a<x<b$	大小小大中间找
$\begin{cases}x<a\\x>b\end{cases}(a<b)$	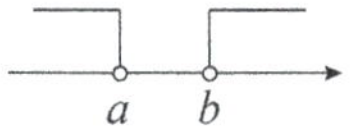	无解	大大小小解没了

注意： 几种特殊不等式(组)的解集

(1)关于 x 的不等式组$\begin{cases}x\geqslant a\\x\leqslant a\end{cases}$的解集为 $x=a$；

(2)关于 x 的不等式组$\begin{cases}x>a\\x<a\end{cases}$无解；

(3)关于 x 的不等式 $x^2+a\geqslant0(a\geqslant0)$的解集为全体实数，关于 x 的不等式 $x^2+a<0(a\geqslant0)$无解；

(4)不等式$\sqrt{x^2}\geqslant0$(或 $x^2\geqslant0$)的解集为全体实数，不等式$\sqrt{x^2}<0$(或 $x^2<0$)无解.

练习

1. 把不等式组$\begin{cases}x-3<-1\\5-x<6\end{cases}$的解集表示在数轴上正确的是(　　).

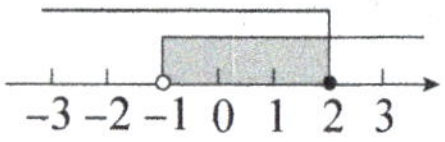

A.

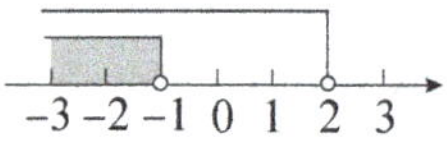

B.

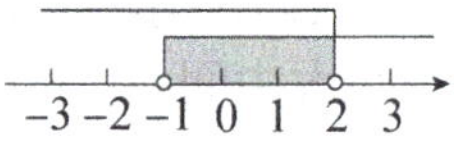

C.

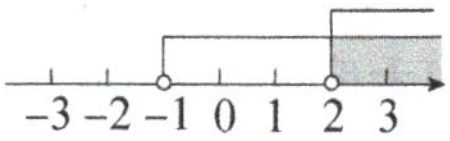

D.

2. 把某不等式组中两个不等式的解集表示在数轴上，如图所示，则这个不等式组可能是(　　).

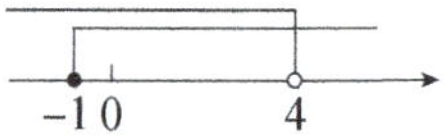

A. $\begin{cases}x>4\\x\leqslant-1\end{cases}$　B. $\begin{cases}x<4\\x\geqslant-1\end{cases}$　C. $\begin{cases}x>4\\x>-1\end{cases}$　D. $\begin{cases}x\leqslant4\\x>-1\end{cases}$

3. 不等式组$\begin{cases}-x\leqslant2\\x-2<1\end{cases}$的解集在数轴上表示正确的是(　　).

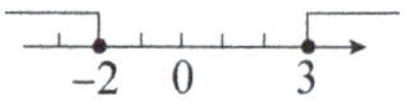

A.

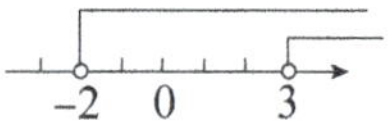

B.

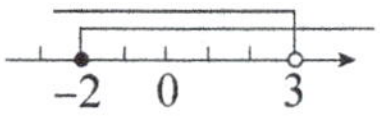

C.

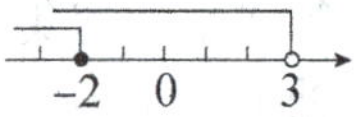

D.

4. 把不等式组$\begin{cases}x+1>0\\x-1\leqslant0\end{cases}$的解集表示在数轴上，正确的为图中的(　　).

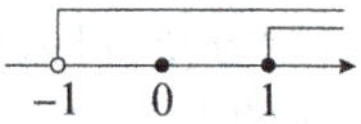

A.

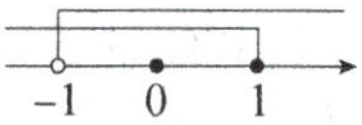

B.

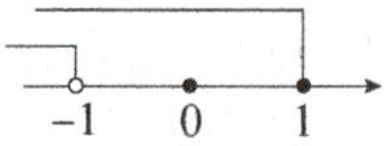

C.

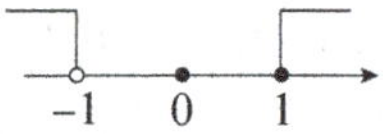

D.

5. 不等式组$\begin{cases}3x-1>2\\8-4x\leqslant 0\end{cases}$的解集在数轴上表示为(　　).

A.　　B.　　C.　　D.

6. 已知不等式组$\begin{cases}x>a\\x\geqslant 1\end{cases}$的解集是 $x\geqslant 1$,则 a 的取值范围是(　　).

A. $a<1$　　B. $a\leqslant 1$　　C. $a\geqslant 1$　　D. $a>1$

7. 不等式 $0<\dfrac{3-2x}{5}\leqslant 1$ 的整数解有(　　).

A. 4 个　　B. 3 个　　C. 2 个　　D. 1 个

8. 解下列不等式

①$\begin{cases}3x+2\geqslant 5x-6\\3-2x\geqslant 2+x\end{cases}$　　②$\begin{cases}x-3(x-2)\geqslant 4\\\dfrac{1+2x}{3}>x-1\end{cases}$

③ $-2<1-\dfrac{1}{5}x$　　④$\begin{cases}2x-7<3(x-1)\\\dfrac{4}{3}x+3\geqslant 1-\dfrac{2}{3}x\end{cases}$

4.3.3 列一元一次不等式组解决实际问题

引入:

我们在实际生活中会遇到各种各样的利用一元一次不等式组解决的问题,利用不等式组解决实际问题的方法,步骤与列二元一次方程组解应用题的步骤类似,不同的是后者寻求等量关系,列出的是等式,前者寻求的是不等关系,并且解不等式所得结果通常为一个解集,需要从解集中找出符合条件的答案,即审,设,列,解,答.

例 1. “六 · 一”儿童节,学校组织部分少先队员去植树. 学校领到一批树苗,若每人植 4 棵树,还剩 37 棵;若每人植 6 棵树,则最后一人有树植,但不足 3 棵,这批树苗共有多少棵.

解:设有 x 名学生,则由第一种植树法,知道一共有$(4x+37)$棵树,

第二种植树法中,前$(x-1)$名学生中共植 $6(x-1)$棵树,

最后一名学生植树的数量是:$[(4x+37)-6(x-1)]$棵,

这样,我们就探求到第一个不等量关系:

最后一人有树植,说明第二种植树法中前$(x-1)$名学生植树的数量要比树木总数少,即$(4x+37)>6(x-1)$;

第二种植树法中,最后一名学生植树的数量不到 3 棵,也就是说$[(4x+37)-6(x-1)]<3$,或者理解为:$[(3x+8)-5(x-1)]\leqslant 2$,这样,我们就又找到了第二个不等量关系式.

到此,不等式组即建立起来了,接下来就是解不等式组.

设有 x 名学生，根据题意，得：$\begin{cases} 4x+37>6(x-1) & ① \\ (4x+37)-6(x-1)<3 & ② \end{cases}$，

不等式①的解集是：$x<21\frac{1}{2}$，

不等式②的解集是：$x>20$，

所以，不等式组的解集是：$20<x<21\frac{1}{2}$，

因为 x 是整数，所以，$x=21$，$4\times21+37=121$（棵）

答：这批树苗共有 121 棵.

注意：（1）利用一元一次不等式组解应用题的关键是找不等关系.

（2）列不等式组解决实际问题时，求出不等式组的解集后，要结合问题的实际背景，从解集中联系实际找出符合题意的答案，比如求人数或物品的数目、产品的件数等，只能取非负整数.

例 2. 一件商品的成本价是 30 元，若按原价的 88 折销售，至少可获得 10% 的利润；若按原价的 9 折销售，可获得不足 20% 的利润，此商品原价在什么范围内？

解：设这件商品原价为 x 元，根据题意可得：

$$\begin{cases} 88\%x\geqslant30+30\times10\% \\ 90\%x<30+30\times20\% \end{cases}$$

解得：$37.5\leqslant x<40$

答：此商品的原价在 37.5 元（包括 37.5 元）至 40 元范围内.

例 3. "全民阅读"深入人心，好读书，读好书，让人终身受益. 为满足同学们的读书需求，学校图书馆准备到新华书店采购文学名著和动漫书两类图书. 经了解，20 本文学名著和 40 本动漫书共需 1 520 元，20 本文学名著比 20 本动漫书多 440 元（注：所采购的文学名著价格都一样，所采购的动漫书价格都一样）.

（1）求每本文学名著和动漫书各多少元？

（2）若学校要求购买动漫书比文学名著多 20 本，动漫书和文学名著总数不低于 72 本，总费用不超过 2 000 元，请求出所有符合条件的购书方案.

解：（1）设每本文学名著 x 元，动漫书 y 元，根据题意列出方程组解答即可.

（2）根据学校要求购买动漫书比文学名著多 20 本，动漫书和文学名著总数不低于 72 本，总费用不超过 2 000 元，列出不等式组，解答即可.

（1）设每本文学名著 x 元，动漫书 y 元，

可得：$\begin{cases} 20x+40y=1\ 520 \\ 20x-20y=440 \end{cases}$

解得：$\begin{cases} x=40 \\ y=18 \end{cases}$

答：每本文学名著和动漫书各为 40 元和 18 元.

（2）设学校要求购买文学名著 x 本，动漫书为 $(x+20)$ 本，根据题意可得：

$\begin{cases} x+x+20\geqslant72 \\ 40x+18(x+20)\leqslant2\ 000 \end{cases}$

解得：$26\leqslant x\leqslant\frac{820}{29}$

因为 x 取整数，

所以 x 取 26，27，28.

方案一：文学名著 26 本，动漫书 46 本；

方案二：文学名著27本，动漫书47本；

方案三：文学名著28本，动漫书48本.

例4. A地果农收获荔枝30吨，香蕉13吨，现计划租用甲、乙两种货车共10辆，将这批水果全部运往B地. 已知甲种货车可装荔枝4吨和香蕉1吨，乙种货车可装荔枝香蕉各2吨.

(1)若要安排甲、乙两种货车时有几种方案？请你帮助设计出来.

(2)若甲种货车每辆要付运输费2 000元，乙种货车每辆要付运输费1 300元，那么选择哪种方案使运费最少？运费最少是多少？

解：(1)设租甲种货车x辆，则租乙种货车$(10-x)$辆，依题意得：

$\begin{cases}4x+2(10-x)\geqslant 30\\ x+2(10-x)\geqslant 13\end{cases}$，解得$5\leqslant x\leqslant 7$，

又x为整数，所以$x=5$或6或7，

∴ 有三种方案：

方案1：租甲种货车5辆，乙种货车5辆；

方案2：租甲种货车6辆，乙种货车4辆；

方案3：租甲种货车7辆，乙种货车3辆.

(2)运输费用：

方案1：$2\ 000\times 5+1\ 300\times 5=16\ 500$(元)；

方案2：$2\ 000\times 6+1\ 300\times 4=17\ 200$(元)；

方案3：$2\ 000\times 7+1\ 300\times 3=17\ 900$(元).

∴ 方案1运费最少，应选方案1.

练习

1. 现用甲、乙两种运输车将46t抗旱物资运往灾区，甲种运输车载重5t，乙种运输车载重4t，安排车辆不超过10辆，则甲种运输车至少应安排(　　).

A. 4辆　　B. 5辆　　C. 6辆　　D. 7辆

2. 甲，乙两家超市以相同的价格出售同样的商品，为了吸引顾客，各自推出不同的优惠方案：在甲超市累计购买商品超出300元之后，超出部分按原价8折优惠；在乙超市累计购买商品超出200元之后，超过部分按原价8.5折优惠. 设顾客预计累计购物x元$(x>300)$.

(1)请用含x的代数式分别表示顾客在两家超市购物所付的费用；

(2)试比较顾客到哪家超市购物更优惠？说明你的理由.

3. 郑老师想为希望小学四年级(3)班的同学购买学习用品，了解到某商店每个书包价格比每本词典多8元，用124元恰好可以买到3个书包和2本词典.

(1)每个书包和每本词典的价格各是多少元？

(2)郑老师计划用1 000元为全班40位学生每人购买一件学习用品(一个书包或一本词典)后，余下不少于100元且不超过120元的钱购买体育用品. 共有哪几种购买书包和词典的方案？

第五单元　函数

5.1　函数及其表示法

5.1.1　基础知识

1. 有序数对

我们把有顺序的两个数 a 与 b 组成的数对，叫作有序数对，记作 (a,b).

提示：对“有序”要理解准确，即两个数的位置不能随意交换，(a,b) 与 (b,a) 中字母顺序不同，含义就不同，表示的位置也就不同.

2. 平面直角坐标系

(1) 在平面内画两条互相垂直且有公共原点的数轴，就组成了平面直角坐标系.

其中，水平的数轴叫做 x 轴或横轴，取向右为正方向；铅直的数轴叫做 y 轴或纵轴，取向上为正方向；两轴的交点 O(即公共的原点)叫做直角坐标系的原点；建立了直角坐标系的平面，叫做坐标平面.

为了便于描述坐标平面内点的位置，把坐标平面被 x 轴和 y 轴分割而成的四个部分，分别叫做第一象限、第二象限、第三象限、第四象限.

注意：x 轴和 y 轴上的点，不属于任何象限.

(2) 象限

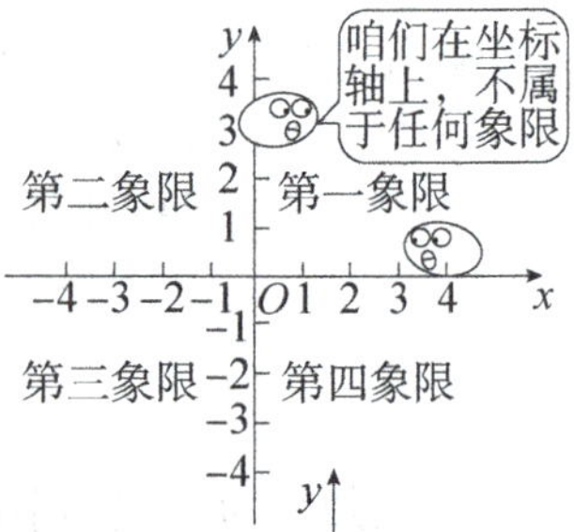

X 轴和 y 轴把坐标平面分成四个部分，称为四个象限，按逆时针顺序依次叫第一象限，第二象限，第三象限，第四象限.

注意：如果所表示的平面直角坐标系具有实际意义，一般在表示横轴，纵轴的字母后附上单位.

3. 点的坐标

(1) 点的坐标的概念

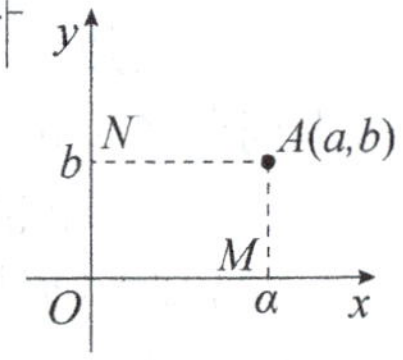

如图对于平面内任何一点 A，由点 A 分别向 x 轴，y 轴作垂线，垂足 M 在 x 轴上的坐标是 a，垂足 N 在 y 轴上的坐标是 b，我们说点 A 的横坐标是 a，纵坐标是 b 有序数对 (a,b) 叫作 A 的坐标.

注意：1. 在表示点的坐标时，横坐标在前，纵坐标在后，中间以逗号分开.

2. 坐标平面内的点与有序实数对是一一对应的，即平面内任意一点，都有一对有序实数与之对应；反过来，对于任意一对有序实数，在坐标平面内都有唯一确定的点与之对应.

(2)点的坐标的几何意义

点 $A(a,b)$ 到 x 轴的距离是 $|b|$,到 y 轴的距离是 $|a|$.

4. 不同位置的点的坐标特征

(1)各象限内点的坐标的符号特征

运算方法	横坐标	纵坐标
第一象限	+	+
第二象限	-	+
第三象限	-	-
第四象限	+	-

(2)坐标轴上点的坐标特征

①点 $P(x,y)$ 在 x 轴上 $\Leftrightarrow\begin{cases}x\text{ 为任何实数}\\y=0\end{cases}$

②点 $P(x,y)$ 在 y 轴上 $\Leftrightarrow\begin{cases}x=0\\y\text{ 为任何实数}\end{cases}$

③点 $P(x,y)$ 是坐标原点 $\Leftrightarrow\begin{cases}x=0\\y=0\end{cases}$

(3)象限角的平分线上的点的坐标特征

①点 $P(x,y)$ 在第一,三象限的角平分线上 $\Leftrightarrow x=y$

②点 $P(x,y)$ 在第二,四象限的角平分线上 $\Leftrightarrow x=-y$

(4)与坐标轴平行的直线上点的坐标特征

①平行于 x 轴的直线上的各点的纵坐标相同

②平行与 y 轴的直线上的各点的横坐标相同

(5)关于 x 轴、y 轴或远点对称的点的坐标的特征

点 P 与点 p' 关于 x 轴对称 $\Leftrightarrow$ 横坐标相等,纵坐标互为相反数

点 P 与点 p' 关于 y 轴对称 $\Leftrightarrow$ 纵坐标相等,横坐标互为相反数

点 P 与点 p' 关于原点对称 $\Leftrightarrow$ 横、纵坐标均互为相反数.

注意: 关于谁对称谁不变,关于原点都改变.

(6)平面直角坐标系内两点间的距离(拓展)

①点 $P(a,b)$ 到原点的距离 $PO=\sqrt{a^2+b^2}$;

②若 $A(x_1,0)$,$B(x_2,0)$,则 $AB=|x_2-x_1|$;

③若 $A(x_1,x_2)$,$B(x_2,y_2)$,则 $AB=\sqrt{(x_1-x_2)^2+(y_1-y_2)^2}$.

5.1.2 函数的概念

引入:

写出下列问题中的关系式.

1. 刘先生开车以 60km/h 的速度在公路匀速行驶,试用时间(t)表示出所行路程(s).
2. 小明计划用 20 元钱购买作业本,用每个作业本的单价(a)表示他能买到的作业本数目(n).
3. 学校有一个装满 30 吨的水箱,每小时流出 0.5 吨水,用流水时间 t 表示水箱中的剩水量 y.

解:(1)根据物理公式我们可以得到 $s=60t$

(2)根据实际情况我们可以得到 $n=\dfrac{20}{a}$

(3)根据物理公式 $y=30-0.5t$

像上面这样的式子,我们发现一个量的多少取决于另一个量,也就是说:在一个变化过程中,有的数值开去不同的量,有的数值保持不限. 我们把可以取不同数值的量叫变量,数值保持不变的量叫常量.

注意: ①“变量”是可以变化的,而“常量”是已知数;②常量与变量不是绝对的,而是对“某一变化过程”而言的,同一个量在某一变化过程中是常量,而在另一个变化过程中可能是变量.

例 1. 甲乙两地相距 50km,请用汽车的速度(V)表示从甲地到乙地从用的时间(t). 我们可以写成 $t=\dfrac{50}{v}$其中 50 千米就是常量,速度 V 和时间 t 就是变量.

一般在一个变化过程中,如果有两个变量 x 与 y,并且对于 x 的每一个确定的值,y 都有唯一确定的值与其对应,那么我们就说 x 是自变量,y 是 x 的函数.

注意:

①两个变量 x 与 y;

②对于 x 的每一个确定的值,y 都有唯一确定的值与其对应;

③一个变量的数值随着另一个变量的数值变化而变化.

为了能够更准确的描述函数的定义,我们引入集合的概念,集合实际上就是具有某一特征的一类元素的合,简单来说,我们班的所有男生、五星红旗上面的颜色等都可以叫做集合,其中构成集合的成员叫做元素,用小写的字母 a,b,c 表示,集合用大写的 A,B,C 表示. 现在有一个问题,就是元素和集合的关系,当元素是构成集合的一部分时,我们表示成 $a\in A$,当元素不是构成集合的一部分时,我们表示成 $a\notin A$.

构成集合的元素必须要满足三个性质:确定性、互异性和无序性. 确定性所表示的就是成员是不是构成集合元素需要简单明确,换一种说法就是成员是不是构成集合的元素判断标准要明确,比如我们班个子比较高的同学,学习比较好的同学这样的集合表述就是不正确的. 互异性所表示的就是构成集合的元素要不一样,简单来说集合 A 是由数字 1,2,3,1 构成,这句话本身就是错误的. 无序性在三种特性当中是最简单的,它所描述的就是构成集合的元素可以打乱顺序. 比如五星红旗的颜色构成,可以说成红色和黄色,也可以说成黄色和红色.

集合有两种表示方法,一种是列举法,比如红旗的颜色我们可以表示成{红色,黄色},但是不是所有的集合都能列举出来,比如我们常说的比 2 大的所有实数,因此我们引入了另一种表示方法叫做描述法. 他的一般形式为{代表元素|代表元素所要满足的条件},比如我们刚才所说的比 2 大的所有实数我们就可以表示成$\{x|x>2$,且 x 是实数$\}$,当取值范围是全体实数的时候,可以省略,$\{x|x>2\}$.

集合和集合也可以进行运算,如下图:

集合的基本运算

运算方法	集合的并集	集合的交集	集合的补集
符号表示	$A\cup B$	$A\cap B$	若全集为∪,则集合 A 的补集为$\complement_u A$
图形表示	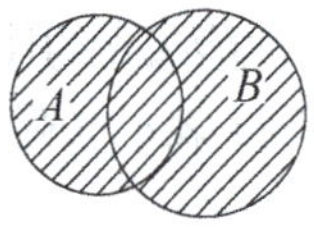	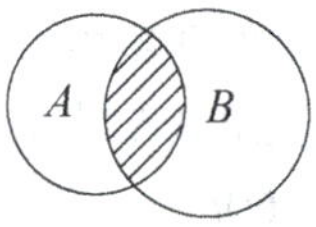	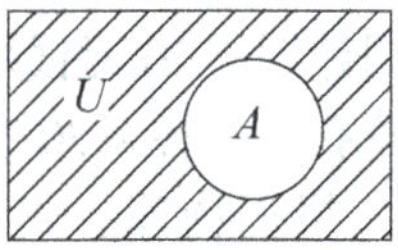
意义	$\{x\|x\in A$,或 $x\in B\}$	$\{x\|x\in A$,且 $x\in B\}$	$\{x\|x\in U$,且 $x\notin A\}$

在有了集合概念后，我们来看下面的函数定义：

在某一变化过程中有两个变量 x 和 y，设变量 x 的取值范围为数集 D，如果对于 D 内的每一个 x 值，按照某个对应法则 f，y 都有唯一确定的值与它对应，那么把 x 叫做自变量，把 y 叫做 x 的函数，记作 $y=f(x)$，数集 D 叫做函数的定义域.

例 1. 下列各种表达方式中，能表示变量 y 与变量 x 之间的函数关系的有（　　）.

A. 1 个　　B. 2 个　　C. 3 个　　D. 4 个

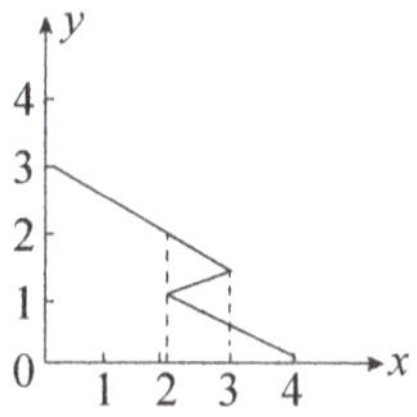

(1)

X	1	2	3	4
y	3	3	1	6

(2)

$y^2=x+1$

(3)

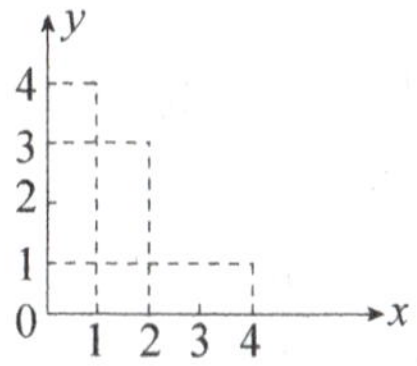

(4)

解：我们抓住函数里面最关键的字“有且唯一”，也就是每一个 X 只能对一个 Y，通过这方面的分析，我们发现只有 4 是满足的，所以答案是 A.

例 2. 下列各图像中，y 不是 x 函数的是（　　）.

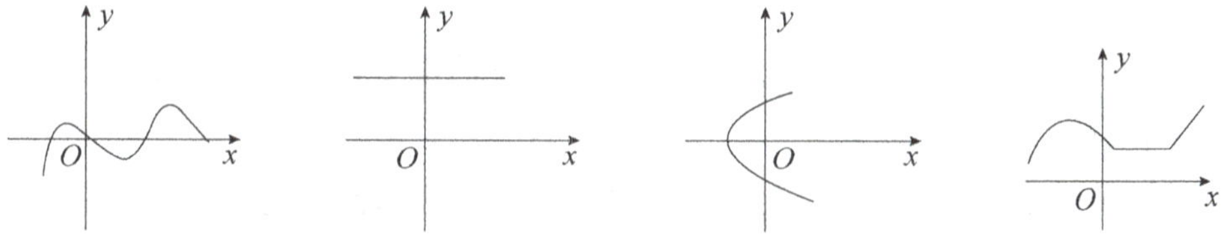

A.　　B.　　C.　　D.

解：我们抓住函数里面最关键的字“有且唯一”，也就是每一个 X 只能对一个 Y，通过这方面的分析，我们发现只有 3 不满足的，所以答案是 C.

当 $x=x_0$ 时，函数 $y=f(x)$ 对应的值 y_0 叫做函数在点 x_0 处的函数值，记作 $y_0=f(x_0)$. 例如，函数 $y=3x-1$ 中，$f(x)=3x-1$，故在 $x=-2$ 处的函数值为 $f(-2)=3\times(-2)-1=-7$.

例 3. 设 $f(x)=\frac{2x-1}{3}$，求 $f(0)$，$f(2)$，$f(-5)$，$f(b)$.

解：只需将 x 的各个取值，如 $x=0$，$x=2$ 等，代入函数表达式进行计算即可.

$f(0)=\frac{2\times0-1}{3}=-\frac{1}{3}$　　$f(2)=\frac{2\times2-1}{3}=1$

$f(-5)=\frac{2\times(-5)-1}{3}=-\frac{11}{3}$　　$f(b)=\frac{2\times b-1}{3}=\frac{2b-1}{3}$

自变量 x 的范围叫做定义域，自变量的取值必须使含自变量的代数式（数学式子）有意义，主要从如下几个方面去考虑：

(1) 零点零次方无意义；

(2) 分式：分母不等于 0；

(3) 二次根式下含自变量：开偶数次方中的被开方数必须大于等于 0；

(4) 有分式也有二次根式下含自变量：两个的公共部分；

(5) 当函数解析式表示实际问题时，自变量的取值必须使实际问题有意义.

例 4. 求下列函数定义域.

(1) $f(x)=\frac{1}{x=1}$　　(2) $f(x)=\sqrt{1-2x}$

解：如果函数的对应法则是用代数式表示的，那么函数的定义域就是使得这个代数式有意义的自变量取值的集合.

(1)为使分式$\frac{1}{x+1}$有意义，必须使$x+1\neq0$，即$x\neq-1$，所以函数的定义域为$x\neq-1$.

(2)为使根式$\sqrt{1-2x}$有意义，必须使$1-2x\geqslant0$，即$x\leqslant\frac{1}{2}$，所以函数的定义域为$x\leqslant\frac{1}{2}$.

注意：自变量的取值范围可以是有限也可以是无限，可以是一个或几个数.

定义域与对应法则是函数定义中的两个要素，它们一旦确定，函数的值域也就随之确定了.定义域与对应法则都相同的函数是同一个函数，而与表示函数所选用的字母无关，如函数$y=\sqrt{x}$与$x=\sqrt{t}$，虽然选用的字母不同，但表示的是同一个函数. 除使用记号$f(x)$表示函数外，还经常用$g(x)$，$h(x)$，$p(x)$，$F(x)$，$G(x)$，$\varphi(x)$等表示函数.

例 5. 指出下列各函数中，哪个与函数$y=x$是同一个函数.

(1)$y=\frac{x^2}{x}$　(2)$y=\sqrt{x^2}$　(3)$s=t$

解：(1)函数$y=\frac{x^2}{x}$的定义域为$\{x\neq0\}$，函数$y=x$的定义域为R. 它们的定义域不同，因此不是同一个函数.

(2)函数$y=\sqrt{x^2}=|x|=\begin{cases}x,x\geqslant0\\-x,x<0\end{cases}$，这个函数与$y=x$的定义域相同，都是$R$. 但是它们的对应法则不同，因此不是同一个函数.

(3)尽管表示两个函数的字母不同，但是定义域与对应法则都相同，所以它们是同一个函数.

练习

1. 已知函数$F(x)=\begin{cases}2x+1,x\leqslant0\\3-x^2,0<x\leqslant3\end{cases}$

(1)求$f(x)$的定义域；

(2)求$f(-2)$，$f(0)$，$f(3)$的值.

2. 已知$f(x)=3x-2$，求$f(0)$，$f(1)$，$f(a)$.

3. 选择题

(1)函数$f(x)=\frac{1}{\sqrt{3+2x-x^2}}$的定义域是(　　).

A. $(-2<x<2)$　　B. $(-3<x<3)$

C. $(-1<x<2)$　　D. $(-1<x<3)$

(2)已知函数$f(x)=\dfrac{x+1}{x-1}$,则$f(-x)=$(　　).

A. $\dfrac{1}{f(x)}$　　B. $-f(x)$　　C. $-\dfrac{1}{f(x)}$　　D. $f(x)$

(3)设$f(x)=\begin{cases}3-x^2, x\leqslant 0,\\ 2x+3, x>0,\end{cases}$则$f(-2)=$________.

(4)函数$y=\sqrt{1-x^2}$的定义域为________.

(5)设$f(x)=5x^2-4$,则$f(2)=$________,$f(x+1)=$________.

4. 设函数$f(x)=2x^2-7$,求$f(-1)$,$f(5)$,$f(a)$,$f(x+h)$的值.

5. 求下列函数的定义域.

(1)$f(x)=\dfrac{\sqrt{2x+1}}{x-1}$,　　(2)$f(x)\sqrt{2x^2+3x}$

(3)$f(x)=\dfrac{2}{x+4}$;　　(4)$f(x)=\sqrt{x^2-6x+5}$

小结巩固

一、选择题

1. 下列函数中,表示同一函数的是(　　).

A. $y=x$与$y=\dfrac{x^2}{x}$　　B. $y=x$与$y=(\sqrt{x})^2$

C. $y=x$与$y=\sqrt[3]{x^3}$　　D. $y=x$与$y=\sqrt{x^2}$

2. 在函数$y=\dfrac{\sqrt{x+2}}{3x}$中,自变量的取值范围是(　　).

A. $x\geqslant -2$且$x\neq 0$　　B. $x\leqslant 2$且$x\neq 0$

C. $x\neq 0$　　D. $x\leqslant -2$

3. 函数$y=\sqrt{x+2}+\dfrac{1}{x-2}$的自变量$x$的取值范围是(　　).

A. $x\geqslant -2$　　B. $x>-2$且$x\neq 2$

C. $x\geqslant 0$且$x\neq 2$　　D. $x\geqslant -2$且$x\neq 2$

4. 下列函数中,自变量的取值范围选取错误的是(　　).

A. $y=2x^2$中,x取全体实数　　B. $y=\dfrac{1}{x+1}$中,x取$x\neq -1$的实数

C. $y=\sqrt{x-2}$中,x取$x\geqslant 2$的实数　　D. $y=\dfrac{1}{\sqrt{x+3}}$中,x取$x\geqslant -3$的实数

5. 在下列函数关系式中，对于 $x>0$ 的一切实数，y 都是大于 0 的函数是（　　）.

A. $y=2x-3$　　B. $y=-3x^2$

C. $y=\frac{1}{x-1}$　　D. $y=\sqrt{x+2}$

6. 下列函数中和 $y=x$ 表示同一函数的是（　　）.

A. $y=|x|$　　B. $y=\frac{|x|}{x}$

C. $y=\sqrt[3]{x^3}$　　D. $y=(\sqrt{x})^2$

7. 已知函数 $y=\frac{2x-1}{x+2}$ 中，当 $x=a$ 时的函数值为 1，则 a 的值是（　　）.

A. -1　　B. 1　　C. -3　　D. 3

8. 已知函数 $y=\frac{2x-1}{x+2}$ 中，当 $x=m$ 时的函数值为 1，则 m 的值为（　　）.

A. 1　　B. 3　　C. -3　　D. -1

二、填空题

1. 已知点 $\left(\frac{2}{3},y_1\right)$ 在函数 $y=-\frac{1}{x}$ 的图像上，将 $x=y_1+1$ 代入函数中，所得函数值为 y_2，再将 $x=y_2+1$ 代入函数中所得函数值为 y_3，……如此继续下去，则 $y_{2004}=$________.

2. 若点 $A(m,2)$ 在函数 $y=2x-6$ 的图像上，则 m 的值为________.

3. 如果函数 $y=-2x+3$ 的自变量取值范围是 $-1<x\leqslant 2$，那么函数的取值范围是________.

4. 当 $x=$________时，函数 $y=3x-2$ 与函数 $y=5x+1$ 有相同的函数值.

5.1.3　函数的表示法

引入：

1. 商店销售某种瓶装饮料，售价每瓶 2.5 元，设购买饮料瓶数为 x（瓶），应付款为 y（元），则反映出函数 y 与自变量 x 之间的关系.

2. 某气象站用温度自动记录仪录下来的 2008 年 11 月 29 日 0 时至 14 时某市的气温 T（℃）随时间 t（h）变化的曲线如图 5－1 所示.

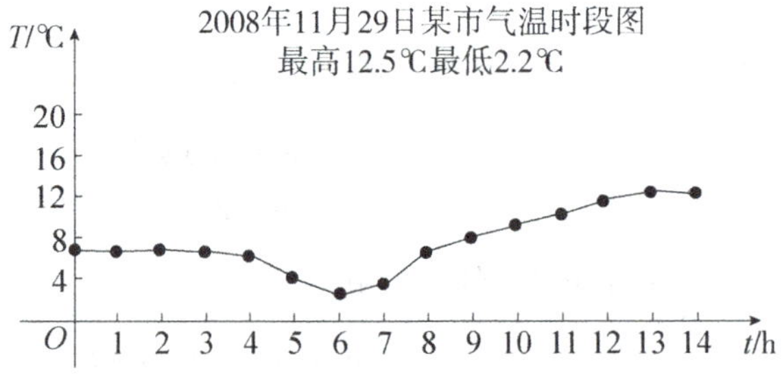

图 5－1

（1）我们可以利用两种方法，一种是利用前面所学到的知识构建出一个式子，$y=2.5x$ 像这样，利用等式表示函数的方法叫做解析法，这个等式叫做函数的解析式.

另一种方法就是构建列表，具体如下商店的售货员为了计算方便起见，经常将购买果汁饮料瓶数 x（瓶）与应付款 y（元）的对应关系列成表格.

x/瓶	1	2	3	4	5	6	7	8	9	…
y/元	2.5	5	7.5	10	12.5	15	17.5	20	22.5	…

这个表格清晰地反映出函数 y 与自变量 x 之间的关系. 像这样,用表格来表示函数的方法叫做列表法. 我们知道,对于一个函数,如果把自变量 x 与对应的函数值 y,分别作为直角坐标系中点的横纵标与纵坐标,那么由这些点组成的图形就是这个函数的图像.

(2)曲线形象地反映出气温 T(℃)与时间 t(h)在时间段(0,14)内的对应关系,对定义域中的任意时间 t,都有唯一的气温 T 与之对应. 例如,当 $t=6$ 时,气温 $T=2.2$℃;当 $t=14$ 时,气温 $T=12.5$℃. 像这样,利用图像表示函数的方法叫做图像法. 一般对于一个函数,如果把自变量与函数的每对对应值分别作为点的横、纵坐标,那么坐标平面内由这些点组成的图形,就是这个函数的图像.

例 1. 文具店内出售某种铅笔,每支售价为 0.12 元,应付款是购买铅笔数的函数,当购买 6 支以内(含 6 支)的铅笔时,请用三种方法表示这个函数.

解:设购买的铅笔数为 x(支),应付款 y(元),则函数的定义域为(1,2,3,4,5,6).

(1)根据题意得,函数的解析式为 $y=0.12x$,故函数的解析法表示为

$$Y=0.12x, x\in(1,2,3,4,5,6).$$

(2)依照售价,分别计算出购买 1 ~ 6 支铅笔所需应付款,列成表格,得到函数的列表法表示

x/支	1	2	3	4	5	6
y/元	0.12	0.24	0.36	0.48	0.6	0.72

(3)以表中的 x 值为横坐标,对应的 y 值为纵坐标,在直角坐标系中依次作出点(1,0/12),(2,0.24)(3,0.36)(4,0.48)(5,0.6)(6,0.72),得到函数的图像法表示,如图 5－2 所示.

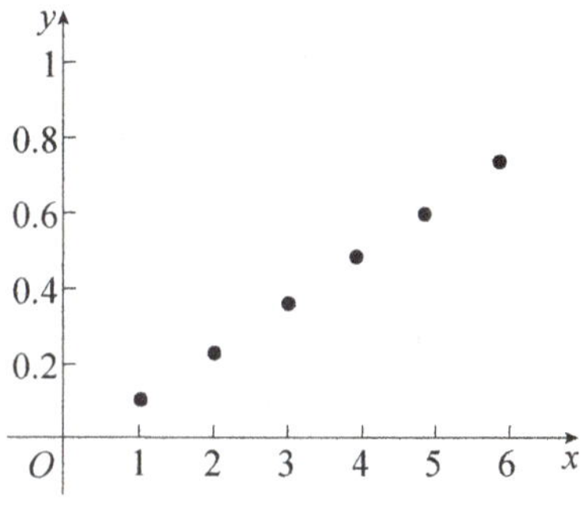

图 5－2

由例 1 的解题过程可以归纳出"已知函数的解析式,作函数图像"的具体步骤:

(1)确定函数的定义域;

(2)选取自变量 x 的若干值(例 4 中全部选取,一般选取某些代表性的值)计算出它们对应的函数值 y,列出表格;

(3)以表格中 x 的值为横坐标,对应的 y 值为纵坐标,在直角坐标系中依次描出相应的点(x,y);

(4)根据题意确定是否将描出的点联结光滑的曲线. 这种作函数图像的方法叫做"描点法".

注意: 1. 要根据具体的情况选择适当的方法,有时为了全面反映问题几种方法同时使用.

2. 描点法画函数图像的一般步骤如下:

(1)列表:列表中给出一些自变量的值及其对应的函数值.

(2)描点:在直角坐标系中,以自变量的值为横坐标,相应的函数值为纵坐标,描出表格中数值对应的各点.

(3)连线:按照横坐标由小到大的顺序,把所描出的各点用平滑曲线连接起来.

例 2. 利用"描点法"作出函数 $y=\sqrt{x}$的图像,并判断点(25,5)是否为图像上的点(求对应函数值时,精确到 0.01).

解：(1)函数的定义域为$(0,+\infty)$.

(2)在定义域内取几个自然数，分别求出对应函数值 y，列表(如表所示)：

X	0	1	2	3	4	5	…
y	0	1	1.41	1.73	2	2.24	…

(3)以表中 x 值为横坐标，对应的 y 值为纵坐标，在直角坐标系中依次描出相应的点(x,y).

(4)用光滑曲线联结这些点，得到函数图像，如图 5－3 所示.

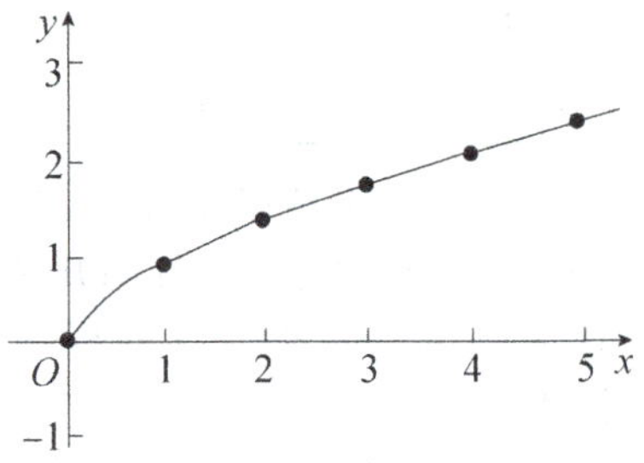

图 5－3

(5)由于$f(25)=\sqrt{25}=5$，所以点$(25,5)$是图像上的点.

我们通过上面的练习，总结下三种表示法的优缺点.

表示方法	优点	缺点	总结
解析式法	简单明了，能准确反映整个变化过程中自变量与函数的关系	不直观，有些函数关系不一定能用解析式法表示出来	表示函数时，要根据具体情况选择适当的方法，有时为解决问题，需要同时使用几种方法
列表法	一目了然，使用方便	对应值有限，不易看出自变量与函数的对应规律	
图像法	形象直观，能明显表示变化趋势	不易看出自变量和函数的对应值	

练习

一、选择题

1. 有一块长为 a，宽为 b 的长方形铝片，四角各截取一个边长为 x 的正方形，拼起来做成一个没有盖子的盒子，则此盒子的容积 V 与 x 之间的关系式是(　　).

A. $V=x^2(a-x)(b-x)$　　B. $V=x(a-x)(b-x)$

C. $V=\frac{1}{3}x(a-2x)(b-2x)$　　D. $V=x(a-2x)(b-2x)$

2. $M(1,2)$，$N(3,)$，$P(1,-1)$，$Q(-2,-4)$在函数 $y=\frac{2x}{x+1}$图像上的是(　　).

A. M 点　　B. N 点　　C. P 点　　D. Q 点

3. 小明一出校门先加速行驶，然后匀速行驶一段后，在距家门不远的地方开始减速，而最后停下，下面哪一幅图可以近似地刻画出以上情况(　　).

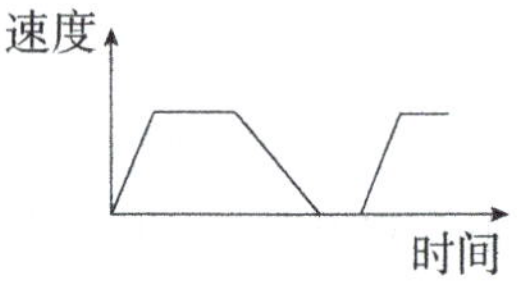

A.

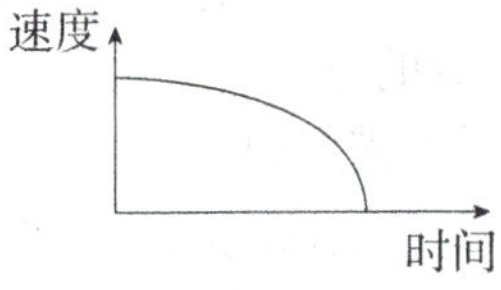

B.

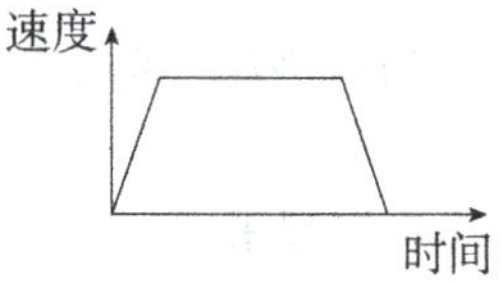

C.

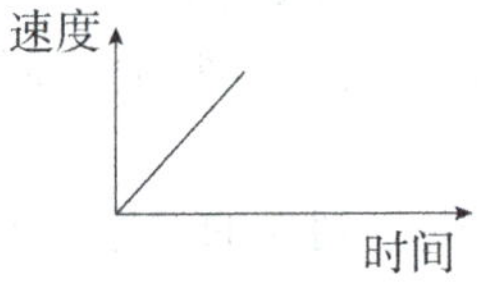

D.

4. 将一盛有部分水的圆柱形小水杯，放入事先没有水的大圆柱形容器内，现用一注水管沿大容器内壁匀速注水（如图 5－4 所示），则小水杯内水面高度 h（cm）与注水时间 t（min）的函数图像大致为（　　）.

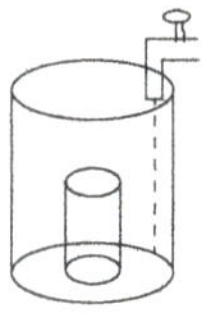

图 5－4

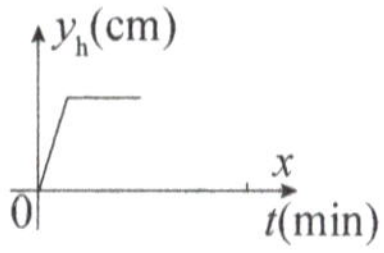

A.

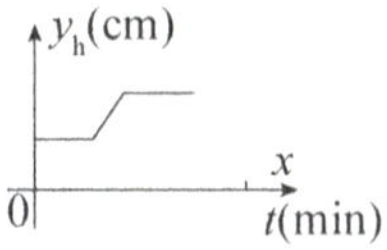

B.

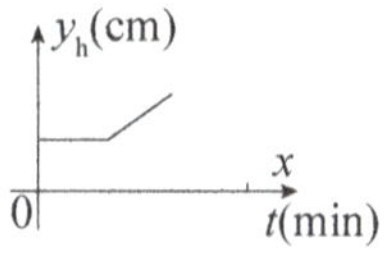

C.

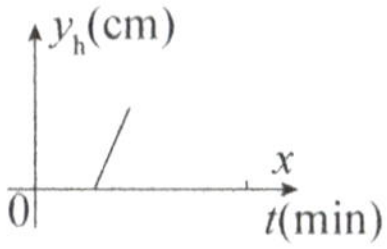

D.

5. 如图 5－5 是韩老师早晨出门散步时离家的距离 y 与时间 x 的函数图像，若用黑点表示韩老师的位置，则韩老师散步时行走的路线是（　　）.

A.

B.

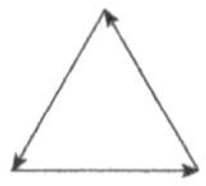

C.

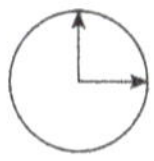

D.

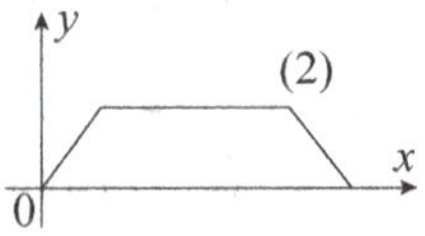

图 5－5

6. 如图 5－6 反映的过程是：小明从家跑步到体育馆，在那里锻炼了一阵后走到新华书店去买书，然后散步回家，其中 t 表示时间，s 表示小明离家的距离，那么小明在体育馆锻炼和在新华书店买书共用去的时间是（　　）.

A. 35 分钟　　B. 45 分钟　　C. 50 分钟　　D. 60 分钟

7. 甲、乙两个工程队完成某项工程，首先是甲队单独做 10 天，然后是乙队加入合作，完成剩下的全部工程，设工程总量是 1，工程进度满足如图 5－7 所示函数图案，那么实际完成这项工程比甲单独完成这项工程的时间少（　　）.

A. 12 天　　B. 13 天　　C. 14 天　　D. 15 天

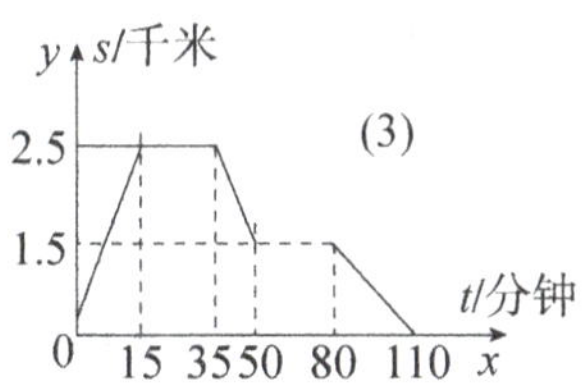

图 5－6

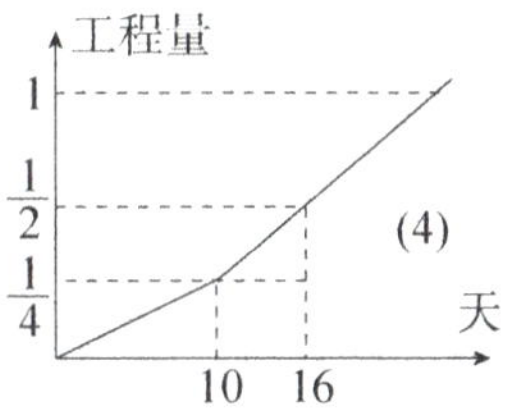

图 5－7

8. 如图 5－8 所示，边长为 1 和 2 的两个正方形，其一边在同一水平线上，小正方形沿该水平线自左向右匀速穿过大正方形，设穿过的时间为 t，大正方形内除去小正方形部分的面积为 s，那么 s 与 t 大致图像应是（　　）.

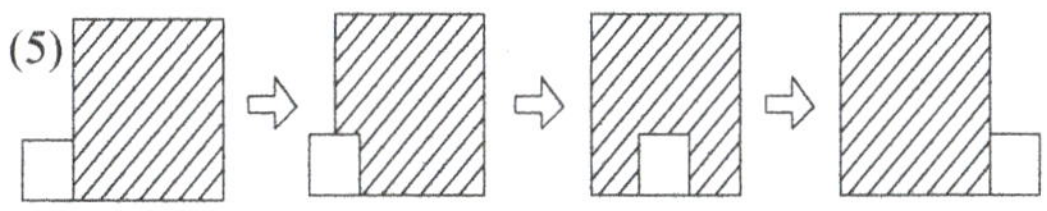

图 5－8

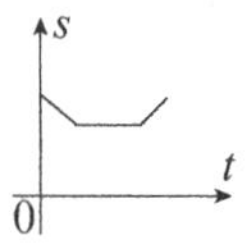

A.

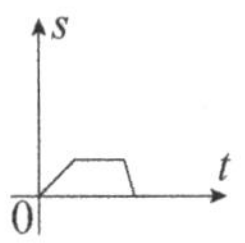

B.

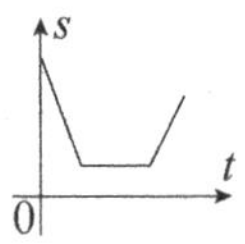

C.

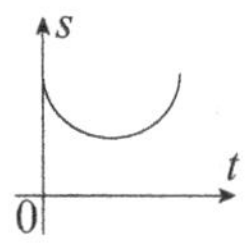

D.

9. “龟兔赛跑”讲述了这样一个故事：领先的兔子看着缓慢爬行的乌龟，骄傲起来，睡了一觉，当它醒来时发现乌龟快到终点了，于是急忙追赶，但为时已晚，乌龟还是先到了终点……用 S_1，S_2 分别表示乌龟和兔子所行的路程，t 为时间，则下列图像中，与故事情节相吻合的是(　　).

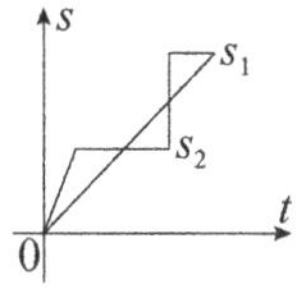

A.

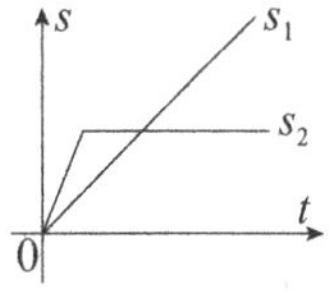

B.

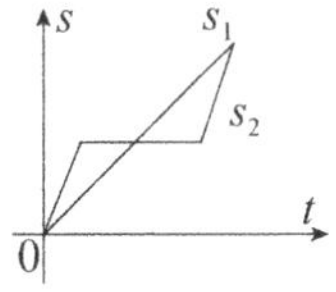

C.

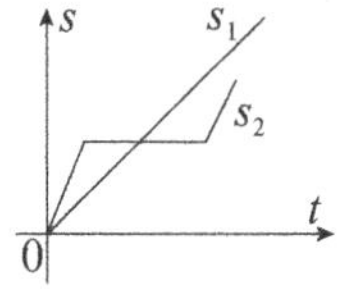

D.

二、填空题

1. 出租车的收费按路程计算 2km 内(包含 2km)收费 3 元，超过 2km 每增加 1km 加收 1 元，则路程 $x \geqslant 2$ 时，车费 y(元)与 x 之间的函数关系式是________.

2. 表格列出了一项实验的统计数据，表示皮球从高度 d 落下时弹跳高度 b 与下落高 d 的关系是________.

d	50	80	100	150
b	25	40	50	75

3. 某水果批发市场香蕉的价格如下表：

购买香蕉数(千克)	不超过 20 千克	20 千克以上但不超过 40 千克	40 千克以上
每千克价格	6 元	5 元	4 元

若小强购买香蕉 x 千克(x 大于 40 千克)付了 y 元，则 y 关于 x 的函数关系式为________.

4. 已知 A、B 两地相距 20 千米，某同学步行由 A 地到 B 地，速度为每小时 4 千米，设该同学与 B 地的距离为 y 千米，步行的时间为 X 小时，则 y 与 x 之间的函数解析式为________自变量 x 的取值范围是________.

5. 已知数据 $\frac{1}{3}$，$\frac{2}{5}$，$\frac{3}{7}$，$\frac{4}{9}$……用 n 表示数据排练的序号，y 表示对应的数据，则 $y=$________；当 $n=100$ 时，$y=$________；y 能否等于 100？________(填“能”或“不能”).

6. 油箱中有油 30kg，油从管道中匀速流出，1 小时流完，求油箱中剩余油量 Q(kg)与流出时间 t(分钟)间的函数关系式为________，自变量的范围是________当 $Q=10$kg 时，$t=$________.

三、作图题

1. 作出下列各函数的图像.

(1) $y=2x+1, x\in(-1,0,1,2,3)$　　　　(2) $y=2-x, x\in(0,2)$

(3) $y=-\frac{2}{x}$　　　　(4) $y=\frac{4}{x}$

2. 作出下列各函数的图像.

(1) $f(x)=-x^2+3x+4$　　　　(2) $f(x)=\sqrt{x-1}$

5.1.4 函数的单调性

引入：

观察某市气温时段图(如图 5－9 所示). 容易看出：

(1)凌晨 6 时,气温最低,午后 14 时,气温最高.

(2)随着时间的增加,在时间段(0,6)内,气温不断下降;在时间段(6,14)内,气温不断上升.

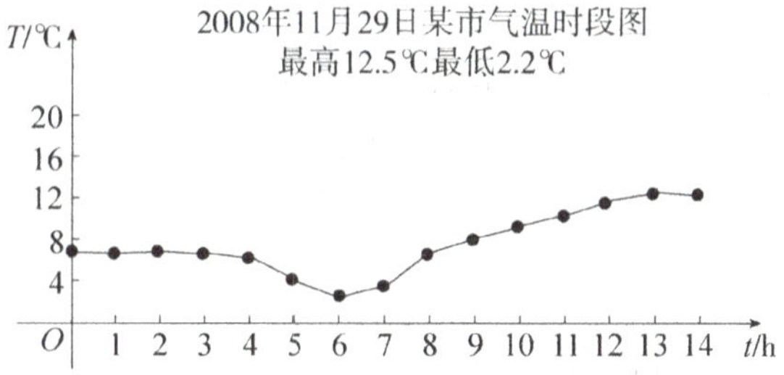

图 5－9

像这样,函数值随着自变量的增大而增大(或减小)的性质叫做函数的单调性.

观察图 5－10 发现,函数图像自左至右呈上升趋势,即函数值随着自变量的增大而增大,函数的这种性质描述为:

设函数 $y=f(x)$ 在区间 (a,b) 内有意义. 如果对任意的 $x_1,x_2\in(a,b)$,当 $x_1<x_2$ 时,都有 $f(x_1)<f(x_2)$ 成立,那么,函数 $f(x)$ 叫做区间 (a,b) 内的增函数,区间 (a,b) 叫做函数 $f(x)$ 的增区间.

观察图 5－11 可以发现,函数图像自左至右呈下降趋势,即函数值随着自变量的增大而减小,函数的这种性质描述为:

设函数 $y=f(x)$ 在区间 (a,b) 内有意义,对于任意的 $x_1,x_2\in(a,b)$,如果当 $x_1<x_2$ 时,都有 $f(x_1)>f(x_2)$ 成立 1,那么函数 $f(x)$ 叫做区间 (a,b) 内的减函数,区间 (a,b) 叫做函数 $f(x)$ 的减区间.

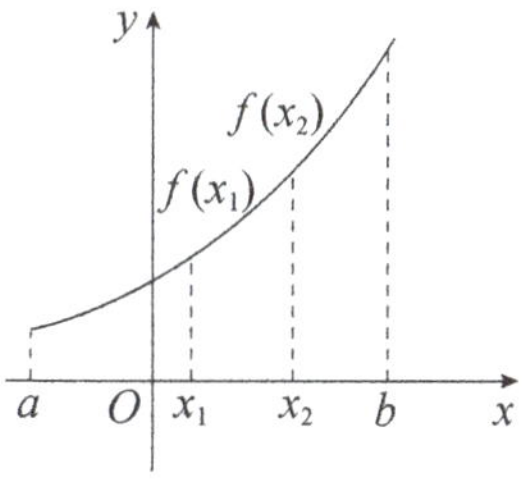

图 5－10

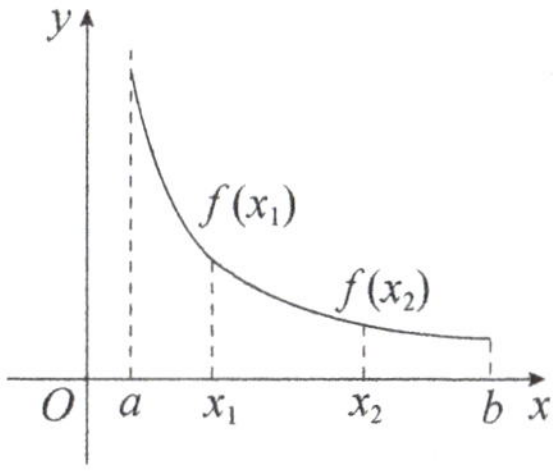

图 5－11

如果函数$f(x)$在区间(a,b)内是增函数(或减函数),那么称函数$f(x)$在区间(a,b)内具有单调性,区间(a,b)叫做函数$f(x)$的单调区间.

特别的是,如果一个函数在整个自变量范围内(定义域)满足一个单调性,我们把这类函数叫做单调函数.

我们在前面提到了集合概念,我们还了解了集合和元素的表示方法,那么有没有其他的方法更直观来反映集合呢?比如集合A是所有比2大比3小的数.

我们可以用区间的概念来描述集合具体如下:

在数轴上两点之间的一切实数所组成的集合叫做区间,其中,这两个点叫做区间的端点.不含端点的区间叫开区间,如图5-12所示,集合$\{x|2<x<4\}$表示的是开区间,记作$(2,4)$,其中2为区间的左端点,4为区间的右端点.

含有连个端点的区间叫做闭区间,如图5-13所示,集合$\{x|2\leqslant x\leqslant 4\}$表示的是闭区间,记作$[2,4]$.

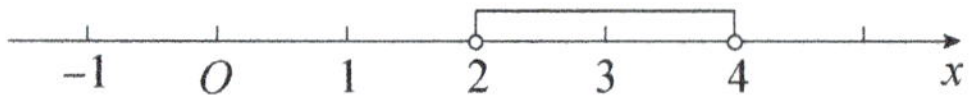

图5-12

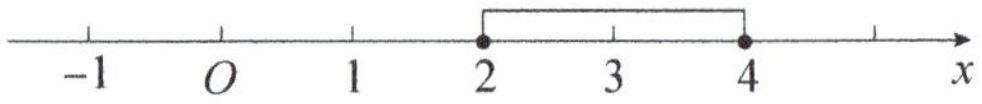

图5-13

只含有左端点的区间叫做右半开区间,如集合$\{x|2\leqslant x<4\}$表示的区间是右半开区间,记作$[2,4)$;只含有右端点的区间叫做左半开区间,如集合$\{x|2\leqslant x<4\}$表示的区间是左半开区间,记作$(2,4]$.

当出现$2\leqslant x$或者$x<4$时,不是我们上面的封闭区间,我们引入一个新的符号“∞”,我们用“$+\infty$”表示正无穷,用“$+\infty$”表示负无穷.那么$2\leqslant x$我们就可以用$[2,+\infty)$来表示,$x<4$我们用$(-\infty,4)$来表示.我们需要特别注意的是“$+\infty$”两侧只能用“)”,“$-\infty$”两侧只能用“(”.

注意:

1. 函数的单调区间可以是开区间,也可以是左半开区间、右半开区间或闭区间.
2. 当一个函数的单调性是分开区域时,我们只能用“和”不能用集合并的形式表出.

可以通过对函数的观察,判断函数的单调性,也可以利用函数单调性的定义来判定函数的单调性.

我们除了用图像的办法来判断函数的单调区间外,还可以利用以下方法.

设x_1和x_2属于集合(集合D为我们要判断函数单调性的区间)且$x_1<x_2$如果有$f(x_1)<f(x_2)$则函数在集合D的范围内为单调递增.这个方法还有另一种表示方法,设x_1和x_2属于集合(集合D为我们要判断函数单调性的区间)且$x_1>x_2$如果有$f(x_1)>f(x_2)$则函数在集合D的范围内也为单调递增.

设x_1和x_2属于集合(集合D为我们要判断函数单调性的区间)且$x_1<x_2$如果有$f(x_1)>f(x_2)$则函数在集合D的范围内为单调递减.这个方法还有另一种表示方法,设x_1和x_2属于集合(集合D为我们要判断函数单调性的区间)且$x_1>x_2$如果有$f(x_1)<f(x_2)$则函数在集合D的范围内也为单调递减.

例1. 判断函数$y=3x+3$在区间$[2,4]$的单调性.

解: 设x_1和x_2属于区间$[2,4]$ $x_1<x_2$

则$f(x_1)=3x_1+3f(x_2)=3x_2+3$

则$f(x_1)-f(x_2)=(3x_1+3)-(3x_2+3)=3x_1+3-3x_2-3=3(x_1-x_2)$

因为$x_1<x_2$所以$x_1-x_2<0$

所以$f(x_1)-f(x_2)<0$即$f(x_1)<f(x_2)$

所以函数$y=3x+3$在区间$[2,4]$为增函数.

例 2. 小明从家里出发，去学校取书，顺路将自行车送还王伟同学. 小明骑了 30min 自行车，到王伟家送还自行车时，又步行 10min 到学校取书，最后乘公交车经过 20min 回到家. 这段时间内，小明离开家的距离与时间的关系如图 5－14 所示. 请指出这个函数的单调性.

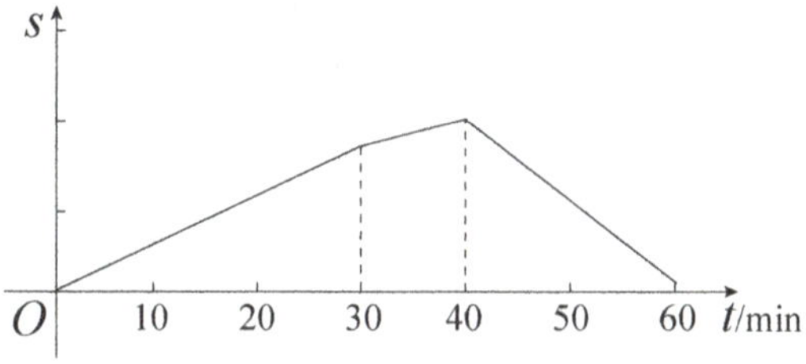

图 5－14

由图像可以看出，函数的增区间为(0,40)，减区间为(40,60).

例 3. 判断函数 $y=4x-2$ 的单调性.

解 1　函数 $y=4x-2$ 为一次函数，定义域为$(-\infty,+\infty)$，其图像为一条直线，确定图像上的两个点即可作出函数图像. 列表可得：

X	0	1
y	−2	2

在直角坐标系中，描出点$(0,-2)$，$(1,2)$，作出经过这两个点的直线. 观察图像知函数$y=4x-2$ 在$(-\infty,+\infty)$内为增函数.

解 2　函数 $4x-2$ 的定义域为$(-\infty,+\infty)$. 任取 $x_1,x_2\in(-\infty,+\infty)$且 $x_1<x_2$，则$x_1-x_2<0$，$f(x_1)=4x_1-2$，$f(x_2)=4x_2-2$

于是　$f(x_1)-f(x_2)=(4x_1-2)-(4x_2-2)=4(x_1-x_2)<0$

即$f(x_1)<f(x_2)$

所以函数 $y=4x-2$ 在$(-\infty,+\infty)$内为增函数.

练习

1. 函数$f(x)=x^2-4x+3$(　　).

A. 在$(-\infty,2)$内是减函数　　B. 在$(-\infty,4)$内是减函数

C. 在$(-\infty,0)$内是减函数　　D. 在$(-\infty,+\infty)$内是减函

2. (1)函数 $y=x^2-2$ 的增区间为________.

(2)已知$f(x)=\begin{cases}x-3, & x\leqslant 0,\\ 2x+3, & x>0,\end{cases}$ 则$f(-2)=$________，$f(2)=$________.

3. 已知函数图像如图 5－15 所示.

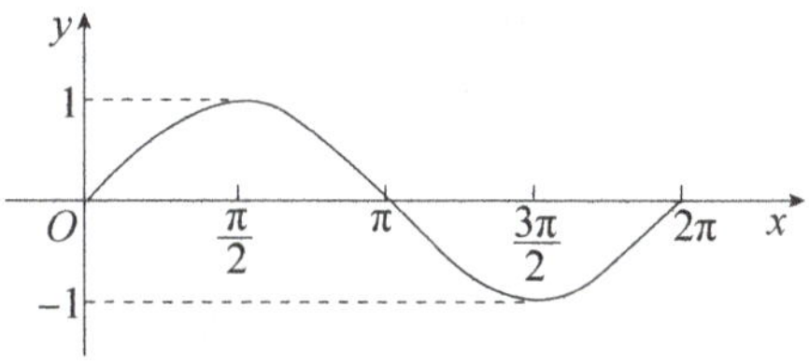

图 5－15

(1)根据图像说出函数的单调区间以及函数在各单调区间内的单调性；

(2)写出函数的定义域和值域.

4. 判断下列函数的单调性,并写出相应的单调区间.

(1)$f(x)=2x$　(2)$f(x)=-2x$　(3)$f(x)=2x+3$　(4)$f(x)=2x-3$

(5)$f(x)=-2x+3$　(6)$f(x)=-2x-3$　(7)$f(x)=\frac{x}{2}+1$　(8)$f(x)=2-\frac{x}{2}$

(9)$f(x)=\frac{2}{x}+1$　(10)$f(x)=2-\frac{2}{x}$　(11)$f(x)=x^2-4x-5$

(12)$f(x)=x^2-5x+6$　(13)$f(x)=-x^2+4x-4$

(14)$f(x)=-2x^2-8x+6$

5.1.5　函数的奇偶性

引入:

我们在前面的基础知识内容中,讲解过关于点对称的问题,我们来回一下. 关于对称我们有轴对称和中心对称,在古代的建筑中体现得最为明显. 我们在适当地建立了坐标轴后,可以发现,轴对称和中心对称的图形上的点分别两个分别关于 x 轴、y 轴或原点 O 对称的点,其坐标各具有什么特征呢?

如图 5 - 16 所示,点 $P(3,2)$ 关于 x 轴的对称点是沿着 x 轴对折,得到与点 P 相重合的点 p_1,其坐标为$(3,-2)$;点 $P(3,2)$ 关于 y 轴的对称点是沿着 y 轴对折,得到与点 P 相重合的点 p_2,其坐标为$(-3,2)$;点$P(3,2)$关于原点 0 的对称点是线段 OP 绕着原点 O 旋转 180°,得到与点 P 相重合的点 p_3,其坐标为$(-3,-2)$.

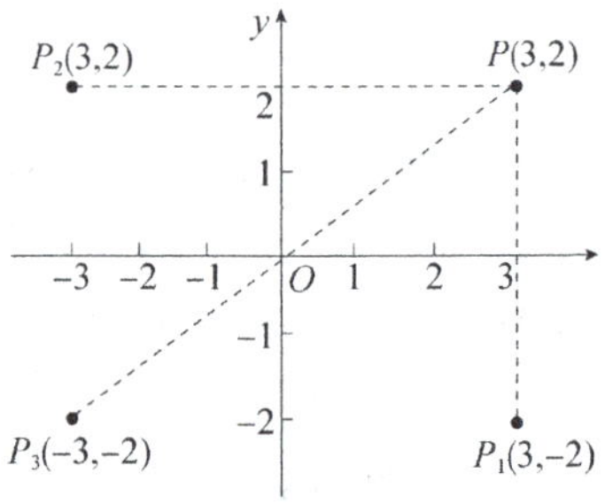

图 5 - 16

一般的,我们有点 $P(a,b)$为平面内的任意一点,则

(1)点 $P(a,b)$关于 x 轴的对称点的坐标为$(a,-b)$

(2)点 $P(a,b)$关于 y 轴的对称点的坐标为$(-a,b)$

(3)点 $P(a,b)$关于原点 O 的对称点的坐标为$(-a,-b)$

例 1. (1)已知点 $P(-2,3)$,写出点 P 关于 x 轴的对称点的坐标.

(2)已知点 $P(x,y)$,写出点 P 关于 y 轴的对称点的坐标与关于原点 O 的对称点的坐标.

(3)设函数 $y=f(x)$,在函数图像上任取一点 $P(a,f(a))$,写出点 P 关于 y 轴的对称点的坐标与关于原点 O 的对称点的坐标.

解:(1)点 $P(-2,3)$关于 x 轴的对称点的坐标为$(-2,-3)$.

(2)点 $P(x,y)$ 关于 y 轴的对称点的坐标为 $(-x,y)$,点 $P(x,y)$ 关于原点 O 的对称点的坐标为 $(-x,-y)$.

(3)点 $P(a,f(a))$ 关于 y 轴的对称点的坐标为 $(-a,f(a))$,点 $P(a,f(a))$ 关于原点 O 的对称点的坐标为 $(-a,-f(a))$.

观察图 5-17,如果沿着 y 轴对折,对折后 y 轴两侧的图像完全重合,即函数图像上的任意一点 P 关于 y 轴的对称点 P' 仍然在函数图像上,那么称函数图像关于 y 轴对称,并把 y 轴叫做这个函数图像的对称轴.

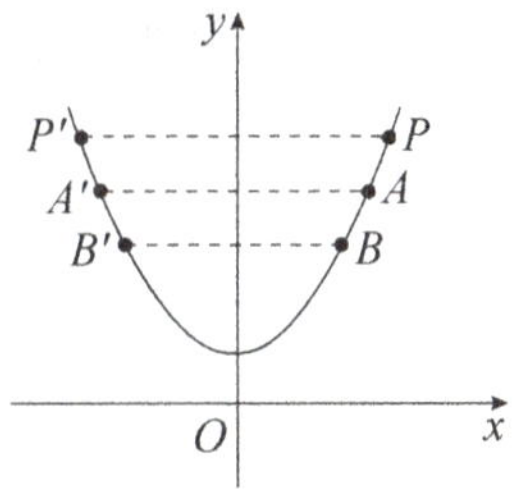

图 5-17

当函数 $y=f(x)$ 的图像关于 y 轴对称时,对任意的 $x\in D$,都有 $-x\in D$,且图像上任意点 $P(x,f(x))$ 关于 y 轴的对称点 $p'(-x,f(x))$ 仍在图像上,因为 $-x$ 的函数值为 $f(-x)$,所以 $f(-x)=f(x)$. 对于函数这个特性,给出如下的定义:

设函数的定义域为数集 D,如果对于任意的 $x\in D$,且 $f(-x)=f(x)$,那么函数 $f(x)$ 叫做偶函数.

偶函数的图像关于 y 轴对称,可以证明,图像关于 y 轴对称的函数为偶函数.

观察图 5-18,如果函数图像绕着原点旋转 180°,旋转前后的图像完全重合,即函数图像上任意一点 P 关于原点的对称点 P' 仍然在函数图像上,那么称函数图像关于原点中心对称,并把原点叫做这个函数图像的对称中心.

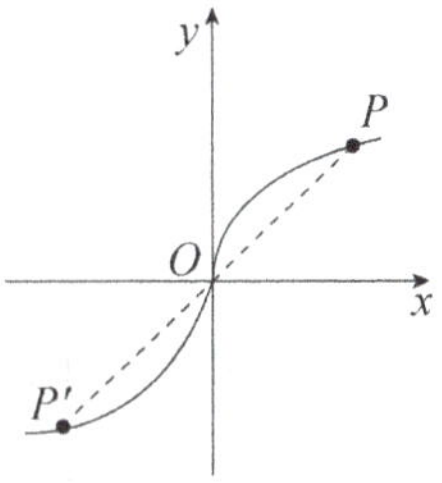

图 5-18

函数 $y=f(x)$ 的图像关于原点中心对称时,对任意的 $x\in D$,都有 $-x\in D$,且图像上任意点 $P(x,f(x))$ 关于原点 O 的对称点 $P'(-x,-f(x))$ 仍在图像上,因为 $-x$ 的函数值为 $f(-x)$,所以 $f(-x)=-f(x)$. 对于函数这个特性,给出如下的定义.

设函数的定义域为数集 D,如果对于任意的 $x\in D$,都有 $-x\in D$,且 $f(-x)=-f(x)$,那么函数 $f(x)$ 叫做奇函数.

奇函数的图像关于原点 O 中心对称,可以证明,图像关于原点 O 中心对称的函数为奇函数.

如果一个函数是奇函数或偶函数,那么就说这个函数具有奇偶性,不具有奇偶性的函数叫做非奇非偶函数.

注意: 由定义可以知道,判断一个函数是否具有奇偶性的基本方法是:

(1)求出函数的定义域.

(2)如果对任意的 $x\in D$ 都有 $-x\in D$,则分别计算出 $f(x)$ 与 $f(-x)$,然后根据定义判断函数的奇偶性,如果存在某个 $x_0\in D$,但 $-x_0\notin D$,则函数肯定是非奇非偶函数.

当然,对于用图像法表示的函数,可以通过对图像对称性的观察来判断函数是否具有奇偶性.

例 2. 判断下列函数的奇偶性:

(1) $f(x)=x^3$　　(2) $f(x)=2x^2+1$　　(3) $f(x)=\sqrt{x}$　　(4) $f(x)=x-1$

解:(1)函数 $f(x)=x^3$ 的定义域为 $(-\infty,+\infty)$,对任意的 $x\in(-\infty,+\infty)$ 都有 $-x\in(-\infty,+\infty)$,且 $f(-x)=(-x)^3=-x^3=-f(x)$,

所以 $f(x)=x^3$ 是奇偶数.

(2) $f(x)=2x^2+1$ 的定义域为 $(-\infty,+\infty)$,对任意的 $x\in(-\infty,+\infty)$ 都有 $-x\in(-\infty,+\infty)$,且 $f(-x)=2(-x)^2+1=2x^2+1=f(x)$,

所以函数 $f(x)=2x^2+1$ 是偶函数.

(3) $f(x)=\sqrt{x}$ 的定义域是 $(0,+\infty)$,显然 $1\in(0,+\infty)$,但 $-1\notin(0,+\infty)$,所以函数

$f(x)=\sqrt{x}$是非奇非偶函数.

(4)$f(x)=x-1$的定义域为$(-\infty,+\infty)$,对任意的$x\in(-\infty,+\infty)$都有$-x\in(-\infty,+\infty)$.

取$x=1$,则$f(-1)=(-1)-1=-2$,$f(1)=1-1=0$.

由于$f(-1)\neq f(1)$,$f(-1)\neq -f(1)$,从而$f(x)$即不是偶函数也不是奇函数,所以函数$f(x)=x-1$是非奇非偶函数.

练习

1. 求满足下列条件的点的坐标.

(1)与点$(-2,1)$关于x轴对称.

(2)与点$(-1,-3)$关于y轴坐标.

(3)与点$(2,-1)$关于坐标原点对称.

(4)与点$(-1,0)$关于y轴对称.

2. 判断下列函数的奇偶性.

(1)$f(x)=x$

(2)$f(x)=\dfrac{1}{x^2}$

(3)$f(x)=-3x+1$

(4)$f(x)=-3x^2+2$

3. 下列函数中既是奇函数又是增函数的是(　　).

A. $y=3x$　　B. $y=\dfrac{1}{x}$　　C. $y=2x^2$　　D. $y=-\dfrac{1}{3}x$

4. 奇函数$y=f(x)(x\in R)$的图像必经过的点是(　　).

A. $(-a,-f(a))$　　B. $(-a,f(a))$　　C. $(a,-f(a))$　　D. $\left(a,\dfrac{1}{f(a)}\right)$

5. 讨论下列函数的奇偶性.

(1)$f(x)=3-5x^2$　　(2)$g(x)=2x^2-x+1$　　(3)$f(x)=x(x^2+1)$

小结巩固

1. 设函数$f(x)$的图像如图5－19所示:

(1)写出该函数的定义域与值域;

(2)写出该函数的最大值与最小值;

(3)写出该函数的单调区间.

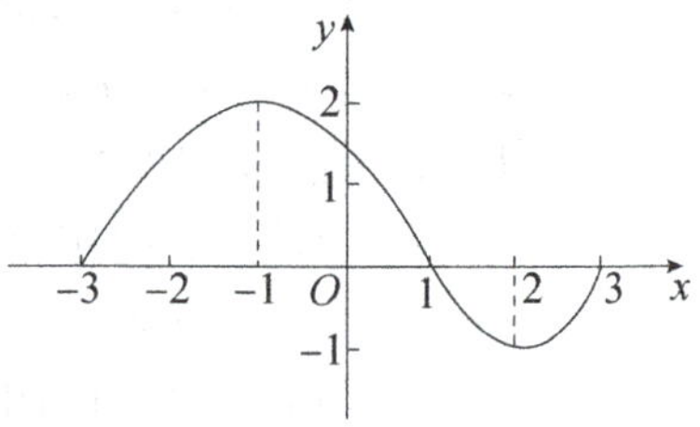

图 5－19

2. 根据下列函数图像判断函数的奇偶性.

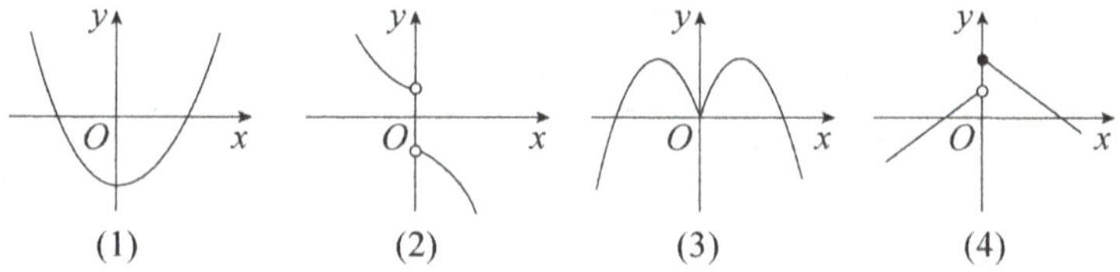

3. 判断下列函数的奇偶性.

(1) $f(x)=\frac{1}{2}x$; (2) $f(x)=-2x+5$;

(3) $f(x)=x^4+x^2-1$; (4) $f(x)=2x^2-x$.

4. 设函数 $f(x)=-\frac{1}{x}$，在区间 $(0,+\infty)$ 内讨论下列问题.

(1) 当 $x_1=1$ 及 $x_2=3$ 时，比较 $f(x_1)$ 与 $f(x_2)$ 的大小；
(2) 任取 $x_1,x_2\in(0,+\infty)$，且 $x_1<x_2$，比较 $f(x_1)$ 与 $f(x_2)$ 的大小；
(3) 由 (2) 所得结论判断函数 $f(x)=-\frac{1}{x}$ 在区间 $(0,+\infty)$ 上的单调性.

5. 判断函数 $f(x)=x^2-1$ 在区间 $(-\infty,0)$ 上的单调性.

5.1.6 函数的实际应用举例

在日常生活和科学技术中，经常会遇到一类函数，在自变量的不同取值范围内，函数有不同的解析式，下面我们通过实际问题来认识这类函数.

例 1. 我国是一个缺水的国家，很多城市的生活用水远远低于世界的平均水平，为了加强公民的节水意识，某城市制定了每户每月用水收费（含用水费和污水处理费）标准如下表.

水费种类	用水量不超过 $10m^3$ 的部分	用水量超过 $10m^3$ 的部分
用水费（元/m^3）	1.30	2.00
污水处理费（元/m^3）	0.30	0.80

试写出每户用水量 $x(m^3)$ 与应交水费 y（元）之间的函数解析式.

分析： 由表中看出，用水量不超过 $10m^3$ 的部分和用水量超过 $10m^3$ 的部分的计费标准是不相同的. 因此，需要分别在两个范围内研究.

解： 分别研究在两个范围内的计费标准，列出表格

x/m^3	$0<x\leqslant 10$	$x>10$
Y/元	$Y=(1.3+0.3)x$	$Y=1.6\times 10+(2.0+0.8)(x-10)$

综合以上两种情况，将函数写作

$$F(x)=\begin{cases}1.6x & 0<x\leqslant 10\\ 2.8x-12 & x>10\end{cases}$$

这个函数在自变量的不同取值范围内，需要用不同的解析式来表示. 我们把这种函数叫做分段函数.

分段函数的定义域是自变量的各个不同取值范围的并集. 如例 1 中函数的定义域为：$(0,10)\cup(10,+\infty)=(0,+\infty)$.

求函数值 $f(x_0)$ 时，首先应该判断 x_0 所属的取值范围，然后再把 x_0 代入相应的式子中进行计算，例如，例 1 中求某户月用水 $8m^3$ 应交的水费 $f(8)$ 时，因为 $0<8<10$，所以，利用 $f(x)=1.6x$ 计算，得 $f(8)=1.6\times 8=12.8$(元).

作分段函数的图像时，要在同一个坐标系中，分别在自变量的各个不同取值范围内，根据相应的式子作出相应部分的图像. 下面我们通过一道关于分段函数的例题来进一步了解下分段函数.

例 2. 函数

$$F(x)=\begin{cases}2x-1 & x\leqslant 0\\ x^2 & x>0\end{cases}$$

(1) 求函数的定义域；

(2) 求 $f(2)$，$f(0)$，$f(-1)$ 的值；

(3) 作出函数的图像.

解： (1) 函数的定义域为 $(-\infty,0)\cup(0,+\infty)=(-\infty,+\infty)$

(2) 因为 $2\in(0,+\infty)$，故 $f(2)=2^2=4$

因为 $0\in(-\infty,0)$，故 $f(0)=2\times 0-1=-1$

因为 $-1\in(-\infty,0)$，故 $f(-1)=2\times(-1)-1=-3$

(3) 在同一直角坐标系中，在 $(-\infty,0)$ 内，作出 $y=2x-1$ 的图像；在 $(0,+\infty)$ 内，作出 $y=x^2$ 的图像.

例 3. 某城市出租车收费标准为：当行程不超过 3km 时，收费 7 元；行程超过 3km，但不超过 10km 时，在收费 7 元的基础上，超过 3km 的部分每公里收费 1.0 元；行程超过 10km 时，超过 10km 部分每公里收费 1.5 元，试求车费 y(元)与 x(km)之间的函数解析式，并作出函数图像.

解： 根据题意，列出表格：

x/km	$0<x\leqslant 3$	$3<x\leqslant 10$	$X>10$
y/元	7	$7+(x-3)$	$7+(10-3)+1.5(x-10)$

故 y 与 x 之间的函数解析式为 $\begin{cases}7 & 0<x\leqslant 3\\ x+4 & 3<x\leqslant 10\\ 1.5x-1 & x>10\end{cases}$

函数的图像如图 5-20 所示. 当 $0<x\leqslant 3$ 时，图像是一条不含左端点的水平直线段 AB；当 $3<x\leqslant 10$ 时，图像是线段 BC(含端点 C)；当 $x>10$ 时，图像是一条以 C 为起点的射线(不含端点 C).

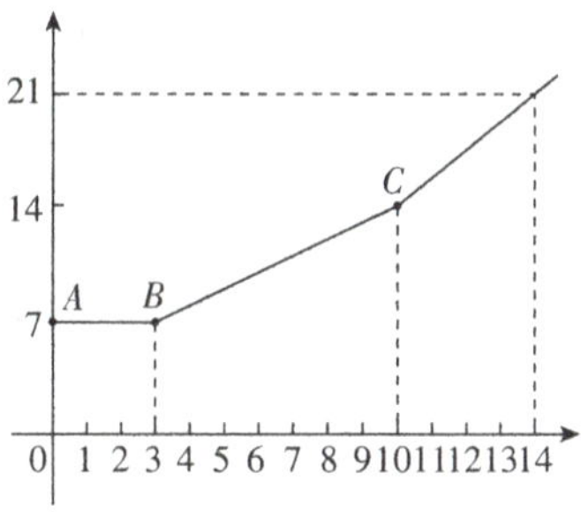

图 5-20

例 4. 某人计划靠墙围一块矩形养鸡场，他已备足了可以围 10m 长的竹篱笆，问矩形的长和宽各是多少时，场地的面积最大？最大面积是多少？

解：设矩形场地的长为 x(m)($0<x<10$)，宽为 y(m)，则由题意知 $x+2y=10$，即 $y=\frac{1}{2}(10-x)$. 于是，场地的面积为

$$S=x\times y=x\times\frac{1}{2}(10-x)=-\frac{1}{2}x^2+5x$$
$$=-\frac{1}{2}(x^2-10x+25)+\frac{25}{2}=-\frac{1}{2}(x-5)^2+\frac{25}{2}$$

故当 $x=5$m 时，场地面积有最大值，为 12.5m². 此时宽为 $y=\frac{1}{2}(10-5)=2.5$(m).

所以当矩形场地的长为 5m，宽为 2.5m 时，面积最大，最大面积为 12.5m².

练习

1. 设 $f(x)=\begin{cases}\frac{2}{x} & x<-1\\ -2 & -1\leqslant x<0\\ 3x-2 & x\geqslant 0\end{cases}$

(1) 写出函数的定义域；

(2) 求 $f(-2)$, $f\left(-\frac{1}{2}\right)$, $f(3)$ 的值；

(3) 作出函数 $f(x)$ 的图像.

2. 设函数 $f(x)=\begin{cases}2x+1, & -2<x\leqslant 0\\ 1-x^2, & 0<x<3\end{cases}$

(1) 求函数的定义域；

(2) 求 $f(2)$, $f(0)$, $f(-1)$ 的值；

(3) 作出函数的图像.

3. 我国国内平信计费标准是：投寄外埠平信，每封信的质量不超过 20g，付邮资 0.80 元；质量超过 20g 后，每增加 20g(不足 20g 按照 20g 计算)增加 0.80 元，试建立每封平信应付的邮资 y

(元)与信的质量 $x(g)$ 之间的函数关系(设 $0<x\leq 60$),并作出函数图像.

4. 用长 2m 的铁丝围成一个矩形,问长、宽多少时,所求的矩形面积最大?最大值是多少?

5. 有一种礼花的升空高度 h(m)与飞行时间 t(s)的关系式是 $h=-\frac{5}{2}t^2+20t+1$,若这种礼花升空到最高点时引爆,求从点火升空到引爆所需要的时间.

6. 某服装经销商经销某品牌的牛仔裤,采用打折的方法促销:5 条以上享受批发价,可以打 9 折;10 条以上打 8.5 折;20 条以上可以打 7.5 折,50 条以上打 6 折. 试建立顾客享受折扣价与购买牛仔裤数量之间的函数关系,并作出函数的图像.

7. 某城市固定电话市内通话的收费标准是:每次通话 3 分钟以内收费 0.22 元;超过 3 分钟后,每分钟(不足一分钟按一分钟收费)收费 0.11 元. 如果通话时间不超过 6 分钟,试建立通话应付费与通话时间之间的函数关系,并作出函数图像.

8. 分段函数 $f(x)$ 的图像如图 5-21 所示,请写出函数的解析式.

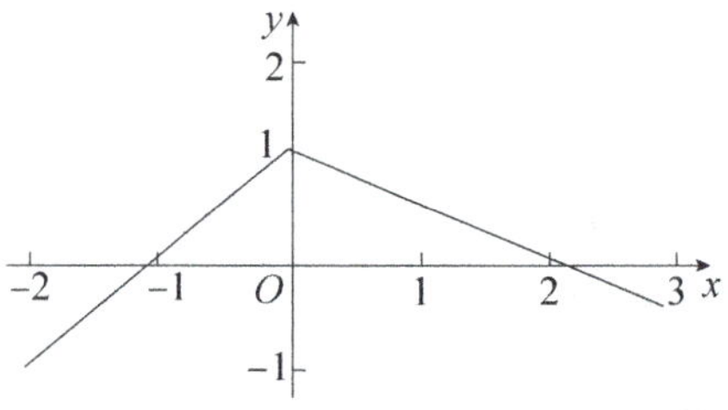

图 5-21

9. 用长为 8m 的铁丝围成一个矩形场地,场地一边靠墙,问矩形的长、宽各是多少时,场地的面积最大？最大面积是多少？

10. 为了鼓励居民节约用水，某市改革居民用水的计费方法. 每月的收费标准如下：月用水量不超过 $20m^3$ 时，按 2 元/m^3 计费；月用水量超过 $20m^3$ 时，其中的 $20m^3$ 按 2 元/m^3 计费，超过的部分按 2.6 元/m^3 计费. 设每户月用水量为 $x m^3$，应缴水费为 y 元.

(1) 求 y 与 x 的函数表达式；

(2) 小明家第二季度缴纳水费的情况如下：

月份	四月份	五月份	六月份
交费金额/元	30	34	42.6

问小明家第二季度共用水多少立方米？

5.2 正比例函数和反比例函数

5.2.1 正比例函数

引入：

1996 年，鸟类研究者在芬兰给一只候鸟套上了标志环，9 周后，人们在 2.56 万 km 的澳大利亚发现了它.

(1) 这只百余克重的小鸟大约平均每天飞行多少千米(精确到 10km)？

(2) 这只候鸟的形成 y(单位：km) 与飞行时间 x(单位：天) 之间的关系？

(3) 这只候鸟飞行了一个半月的行程大约是多少 km？

分析： (1) 这只候鸟大约每天飞行的路程不少于 $25\ 600 \div (30 \times 4 + 7) \approx 200$km

(2) 假设这是候鸟每天飞行的路程为 200km，那么它的行程 y(单位：km) 就是飞行时间 x(单位：天) 的函数，解析式为 $y = 200x (0 \leqslant x \leqslant 127)$

(3) 这只候鸟飞行一个半月的行程，大约是 $x = 45$ 时，代入函数 $y = 200x$，即 $y = 200 \times 45 = 9\ 000$km.

以上我们利用了函数 $y = 200x$ 对候鸟的飞行路程问题进行了分析，这个函数类型有什么特点呢？

一般的，形如 $y = kx$(k 是常数，$k \neq 0$) 的函数，叫做正比例函数，其中 k 叫作比例系数.

正比例函数 $y = kx$(k 是常数，$k \neq 0$) 的图像是经过原点 $O(0,0)$ 和点 $M(1,k)$ 的一条直线. 我们把正比例函数 $y = kx$ 的图像叫做直线 $y = kx$.

例 1. 画出下列正比例函数的图像

(1) $y = 2x$　　　　(2) $y = -2x$

解:(1)函数 $y=2x$ 中自变量 x 可以取任意实数,列表得:

X	-3	-2	-1	0	1	2	3
y	-6	-4	-2	0	2	4	6

描点、连线得:

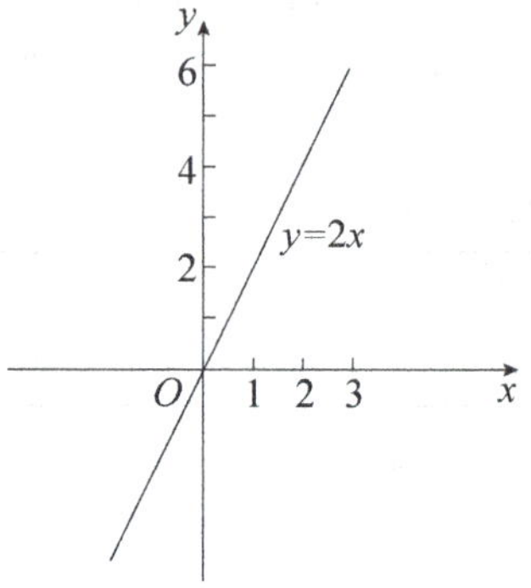

(2)函数 $y=-2x$ 中自变量 x 可以取任意实数,列表得:

X	-3	-2	-1	0	1	2	3
y	6	4	2	0	-2	-4	-6

描点、连线得:

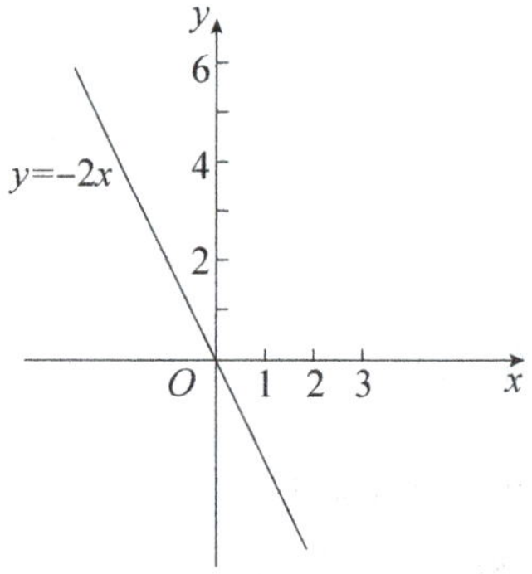

通过以上例子我们有列表的形式总结下正比例函数的性质:

函数	正比例函数
解析式	$y=kx(k\neq0)$
图像	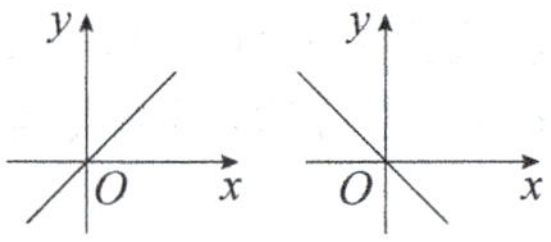
自变量取值范围	全体实数
图像的位置	当 $k>0$ 时,在一、三象限 当 $k<0$ 时,在二、四象限
增减性	当 $k>0$ 时,y 随 x 的增大而增大 当 $k<0$ 时,y 随 x 的增大而减小

注意：因为正比例函数是直线，因此正比例函数一定具有单调性，并且是单调函数；又因为正比例函数的图像都是过原点且关于原点对称，因此所有的正比例函数都是奇函数.

例1. 若函数 $y=(m-1)x^{m-3}$ 是正比例函数，则 $m=$________，函数的图像经过________象限.

解：$m=4$，图像经过第一、三象限.

例2. 已知 $y-1$ 与 $2x$ 成正比例，当 $x=-1$ 时，$y=5$，求 y 与 x 的函数解析式.

解：$\because y-1$ 与 $2x$ 成正比例，

$\therefore$ 设 $y-1=k\cdot 2x(k\neq 0)$ 把 $x=-1$，$y=5$ 代入，得 $k=-2$，

$\therefore y-1=-2\cdot 2x. \therefore y=-4x+1.$

例3. 已知点 (x_1,y_1)，(x_2,y_2) 在正比例函数 $y=(k-2)x$ 的图像上，当 $x_1>x_2$ 时，$y_1<y_2$，那么 k 的取值范围是多少？

解：由题意，得函数 y 随 x 的值增大而减小，

$\therefore k-2<0$

$\therefore k<2.$

练习

1. 下列关系中的两个量成正比例的是(　　).

A. 从甲地到乙地，所用的时间和速度

B. 正方形的面积与边长

C. 买同样的作业本所要的钱数和作业本的数量

D. 人的体重与身高

2. 下列函数中，y 是 x 的正比例函数的是(　　).

A. $y=4x+1$　　B. $y=2x^2$

C. $y=-\sqrt{2}x$　　D. $y=\sqrt{2}$

3. 下列说法中不成立的是(　　).

A. 在 $y=3x-1$ 中 $y+1$ 与 x 成正比例　　B. 在 $y=-\frac{x}{2}$ 中 y 与 x 成正比例

C. 在 $y=2(x+1)$ 中 y 与 $x+1$ 成正比例　　D. 在 $y=x+3$ 中 y 与 x 成正比例

4. 若函数 $y=(2m+6)x^2+(1-m)x$ 是正比例函数，则 m 的值是(　　).

A. $m=-3$　　B. $m=1$　　C. $m=3$　　D. $m>-3$

5. 已知 (x_1,y_1) 和 (x_2,y_2) 是直线 $y=-3x$ 上的两点，且 $x_1>x_2$，则 y_1 与 y_2 的大小关系是(　　).

A. $y_1>y_2$　　B. $y_1<y_2$　　C. $y_1=y_2$　　D. 以上都有可能

6. 下列函数中，正比例函数是(　　).

A. $y=\frac{2}{5x}$　　B. $y=\frac{2}{5}x-1$　　C. $y=\frac{4}{5}x^2$　　D. $y=-\frac{2}{5}x$

7. 形如________ $y=kx(k\neq 0)$ ________的函数是正比例函数.

8. 若 x、y 是变量，且函数 $y=(k+1)x^{k^2}$ 是正比例函数，则 $k=$________.

9. 正比例函数 $y=kx$（k 为常数，$k<0$）的图像依次经过第________象限，函数值随自变量的增大而________.

10. 已知 y 与 x 成正比例，且 $x=2$ 时 $y=-6$，则 $y=9$ 时 $x=$________.

11. 已知 $y=(m+3)x^{m^2-8}$ 是正比例函数，则 m ________.

12. 函数 $y=(m-2)x^{2n+1}-m+n$，当 $m=$________，$n=$________时为正比例函数.

5.2.1　反比例函数

引入： 下列问题中，变量间的对应关系可用怎样的函数表示呢？这些函数有什么共同的特点呢？

(1)京沪高铁全程为 1 463 千米，乘坐某次列车所用的时间为 t(单位：小时)随该次列车平均速度 v(单位：千米/小时)的变化而变化.

(2)某住宅小区要种植一个面积为 1 000 平方米的矩形草坪草坪的长 y(单位：米)随宽 x(单位：米)的变化而变化；

(3)已知北京市的总面积为 16 800 平方千米，人均占有土地面积为 S(单位：平方千米每人)随全市总人口 n(单位：人)的变化而变化.

通过分析上面的例子，我们发现三个解析式分别为：$t=\frac{1\ 463}{v}$，$y=\frac{1\ 000}{x}$，$s=\frac{168\ 000}{n}$

上述函数都具有 $y=\frac{k}{x}$形式. 形如 $y=\frac{k}{x}$(k 是常数，$k\neq0$)的函数叫作反比例函数，其中 k 叫作比例系数.

注意： 1. 反比例函数 $y=\frac{k}{x}(k\neq0)$可以写成 $y=kx^{-1}$或 $xy=k(k\neq0)$的形式.

2. 反比例函数中，两个变量成反比例关系.

3. 反比例函数 $y=\frac{k}{x}(k\neq0)$的自变量 x 是不等于 0 的任意实数.

例 1. 下列等式中，哪些是反比例函数

(1)$y=\frac{x}{3}$　　(2)$y=-\frac{\sqrt{2}}{x}$　　(3)$xy=21$　　(4)$y=\frac{5}{x+2}$

(5)$y=-\frac{3}{2x}$　　(6)$y=\frac{1}{x}+3$　　(7)$y=x-4$

解： 根据反比例函数的定义，关键看上面各式能否改写成 $y=\frac{k}{x}$(k 为常数，$k\neq0$)的形式，这里(1)、(7)是整式，(4)的分母不是只单独含 x，(6)改写后是 $y=\frac{1+3x}{x}$，分子不是常数，只有(2)、(3)、(5)能写成定义的形式.

例 2. 当 m 取什么值时，函数 $y=(m-2)x^{3-m^2}$是反比例函数？

解： 反比例函数 $y=\frac{k}{x}(k\neq0)$的另一种表达式是 $y=kx^{-1}(k\neq0)$，后一种写法中 x 的次数是 -1，因此 m 的取值必须满足两个条件，即 $m-2\neq0$ 且 $3-m^2=-1$，特别注意不要遗漏 $k\neq0$ 这一条件，也要防止出现 $3-m^2=1$ 的错误.

解得 $m=-2$.

例 3. 已知函数 $y=y_1+y_2$，y_1 与 x 成正比例，y_2 与 x 成反比例，且当 $x=1$ 时，$y=4$；当$x=2$ 时，$y=5$.

(1)求 y 与 x 的函数关系式.

(2)当 $x=-2$ 时，求函数 y 的值.

解： 此题函数 y 是由 y_1 和 y_2 两个函数组成的，要用待定系数法来解答，先根据题意分别设

出 y_1、y_2 与 x 的函数关系式，再代入数值，通过解方程或方程组求出比例系数的值. 这里要注意 y_1 与 x 和 y_2 与 x 的函数关系中的比例系数不一定相同，故不能都设为 k，要用不同的字母表示. 设 $y_1=k_1x(k_1\neq0)$，$y_2=\dfrac{k_2}{x}(k_2\neq0)$，则 $y=k_1x+\dfrac{k_2}{x}$，代入数值求得 $k_1=2$，$k_2=2$，

则 $y=2x+\dfrac{2}{x}$，当 $x=-2$ 时，$y=-5$.

我们已经知道了正比例函数的图像是一条直线，那么反比例函数的图像又是整哪样的呢，我们用描点法来计算.

例 4. 请画出反比例函数 $y=\dfrac{6}{x}$ 与 $y=-\dfrac{6}{x}$ 的图像.

解：函数 $y=\dfrac{6}{x}$ 中自变量 x 可以取任意实数，列表得

X	……	-6	-5	-4	-3	-2	-1	1	2	3	4	5	6	……
y	……	-1		-1.5	-2			6		2		1.2		……

描点、连线得：

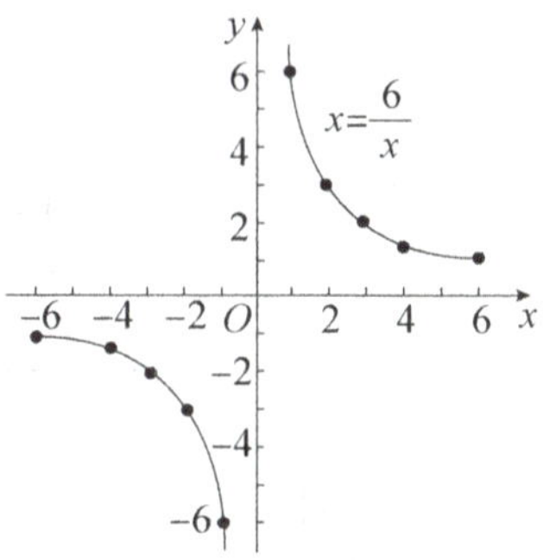

函数 $y=-\dfrac{6}{x}$ 中自变量 x 可以取任意实数，列表得

X	……	-6	-5	-4	-3	-2	-1	1	2	3	4	5	6	……
y	……	1	1.2		2	3		-6		-2	-1.5		-1	……

描点、连线得：

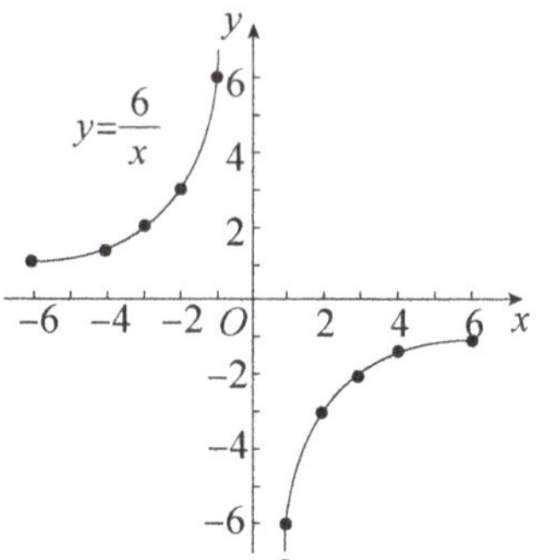

通过上面的例子我们发现：反比例函数 $y=\dfrac{k}{x}(k\neq0)$ 的图像是双曲线.

注意：

1. 反比例函数的图像是双曲线，它有两个分支，它的两个分支是断开的.

2. 当 $k>0$ 时，两个分支分别位于第一、三象限；当 $k<0$ 时，两个分支分别位于第二、四象限.

3. 反比例函数 $y=\frac{k}{x}(k\neq0)$ 的图像的两个分支关于原点成中心对称;关于直线 $y=x$ 和 $y=-x$ 成轴对称.

4. 反比例函数的图像与 x 轴、y 轴都没有交点,即图像的两个分支无限接近坐标轴,但永远不与坐标轴相交,这是因为 $x\neq0,y\neq0$.

通过上面的例子我们用列表的形式总结下反比例函数的性质:

反比例函数	$y=\frac{k}{x}(k\neq0)$	
k 的符号	$k>0$	$k<0$
图像	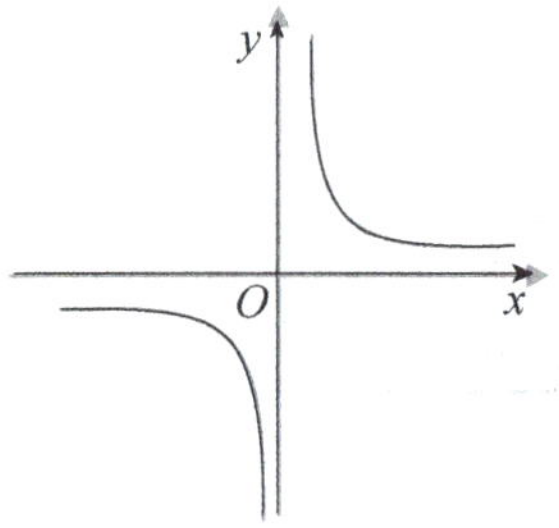	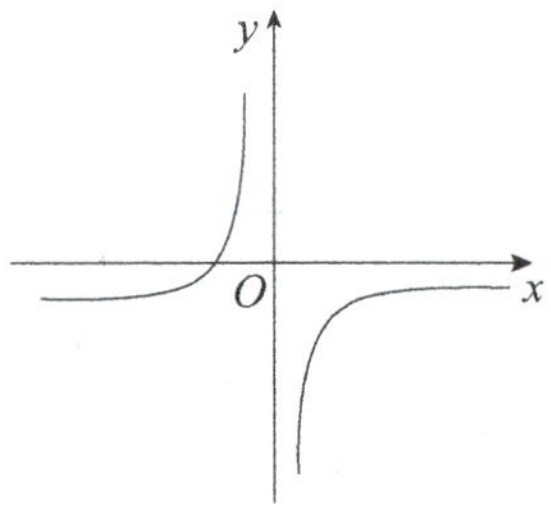
性质	①x 的取值范围是 $x\neq0$,y 的取值范围是 $y\neq0$; ②当 $k>0$ 时,函数图像的两个分支分别在第一、三象限. 在每一象限内,y 随 x 的增大而减小	①x 的取值范围是 $x\neq0$,y 的取值范围是 $y\neq0$; ②当 $k<0$ 时,函数图像的两个分支分别在第二、四象限. 在每一象限内,y 随 x 的增大而增大

注意:

1. 反比例函数图像的位置和函数的增减性都是由比例系数 k 的符号决定的,反过来,由双曲线所在的位置或函数的增减性也可以判断出 k 的符号.

2. 通过对反比例函数图像的学习,我们发现从图像上看,反比例函数具有单调性,当 $k>0$ 时,y 随 x 的增大而减小,反比例函数在 $(-\infty,0)$ 和 $(0,+\infty)$ 上具有单调递减的特性,在当 $k<0$ 时,y 随 x 的增大而增大. 反比例函数在 $(-\infty,0)$ 和 $(0,+\infty)$ 上具有单调递增的特性.

例 4. 已知反比例函数 $y=(m-1)x^{m^2-3}$ 的图像在第二、四象限,求 m 值,并指出在每个象限内 y 随 x 的变化情况?

解: 此题要考虑两个方面,一是反比例函数的定义,即 $y=kx^{-1}(k\neq0)$ 自变量 x 的指数是 -1,二是根据反比例函数的性质:当图像位于第二、四象限时,$k<0$,则 $m-1<0$,不要忽视这个条件.

$\because y=(m-1)x^{m^2-3}$ 是反比例函数

$\therefore m^2-3=-1$,且 $m-1\neq0$

又$\because$ 图像在第二、四象限 $\therefore m-1<0$

解得 $m=\pm\sqrt{2}$ 且 $m<1$

则 $m=-\sqrt{2}$

例 5. 如图 5-22,过反比例函数 $y=\frac{1}{x}(x>0)$ 的图像上任意两点 A、B 分别作 x 轴的垂线,垂足分别为 C、D,连接 OA、OB,设 $\triangle AOC$ 和 $\triangle BOD$ 的面积分别是 S_1、S_2,比较它们的大小,可得(　　).

A. $S_1>S_2$　　B. $S_1=S_2$

C. $S_1<S_2$　　D. 大小关系不能确定

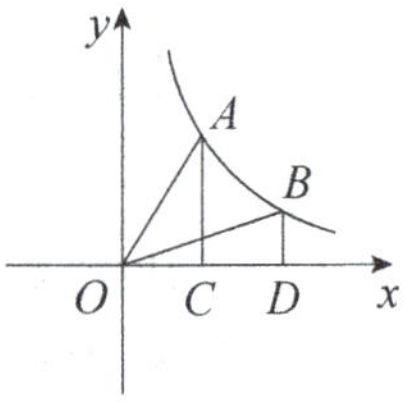

图 5-22

解:从反比例函数 $y=\frac{k}{x}(k\neq0)$ 的图像上任一点 $P(x,y)$ 向 x 轴、y 轴作垂线段,与 x 轴、y 轴所围成的矩形面积 $S=|xy|=|k|$,由此可得 $S_1=S_2=\frac{1}{2}$,故选 B.

注意:

1. 反比例函数解析式的确定

反比例函数解析式确定的一般步骤:

设:设反比例函数解析式为 $y=\frac{k}{x}(k\neq0)$.

代:把已知的一对 x,y 的值或图像上一个点的坐标代入解析式,得到关于 k 的一个方程.

解:解这个方程.

回代:把 k 代回 $y=\frac{k}{x}$ 中.

2. 反比例函数中比例系数 k 的几何意义

反比例函数中比例系数 k 的几何意义:过双曲线上任一点 P 作 x 轴、y 轴的垂线 PN,PM,所得矩形 $PMON$ 的面积 $S=PM\times PN=|x|\times|y|=|xy|=|k|$,即过双曲线上任意一点作 x 轴、y 轴的垂线,所得矩形面积均为 $|k|$. 同时 $\triangle PON$, $\triangle POM$ 的面积均为 $\frac{1}{2}|k|$.

3. 应用反比例函数 $y=\frac{k}{x}(k\neq0)$ 中 k 的几何意义,可把反比例函数与直角三角形、矩形联系在一起.

练习

1. 苹果每千克 x 元,花 10 元钱可买 y 千克的苹果,则 y 与 x 之间的函数关系式为________.

2. 若函数 $y=(3+m)x^{8-m^2}$ 是反比例函数,则 m 的取值是________.

3. 矩形的面积为 4,一条边的长为 x,另一条边的长为 y,则 y 与 x 的函数解析式为________.

4. 已知 y 与 x 成反比例,且当 $x=-2$ 时,$y=3$,则 y 与 x 之间的函数关系式是________,当 $x=-3$ 时,$y=$________.

5. 函数 $y=-\frac{1}{x+2}$ 中自变量 x 的取值范围是________.

6. 已知反比例函数 $y=\frac{3-k}{x}$,分别根据下列条件求出字母 k 的取值范围________.

(1) 函数图像位于第一、三象限________.

(2) 在第二象限内,y 随 x 的增大而增大________.

7. 函数 $y=-ax+a$ 与 $y=\frac{-a}{x}(a\neq0)$ 在同一坐标系中的图像可能是(　　).

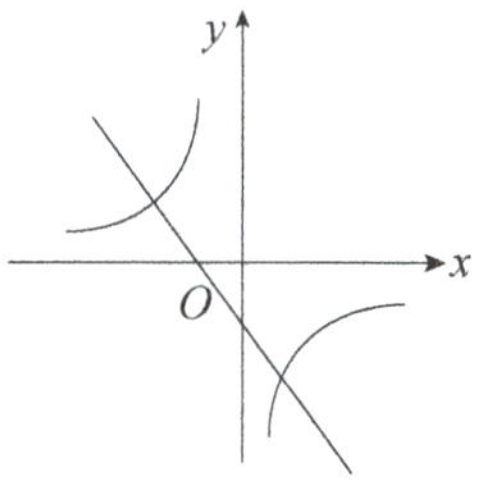

A.

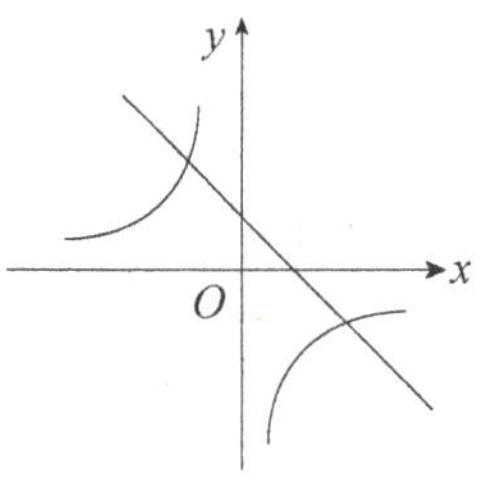

B.

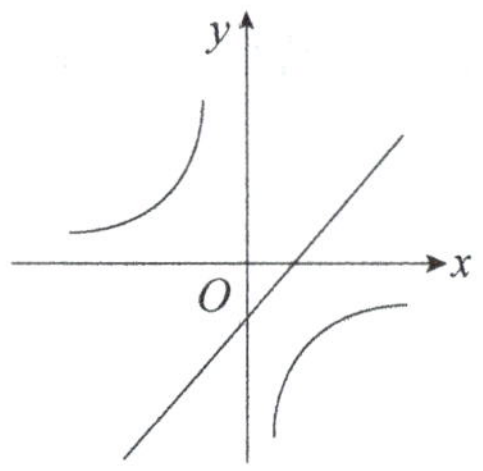

C.

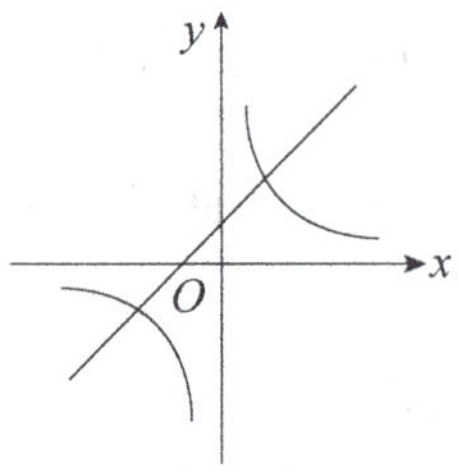

D.

8. 在平面直角坐标系内，过反比例函数 $y=\frac{k}{x}(k>0)$ 的图像上的一点分别作 x 轴、y 轴的垂线段，与 x 轴、y 轴所围成的矩形面积是 6，则函数解析式为________.

9. 若函数 $y=(2m-1)x$ 与 $y=\frac{3-m}{x}$ 的图像交于第一、三象限，则 m 的取值范围是________.

10. 反比例函数 $y=-\frac{2}{x}$，当 $x=-2$ 时，$y=$________；当 $x<-2$ 时，y 的取值范围是________；当 $x>-2$ 时，y 的取值范围是________.

5.3　一次函数的图像和性质

5.3.1　一次函数的图像和性质

引入：

某登山队大本营所在地的气温为 5℃，海拔每升高 1 千米，气温下降 6℃，登山队员由大本营向上登高 x 千米时，它们所在位置的温度为 y℃，试用解析式表示 y 与 x 的关系.

分析： y 随 x 的变化的规律是，从大本营向上当海拔增加 x 千米时，气温从 5℃减少 $6x$℃，因此 y 与 x 的函数关系为 $y=5-6x$，这个函数也可以写成 $y=-6x+5$，当登山队员由大本营向上登高 0.5 千米时，他们所在的位置的气温就是 $x=0.5$，函数 $y=-6x+5$ 的值，即 $y=-6\times0.5+2=2$℃.

以上我们利用了函数 $y=-6x+5$ 对候鸟的飞行路程问题进行了分析，这个函数类型有什么特点呢？

一般的，形如 $y=kx+b$（kb 是常数，$k\neq0$）的函数，叫作一次函数. 当 $b=0$ 时，$y=kx+b$ 即 $y=kx$，所以说正比例函数是一种特殊的一次函数.

注意：

1. 一次函数的解析式 $y=kx+b(k\neq0)$ 是一个等式，其左边是因变量 y，右边是关于自变量 x 的整式.

2. 一次函数中自变量的次数为 1，且系数不等于 0.

3. 一般情况下，一次函数中自变量取值范围是全体实数.

例 1. 请画出 $y=-6x$ 与 $y=-6x+5$ 的图像.

解： 函数 $y=-6x$ 与 $y=-6x+5$ 中自变量 x 可以取任意实数，列表得：

X	-3	-2	-1	0	1	2	3
$Y=-6x$	18	12	6	0	-6	-12	-18
$Y=-6x+5$	23	17	11	5	-1	-7	-13

描点、连线得：

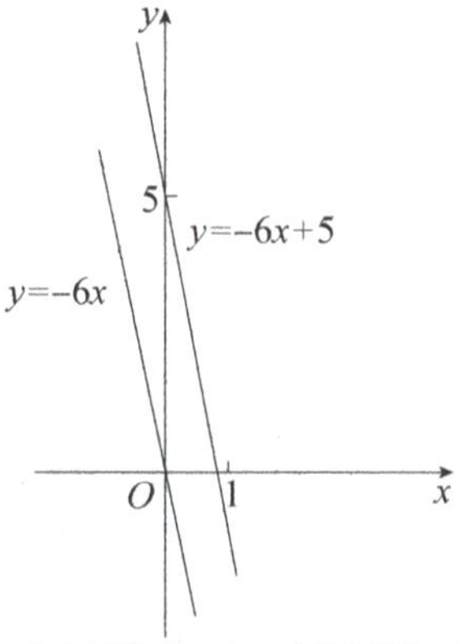

通过这个例子我们发现，在画一次函数和正比例函数时，因为都是直线所以都可以采用两点法进行，除了这个相同点以外还有其他的区别与联系吗？我们可以通过下表来观察正比例函数和一次函数的关系.

一次函数与正比例函数的图像

	图像			
	$k>0$		$k<0$	
正比例函数 $y=kx$(　　)	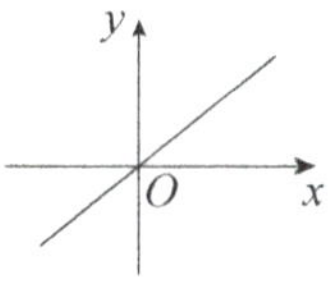		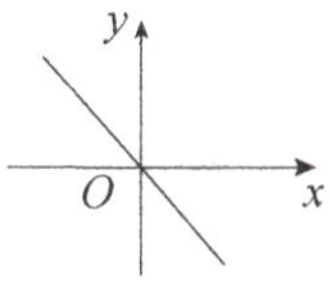	
	$b>0$	$b<0$	$b>0$	$b<0$
一次函数 $y=kx+b$(　　)	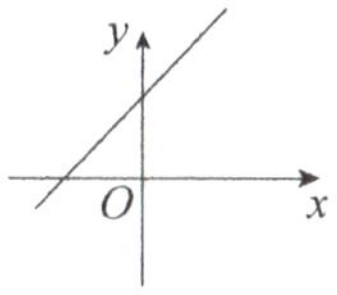	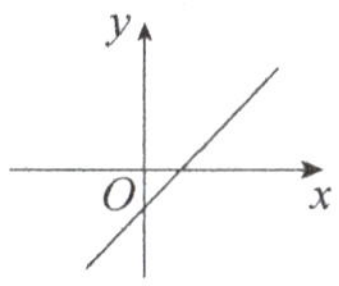	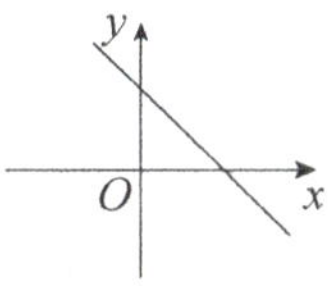	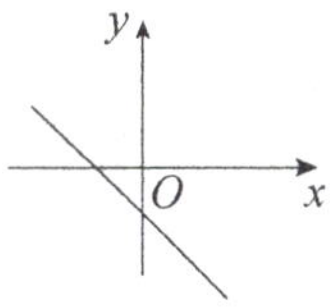

例 2. 画出函数 $y=2x-1$ 与 $y=-0.5x+1$ 的图像

解：函数 $y=2x-1$ 与 $y=-0.5x+1$ 中自变量 x 可以取任意实数，列表得

X	0	1
$Y=2x-1$	-1	1
$y=-0.5x+1$	1	0.5

描点、连线得：

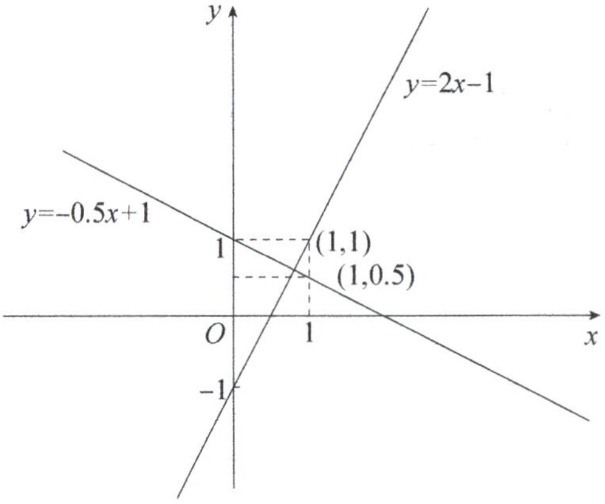

观察这两个一次函数我们能总结出以下的规律：

解析式		$y=kx+b$(k 为常数,且 $k\neq0$			
自变量取值范围		全体实数			
图象	形状	过$(0,b)$和$\left(-\frac{b}{k},0\right)$点的一条直线			
	k、b 的取值	$k>0$		$k<0$	
		$b>0$	$b<0$	$b>0$	$b<0$
	示意图	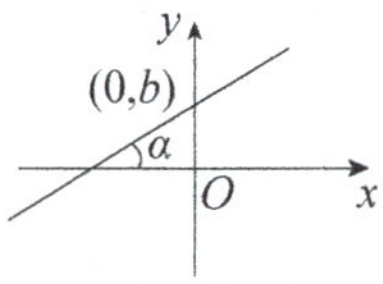 $(k>0,b>0)$	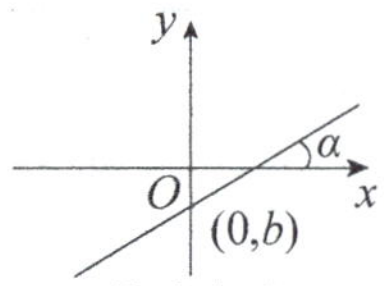 $(k>0,b<0)$	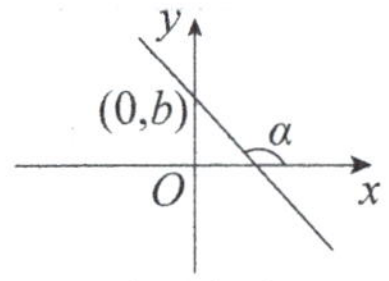 $(k<0,b>0)$	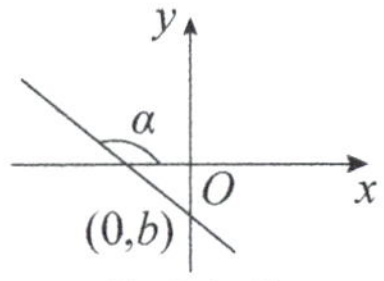 $(k<0,b<0)$
	位置	经过一、二、三象限	经过一、三、四象限	经过一、二、四象限	经过二、三、四象限
	趋势	从左向右上升		从左向右下降	
函数变化规律		y 随 x 的增大而增大		y 随 x 的增大而减小	

注意： 1. k 决定直线 $y=kx+b$ 从左向右的趋势，b 决定它与 y 轴交点的位置，k、b 一起决定直线 $y=kx+b$ 经过的象限.

2. 两直线 $y=k_1x+b_1$($k_1\neq0$)与 $y=k_2x+b_2$($k_2\neq0$)的位置关系；

(1) 当 $k_1=k_2$，$b_1\neq b_2$ 时，两直线平行；

(2) 当 $k_1=k_2$，$b_1=b_2$ 时，两直线重合；

(3) 当 $k_1\neq k_2$，$b_1=b_2$ 时，两直线交于 y 轴上一点；

(4) 当 $k_1\times k_2=-1$ 时，两直线垂直.

例 3. 已知一次函数的图像过$(3,5)$与$(-4,-9)$，求这个一次函数的解析式.

解： 求一次函数 $y=kx+b$ 的解析式，关键就是找到 K，B 的值，从已知条件可以列出关于 K，B 的二元一次方程组，并求出 K，B.

设这个一次函数的解析式为 $y=kx+b$，因为图像过$(3,5)$与$(-4,-9)$，所以

$\begin{cases}3k+b=5\\-4k+b=-9\end{cases}$ 解得 $\begin{cases}k=2\\b=-1\end{cases}$ 因此这个函数为 $y=2x-1$.

注意： 先设出函数解析式，再根据条件确定解析式中未知的系数，从而得出函数解析式的方法. 这种求解析式的方法叫做待定系数法，利用待定系数法求函数解析式一般步骤为：

1. 设出含有待定系数的函数解析式 $y=kx+b$(k，b 为常数，$k\neq0$)；

2. 把已知条件(自变量与对应的函数值)代入解析式,得到关于待定系数的方程;
3. 解方程,求出待定系数;
4. 将求出的待定系数的值代回所设的函数解析式,即得出所求的函数解析式.

例 4. 已知 y 是 x 的一次函数,且当 $x=-4$ 时,$y=9$;当 $x=6$ 时,$y=-1$.
(1)求这个一次函数的解析式.
(2)当 $x=-\frac{1}{2}$ 时,求函数 y 的值.
(3)当 $-3<y\leqslant 1$ 时,求自变量 x 的取值范围.

解:(1)设这个一次函数的解析式为 $y=kx+b(k\neq 0)$
因为当 $x=-4$ 时,$y=9$;当 $x=6$ 时,$y=-1$
所以 $\begin{cases}-4k+b=9\\6k+b=-1\end{cases}$ 解得 $\begin{cases}k=-1\\b=5\end{cases}$
所以这个一次函数的解析式为 $y=-x+5$.
(2)把 $x=-\frac{1}{2}$ 代入 $y=-x+5$ 中得 $y=\frac{1}{2}+5=5\frac{1}{2}$
(3)因为 $y=-x+5$ 是单调函数,所以我们可以直接代入边界点来反求出 x 的取值范围.
当 $y=-3$ 时,$x=8$;当 $y=1$ 时,$x=4$ 因此当 $-3<y\leqslant 1$ 时,自变量 x 的取值范围为 $4\leqslant y<8$.

练习

一、选择题

1. 下列各有序实数对表示的点不在函数 $y=-2x+1$ 图像上的是(　　).

A. $(0,1)$　　B. $(1,-1)$　　C. $\left(-\frac{1}{2},0\right)$　　D. $(-1,3)$

2. 已知一次函数 $y=kx+b$,当 x 增加 3 时,y 减少 2,则 k 的值是(　　).

A. $-\frac{2}{3}$　　B. $-\frac{3}{2}$　　C. $\frac{2}{3}$　　D. $\frac{3}{2}$

3. 已知一次函数 $y=kx+b$,y 随着 x 的增大而减小,且 $kb<0$,则在直角坐标系内它的大致图像是(　　).

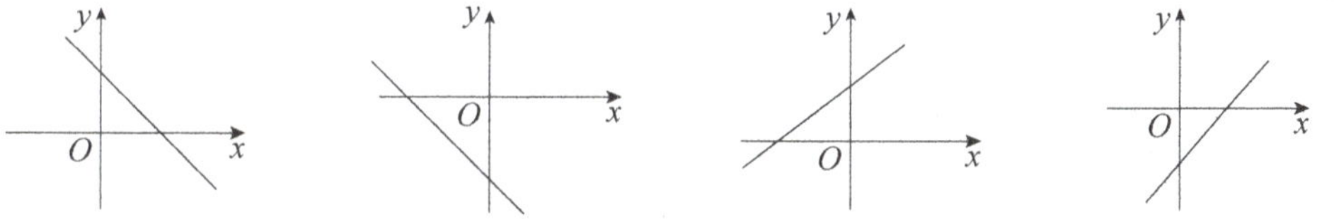

A.　　B.　　C.　　D.

4. 已知正比例函数 $y=(2k-3)x$ 的图像过点 $(-3,5)$,则 k 的值为(　　).

A. $-\frac{5}{9}$　　B. $\frac{7}{3}$　　C. $\frac{5}{3}$　　D. $\frac{2}{3}$

5. 若一次函数 $y=kx+b$ 的图像交 y 轴于正半轴,且 y 的值随 x 值的增大而减小,则(　　).

A. $k>0,b>0$　　B. $k>0,b<0$　　C. $k<0,b>0$　　D. $k<0,b<0$

6. 若函数 $y=(m-2)x^{n-1}+n$ 是一次函数,则 m,n 应满足的条件是(　　).

A. $m\neq 2$ 且 $n=0$　　B. $m=2$ 且 $n=2$　　C. $m\neq 2$ 且 $n=2$　　D. $m=2$ 且 $n=0$

二、填空题

1. 一次函数 $y=-2x+4$ 的图像与 x 轴的交点坐标是________.

2. 已知 A 地在 B 地正南方 3 千米处，甲乙两人同时分别从 A、B 两地向正北方向匀速直行，他们与 A 地的距离 s(千米)与所行的时间 t(时)之间的函数图像如图所示，当行走 3 时后，他们之间的距离为________千米.

3. 若一次函数 $y=-x+a$ 与一次函数 $y=x+b$ 的图像的交点坐标为 $(m,8)$，则 $a+b=$________.

4. 在同一直角坐标系中画出下列函数的图像：$y=2x$，$y=-2x$.

5. 已知一个一次函数的图像过 $A(2,4)$、$B(3,0)$ 两点. 求这个函数的解析式.

6. 已知一次函数 $y=(3-k)x-2k+18$.

(1) k 为何值时，它的图像经过原点.

(2) k 为何值时，它的图像经过点 $(0,-2)$.

7. 已知 $y-3$ 与 $4x-2$ 成正比例，且当 $x=1$ 时，$y=5$.

(1) 求 y 与 x 的函数关系式；

(2) 求当 $x=-2$ 时的函数值.

5.3.2　一次函数与一元一次方程

引入：

我们先来看下面两个问题有什么关系：

(1) 解方程 $2x+20=0$

(2) 当自变量 x 为何值时，函数 $y=2x+20$ 的值为 0？

在问题(1)中，解方程 $2x+20=0$，得到 $x=-10$；解问题(2)就是要考虑当函数 $y=2x+20$ 的值为 0 时，所赌赢的自变量 x 为何值，这可以通过解方程 $2x+20=0$ 得到，得出 $x=-10$，因此这两个问题实际上是同一个问题.

如图 5-23 所示，从函数图像上看，直线 $y=2x+20$ 与 x 轴交点的坐标为 $(-10,0)$ 这也说明，方程 $2x+20=0$ 的解是 $x=-10$.

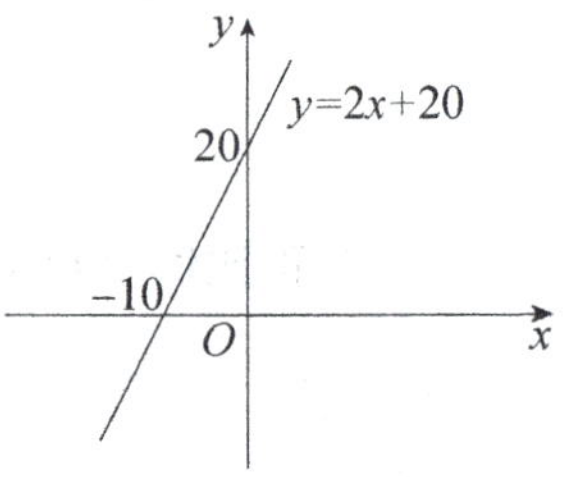

图 5-23

由于任何一元一次方程都可以转化成 $ax+b=0$ (a, b 为常数，$a\neq0$) 的形式，所以解一元一次方程可以转化为：当某个一次函数的值为 0 时，求相应的自变量的值，从图像上看，这相当于已知直线 $y=ax+b$，确定它与 x 轴交点的横坐标的值.

1. 一次函数 $y=kx+b(k\neq0)$ 的图像与 x 轴交点的横坐标，就是一元一次方程 $kx+b=0(k\neq0)$ 的解.

2. 求一次函数 $y=kx+b$ 的图像与 x 轴交点时，可令 $y=0$，得到方程 $kx+b=0$，解方程得 $x=-\frac{b}{k}$，直线 $y=kx+b$ 交 x 轴于 $\left(-\frac{b}{k},0\right)$，$-\frac{b}{k}$ 就是直线 $y=kx+b$ 与 x 轴交点的横坐标.

例 1. 一个物体现在的速度是 5 米/秒，其速度每秒增加 2 米/秒，再过几秒它的速度为 17 米/秒？

解：第一种方法：设再过 X 秒物体的速度为 17 米/秒，列方程得 $2x+5=17$，解得 $x=6$.

第二种方法：速度 y（单位：米/秒）是时间 x（单位：秒）的函数 $y=2x+5$，由 $2x+5=17$ 得 $2x-12=0$，由图 5－24 可以看出，直线 $y=2x-12$ 与 x 轴的交点为 $(6,0)$，得 $x=6$.

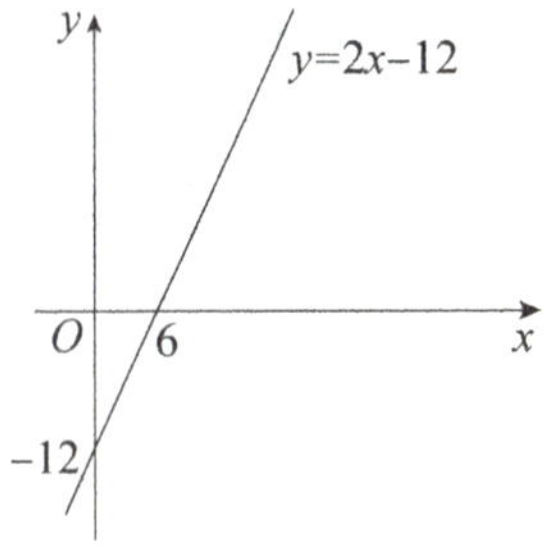

图 5－24

注意：求直线 $y=kx+b(k\neq0)$ 与 x 轴的交点，可令 $y=0$ 得方程 $kx+b=0$，解方程得 $x=-\frac{b}{k}$，$-\frac{b}{k}$ 是直线 $y=kx+b(k\neq0)$ 与 x 轴交点的横坐标，反之，由一次函数的图像也能求出与之对应的一元一次方程的解.

练习

一、选择题

1. 直线 $y=3x+9$ 与 x 轴的交点是(　　).

A. $(0,-3)$　　B. $(-3,0)$　　C. $(0,3)$　　D. $(0,-3)$

2. 直线 $y=kx+3$ 与 x 轴的交点是 $(1,0)$，则 k 的值是(　　).

A. 3　　B. 2　　C. -2　　D. -3

3. 已知直线 $y=kx+b$ 与直线 $y=3x-1$ 交于 y 轴同一点，则 b 的值是(　　).

A. 1　　B. -1　　C. $\frac{1}{3}$　　D. $-\frac{1}{3}$

4. 已知直线 $AB/\!/x$ 轴，且点 A 的坐标是 $(-1,1)$，则直线 $y=x$ 与直线 AB 的交点是(　　).

A. $(1,1)$　　B. $(-1,-1)$　　C. $(1,-1)$　　D. $(-1,1)$

5. 已知直线 $y=(3m+2)x+2$ 和 $y=-3x+6$ 交于 x 轴上同一点，m 的值为(　　).

A. -2　　B. 2　　C. -1　　D. 0

二、填空题

1. 直线 $y=3x+6$ 与 x 轴的交点的横坐标 x 的值是方程 $2x+a=0$ 的解，则 a 的值是________.

2. 已知直线 $y=2x+8$ 与两条坐标轴围成的三角形的面积是________.

3. 已知关于 x 的方程 $mx+n=0$ 的解是 $x=-2$，则直线 $y=mx+n$ 与 x 轴的交点坐标是________.

4. 方程 $3x+2=8$ 的解是________，当自变量 x 等于________时，函数 $y=3x+2$ 的函数值是 8.

5. 已知一次函数 $y=-x+a$ 与 $y=x+b$ 的图像相交于点 $(m,8)$，则 $a+b=$________.

6. 如图 5－25，一次函数 $y=kx+b$ 的图像经过 A、B 两点，则不等式 $kx+b=0$ 的解为________.

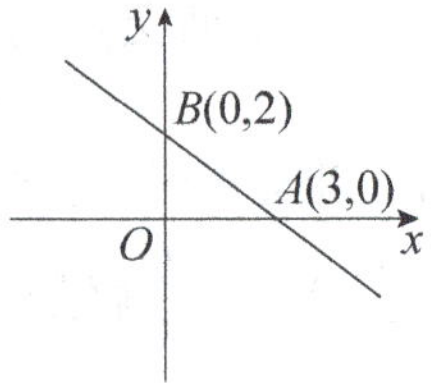

图 5－25

7. 已知一次函数 $y=kx+b$ 的图像经过点(2,0),(1,3),则不求 k,b 的值,可得方程 $kx+b=3$ 的解是 $x=$________.

8. 用作图像的方法解方程 $2x+3=9$.

5.3.3　一次函数与一元一次不等式

引入:

看下面两个问题有什么关系

(1)解不等式 $5x+6>3x+10$

(2)当自变量 x 为何值时,函数 $y=2x-4$ 的值大于0?

在问题(1)中,不等式 $5x+6>3x+10$ 可以转化为 $2x-4>0$,解这个不等式得 $x>2$;解问题(2)就要解不等式 $2x-4>0$,得出 $x>2$ 时函数 $y=2x-4$ 的值大于0,因此这两个问题实际上是同一个问题. 从直线 $y=2x-4$ 可以看出,当 $x>2$ 时,这条直线的点都在 x 轴的上方,即 $y=2x-4>0$.

由于任何一元一次不等式都可以转化为 $ax+b>0$ 或者 $ax+b<0$(a,b 为常数,$a\neq0$)的形式,所以解一元一次不等式可以看作:当一次函数值大(小)于0时,求自变量相应的取值范围.

例 1. 已知一次函数 $y=ax+b$ 的图像过第一、二、四象限,且与 x 轴交于点(2,0),则关于 x 的不等式 $a(x-1)-b>0$ 的解集为(　　).

A. $x<-1$　　B. $x>-1$　　C. $x>1$　　D. $x<1$

解:∵ 一次函数 $y=ax+b$ 的图像过第一、二、四象限,∴ $b>0,a<0$,

把(2,0)代入解析式 $y=ax+b$ 得:$0=2a+b$,

解得:$\frac{b}{a}=-2$,∵ $a(x-1)-b>0$,

∴ $a(x-1)>b$,∴ $x-1<\frac{b}{a}$,∴ $x<-1$.

例 2. 一次函数 $y=kx+b$ 中,当自变量 $x=3$ 时,函数值 $y=5$;当 $x=-4$ 时,$y=-9$.

(1)求这个一次函数解析式;

(2)解关于 x 的不等式 $kx+b\leq7$ 的解集.

解:(1)把两组对应值分别代入 $y=kx+b$ 得到关于 k、b 的方法组,然后解方程组求出 k 和 b,从而可确定一次函数解析式;(2)解一元一次不等式 $2x-1\leq7$ 即可.

(1)根据题意得$\begin{cases}3k+b=5\\-4k+b=-9\end{cases}$

解得$\begin{cases}k=2\\b=-1\end{cases}$

所以一次函数解析式为 $y=2x-1$.

(2)解 $2x-1\leqslant 7$

得 $x\leqslant 4$

注意：通常我们可用解方程组的方法求两直线的交点坐标，也可以通过画图像，利用两直线的交点坐标得出方程组的解，也就是说，即可以用“数”的方法解决“形”的问题，也可以用“形”的方法解决“数”的问题，这种方法上的互通性体现了数形结合的思想.

练习

1. 如图 5-26 所示，直线 $y=kx+b$ 与坐标轴的两个交点分别为 $A(2,0)$ 和$B(0,-3)$，则不等式 $kx+b+3\geqslant 0$ 的解集是(　　).

A. $x\geqslant 0$

B. $x\leqslant 0$

C. $x\geqslant 2$

D. $x\leqslant 2$

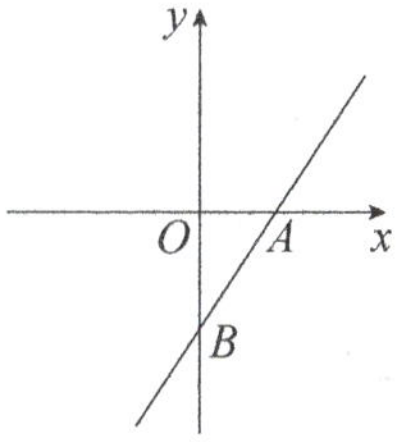

图 5-26

2. 如图 5-27 所示，直线 $y=kx+b$ 经过 $A(2,1)$，$B(-1,-2)$两点，求：

(1)求直线 $y=kx+b$ 的表达式；

(2)求不等式$\frac{1}{2}x>kx+b>-2$ 的解集.

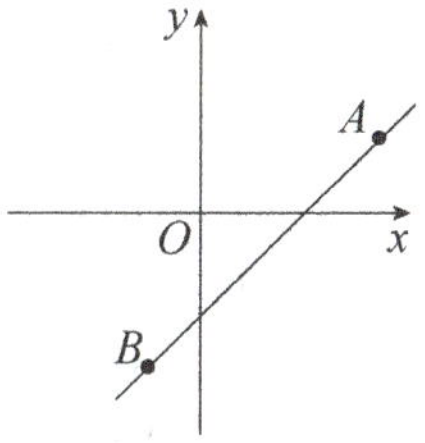

图 5-27

5.3.4　一次函数与二元一次方程组

引入：

我们知道，方程 $3x+5y=8$ 可以转化为 $y=-\frac{3}{5}x+\frac{8}{5}$，并且直线 $y=-\frac{3}{5}x+\frac{8}{5}$上每个点的坐标$(x,y)$都是方程 $3x+5y=8$ 的解. 由于任何一个二元一次方程都可以转化为$y=kx+b$ 的形式. 所以每个二元一次方程都对应一个一次函数，也就是对应一条直线.

那么解二元一次方程组$\begin{cases}3x+5y=8\\2x-y=1\end{cases}$

看作求两个一次函数 $y=-\frac{3}{5}x+\frac{8}{5}$与 $y=2x-1$ 图像的交点坐标，我们可以用画图像的方法来解二元一次方程组. 如图 5-28 所示.

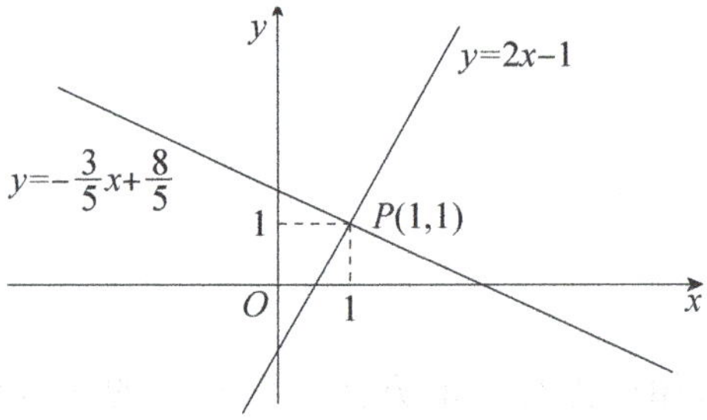

图 5－28

一般每个二元一次方程组都对应两个一次函数，于是也对应两条直线，从“数”的角度看，解方程组相当于考虑自变量为何值时两个函数的值相等，以及这个函数值是何值；从“形”的角度看，解方程组相当于确定两条直线交点的坐标.

例 1. 一家电信公司给顾客提供两种上网收费方式：方式 A 以每分钟 0.1 元的价格按上网时间计费；方式 B 除收月基费 20 元外再以每分钟 0.05 元的价格按上网时间计算. 如何选择收费方式能使上网者更合算？

方法一　设上网时间为 x 分钟，若按方式 A 收费，$y=0.1x$ 元；若按 B 方式收费，$y=0.05x+20$ 元.

在同一直角坐标系中分别画出这两个函数图像.

解方程组：

$\begin{cases} y=0.1x, \\ y=0.05x+20. \end{cases}$ 得 $\begin{cases} x=400, \\ y=40. \end{cases}$

所以两图像交于点(400,40)，从图像上可以看出如图 5－29 所示：

当 $0<x<400$ 时，$0.1x<0.05x+20$

当 $x=400$ 时，$0.1x=0.05x+20$

当 $x>400$ 时，$0.1x>0.05x+20$

因此，当一个月内上网时间少于 400 分钟时，选择方式 A 省钱；当上网时间等于 400 分钟时，选择方式 A、B 没有区别；当上网时间多于 400 分钟时，选择方式 B 省钱.

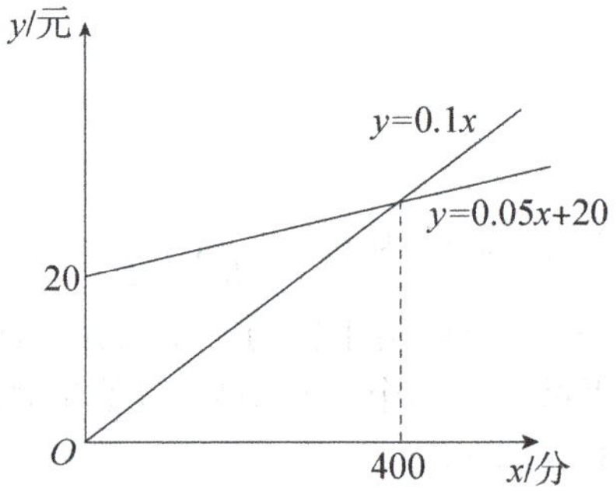

图 5－29

方法二：设上网时间为 x 分钟，方式 B 与方式 A 两种计费的差额为 y 元，则 y 随 x 变化的函数关系式为：

$$y=(0.05x+20)-0.1x$$

化简：$y=-0.05x+20$.

在直角坐标系中画出函数的图像如图 5－30 所示.

计算出直线 $y=-0.05x+20$ 与 x 轴交点为(400,0).

由图像可知：

当 $0<x<400$ 时，$y>0$，即选方式 A 省钱；

当 $x=400$ 时，$y=0$，即选方式 A、B 没有区别；

当 $x>400$ 时，$y<0$，即选方式 B 省钱.

由此可得如方法一同样的结论.

通过以上活动，使我们清楚看到函数在解决变量关系问题时的优越性，但在确定分界点位置时，又要借助方程来准确求值.

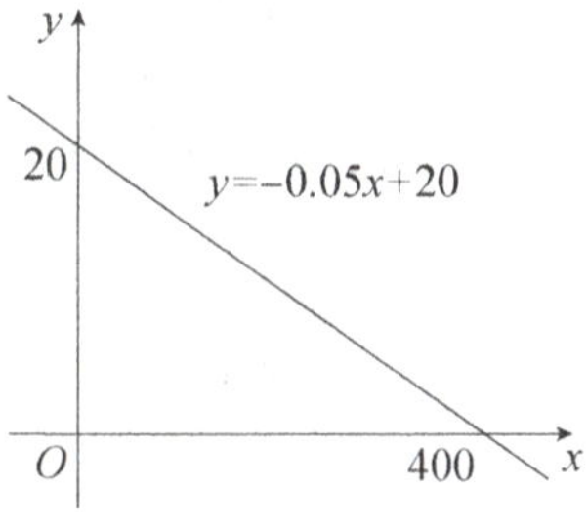

图 5－30

注意： 联系以前所学方程(组)，不等式与函数都是基本的数学模型，它们之间互相联系，用函数观点可以把它们统一起来，解决实际问题时，应根据具体情况灵活地、有机地把这些数学模型结合起来使用.

练习

1. 已知直线 $y=x-3$ 与 $y=2x+2$ 的交点为 $(-5,-8)$，则方程组 $\begin{cases}x-y-3=0\\2x-y+2=0\end{cases}$ 的解是________.
2. 若直线 $y=-2x-1$ 与直线 $y=3x+m$ 相交于第三象限内一点，求 m 的取值范围.
3. 两种移动电话计费方式如下：

计费方式	全球通	神州行
月租费	30 元/月	0
本地通话费	0.30 元/分	0.40 元/分

用函数方法解答如何选择计费方式更省钱.

5.4 二次函数的图像和性质

5.4.1 二次函数的有关概念

引入：

某工厂一种产品现在的年产量是 20 件，计划今后两年增加产量，如果每年都比上一年的产量增加X 倍，那么两年后这种产品的产量 y 将随计划所定的 x 的值而确定，y 与 x 之间的关系应怎样表示呢？

解： 这种产品的原产量是 20 件，一年后的产量为 $y=20(1+x)$，再经过一年后的产量是

$$y=20(1+x)^2 \text{ 即 } y=20x^2+40x+20$$

在上面的问题中，函数都是用自变量的二次式表示的，一般形如 $y=ax^2+bx+c$(a,b,c 是常数，且 $a\neq0$)的函数叫作二次函数，其中 x 时自变量，a,b,c 分别是函数解析式的二次项系数、一次项系数和常数项. 例如 $y=3x^2$，$y=3x^2+2$，$y=-\frac{1}{3}x^2-2x+2$ 等都是二次函数.

例 1. 当常数 $m\neq$________时,函数 $y=(m^2-2m-8)x^2+(m+2)x+2$ 是二次函数.

解:根据二次函数的定义求解.

由函数 $y=(m^2-2m-8)x^2+(m+2)x+2$ 是二次函数,得

$$m^2-2m-8m\neq 0.$$

解得 $m\neq 4, m\neq -2$.

例 2. 下列函数中,是二次函数的是(　　).

A. $y=2-x^2$　　　　B. $y=x^2-\frac{1}{x}$

C. $y=(x-2)^2-x^2$　　　　D. $y=x^3-2x+1$

解:根据二次函数的定义,存在一个未知数,且未知数的最大次数为 2,可以得知 A 为二次函数.

任何一个二次函数解析式都可以化成 $y=ax^2+bx+c$(a,b,c 是常数,且 $a\neq 0$)的形式,将其叫作二次函数的一般式. 除了二次函数的一般式以外,我们还有二次函数的其他两种形式,分别是顶点式 $y=a(x-h)^2+k$(a,h,k 是常数,$a\neq 0$)和交点式 $y=a(x-x_1)(x-x_2)$. 三种形式用在不同的场合.

例 3. 已知二次函数的图像经过点$(-1,-5)$,$(0,-4)$和$(1,1)$. 求这个二次函数的解析式.

分析:由于题目给出的是抛物线上任意三点,可设一般式 $y=ax^2+bx+c(a\neq 0)$.

解:设这个二次函数的解析式为 $y=ax^2+bx+c\quad(a\neq 0)$

依题意得:$\begin{cases}a-b+c=-5\\c=-4\\a+b+c=1\end{cases}$　解这个方程组得:$\begin{cases}a=2\\b=3\\c=-4\end{cases}$

$\therefore$ 这个二次函数的解析式为 $y=2x^2+3x-4$.

例 4. 已知二次函数的图像经过原点及点$\left(-\frac{1}{2},-\frac{1}{4}\right)$,且图像与 x 轴的另一交点到原点的距离为 1,则该二次函数的解析式为________.

解:正确找出图像与 x 轴的另一交点坐标是解题关键.

由题意知另一交点为$(1,0)$或$(-1,0)$.

因此所求抛物线的解析式有两种.

设二次函数解析式为 $y=ax^2+bx+c$.

则有$\begin{cases}c=0\\-\frac{1}{4}=\frac{1}{4}a-\frac{1}{2}b+c\\a+b+c=0\end{cases}$或$\begin{cases}c=0\\-\frac{1}{4}=\frac{1}{4}a-\frac{1}{2}b+c\\a-b+c=0\end{cases}$

解之$\begin{cases}a=-\frac{1}{3}\\b=\frac{1}{3}\\c=0\end{cases}$　或$\begin{cases}a=1\\b=1.\\c=0\end{cases}$

因此所求二次函数解析式为 $y=-\frac{1}{3}x^2+\frac{1}{3}x$ 或 $y=x^2+x$.

注意:1. 任何一个二次函数解析式通过配方都可以化成顶点式 $y=a(x-h)^2+k$ 的形式,抛物线顶点坐标为(h,k),当 $h=0$ 时,抛物线顶点在 y 轴上;当 $k=0$ 时,抛物线顶点在原点处.

2. 当 $y=ax^2+bx+c$ 与 x 轴有交点时，即对应二次好方程 $ax^2+bx+c=0$ 有实根 x_1 和 x_2 存在时，根据二次三项式的分解因式 $ax^2+bx+c=a(x-x_1)(x-x_2)$，二次函数 $y=ax^2+bx+c$ 可转化为两根式 $y=a(x-x_1)(x-x_2)$. 如果没有交点，则不能这样表示.

3. 确定二次函数解析式时，根据所给的条件合理地选择恰当的解析式. 一般已知抛物线任意三点时，通常设函数解析式为一般式；当已知顶点坐标时，通常设函数解析式为顶点式；当已知抛物线与 x 轴的两个交点时，通常设函数解析式为交点式.

练习

1. 已知抛物线的顶点坐标为(2,1)，与 y 轴交于点(0,5)，求这条抛物线的解析式.

2. 已知抛物线过 $A(-2,0)$、$B(1,0)$、$C(0,2)$ 三点. 求这条抛物线的解析式.

3. 如果函数 $y=(m-3)x^{m^2-3m+2}+mx+1$ 是二次函数，那么 m 的值为________.

5.4.2　二次函数的图像与性质

引入：

一次函数的图像是一条直线，反比例函数的图像是一条双曲线，二次函数的图像是什么形状呢？

在 $y=x^2$ 中，自变量 x 可以是任意实数，列表表示几组对应值.

X	……	−3	−2	−1	0	1	2	3	……
$Y=x^2$	……	9	4	1	0	1	4	9	……

根据表中 x，y 的数值在坐标平面中描点，再用平滑曲线顺次连接各点，就得到了 $y=x^2$ 的图像如图 5－31 所示.

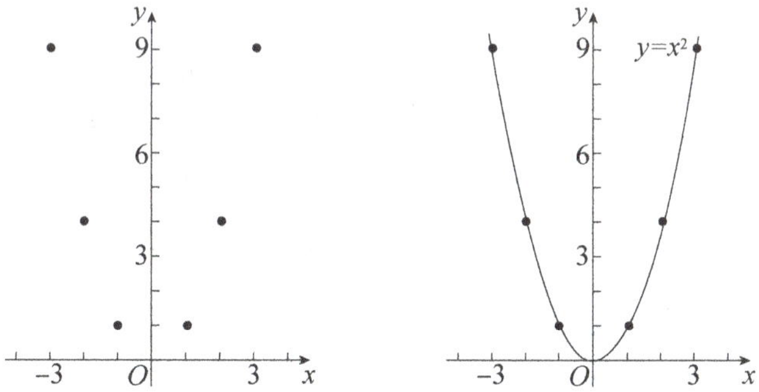

图 5－31

我们可以看出，二次函数 $y=x^2$ 的图像是一条曲线，它的形状类似于投篮球或者掷铅球时球在空中所经过的路线，只是这条曲线的开口向上，实际上，二次函数的图像就是一条抛物线，它的开口向上或者向下. 同时我们还发现，这条抛物线上有对称轴，顶点和最值.

例 1. 在同一坐标系中，画出函数 $y=\frac{1}{2}x^2$，$y=2x^2$ 的图像

解：列表

X	……	-3	-2	-1	0	1	2	3	……
$Y=\frac{1}{2}x^2$	……	$\frac{9}{2}$	2	$\frac{1}{2}$	0	$\frac{1}{2}$	2	$\frac{9}{2}$	……
$y=2x^2$	……	18	8	2	0	2	8	18	……

描点连线得图 5 - 32：

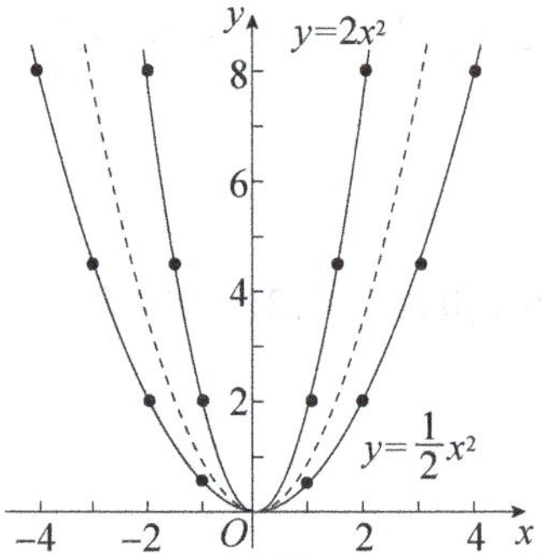

图 5 - 32

通过例 1 我们发现二次函数经过变形后，还会具有对称轴，最值的特性. 我们研究的二次函数从特殊到一般有以下几个形式：①$y=ax^2$；②$y=ax^2+k$；③$y=a(x-h)^2$；④$y=a(x-h)^2+k$；$h=-\frac{b}{2a}$，$k=\frac{4ac-b^2}{4a}$；具体图像性质如下表：

1. $y=ax^2$ 的性质

a 的符号	开口方向	顶点坐标	对称轴	性质
$a>0$	向上	$(0,0)$	y 轴	$x>0$ 时，y 随 x 的增大而增大；$x<0$ 时，y 随 x 的增大而减小；$x=0$ 时，y 有最小值 0
$a<0$	向下	$(0,0)$	y 轴	$x>0$ 时，y 随 x 的增大而减小；$x<0$ 时，y 随 x 的增大而增大；$x=0$ 时，y 有最大值 0

2. $y=ax^2+c$ 的性质

a 的符号	开口方向	顶点坐标	对称轴	性质
$a>0$	向上	$(0,c)$	y 轴	$x>0$ 时，y 随 x 的增大而增大；$x<0$ 时，y 随 x 的增大而减小；$x=0$ 时，y 有最小值 c
$a<0$	向下	$(0,c)$	y 轴	$x>0$ 时，y 随 x 的增大而减小；$x<0$ 时，y 随 x 的增大而增大；$x=0$ 时，y 有最大值 c

3. $y=a(x-h)^2$ 的性质

a 的符号	开口方向	顶点坐标	对称轴	性质
$a>0$	向上	$(h,0)$	$x=h$	$x>h$ 时，y 随 x 的增大而增大；$x<h$ 时，y 随 x 的增大而减小；$x=h$ 时，y 有最小值 0
$a<0$	向下	$(h,0)$	$x=h$	$x>h$ 时，y 随 x 的增大而减小；$x<h$ 时，y 随 x 的增大而增大；$x=h$ 时，y 有最大值 0

4. $y=a(x-h)^2+k$ 的性质

a 的符号	开口方向	顶点坐标	对称轴	性质
$a>0$	向上	(h,k)	$x=h$	$x>h$ 时，y 随 x 的增大而增大；$x<h$ 时，y 随 x 的增大而减小；$x=h$ 时，y 有最小值 k
$a<0$	向下	(h,k)	$x=h$	$x>h$ 时，y 随 x 的增大而减小；$x<h$ 时，y 随 x 的增大而增大；$x=h$ 时，y 有最大值 k

在二次函数图像的基础上，我们得到以下关于二次函数的性质：

1. 当 $a>0$ 时，抛物线开口向上，对称轴为 $x=-\frac{b}{2a}$，顶点坐标为 $\left(-\frac{b}{2a},\frac{4ac-b^2}{4a}\right)$.

当 $x<-\frac{b}{2a}$ 时，y 随 x 的增大而减小；当 $x>-\frac{b}{2a}$ 时，y 随 x 的增大而增大；当 $x=-\frac{b}{2a}$ 时，y 有最小值 $\frac{4ac-b^2}{4a}$.

2. 当 $a<0$ 时，抛物线开口向下，对称轴为 $x=-\frac{b}{2a}$，顶点坐标为 $\left(-\frac{b}{2a},\frac{4ac-b^2}{4a}\right)$. 当 $x<-\frac{b}{2a}$ 时，y 随 x 的增大而增大；当 $x>-\frac{b}{2a}$ 时，y 随 x 的增大而减小；当 $x=-\frac{b}{2a}$ 时，y 有最大值 $\frac{4ac-b^2}{4a}$.

例 2. 如图所示是二次函数 $y=ax^2+bx+c$ 图像的一部分，其对称轴为直线 $x=1$，若其与 x 轴一交点为 $(3,0)$，则由图 5－33 可知，不等式 $ax^2+bx+c>0$ 的解集是________.

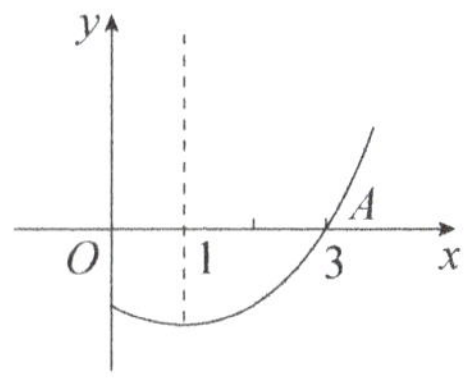

图 5－33

解：根据抛物线的对称性和抛物线与 x 轴的交点 A 的坐标可知，抛物线与 x 轴的另一个交点的坐标，观察图像可得不等式 $ax^2+bx+c>0$ 的解集. 根据抛物线的对称性和抛物线与 x 轴的交点 $A(3,0)$ 知，抛物线与 x 轴的另一个交点为 $(-1,0)$，观察图像可知，不等式 $ax^2+bx+c>0$ 的解集就是 $y=ax^2+bx+c$ 函数值，$y>0$ 时，x 的取值范围. 当 $x>3$ 或 $x<-1$ 时，$y>0$，因此不等式 $ax^2+bx+c>0$ 的解集为 $x>3$ 或 $x<-1$.

例 3. 抛物线 $y=x^2+bx+c$ 的对称轴为 $x=1$，交 x 轴于点 A、B（A 在 B 的左侧），且 $AB=4$，交 y 轴于点 C. 求此抛物线的函数解析式及其顶点 M 的坐标.

解：∵ 对称轴 $x=1$，且 $AB=4$

∴ 抛物线与 x 轴的交点为：$A(-1,0)$，$B(3,0)$

$\therefore \begin{cases}-\frac{b}{2}=1\\ 1-b+c=0\end{cases}$ $\therefore \begin{cases}b=-2\\ c=-3\end{cases}$

∴ $y=x^2-2x-3$ 为所求

∵ $x=1$ 时 $y=-4$

∴ $M(1,-4)$

∵ 对称轴 $x=1$，且 $AB=4$

∴ 抛物线与 x 轴的交点为：$A(-1,0)$，$B(3,0)$

$\therefore \begin{cases}-\frac{b}{2}=1\\ 1-b+c=0\end{cases}$ $\therefore \begin{cases}b=-2\\ c=-3\end{cases}$

∴ $y=x^2-2x-3$ 为所求

$\because x=1$ 时 $y=-4$

$\therefore M(1,-4)$

练习

1. 下列抛物线的开口方向、对称轴及顶点.

(1) $y=2(x+3)^2+5$　　(2) $y=-3(x-1)^2-2$

(3) $y=4(x-3)^2+7$　　(4) $y=-5(x+2)^2-6$

2. 二次函数 $y=ax^2+bx+c$ 的图像如图 5 - 34 所示,反比例函数 $y=\frac{a}{x}$ 与正比例函数 $y=(b+c)x$ 在同一坐标系中的大致图像可能是(　　).

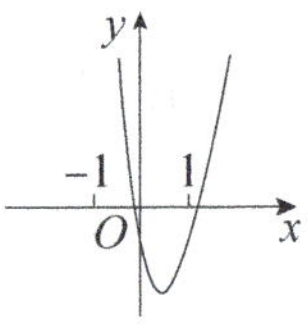

图 5 - 34

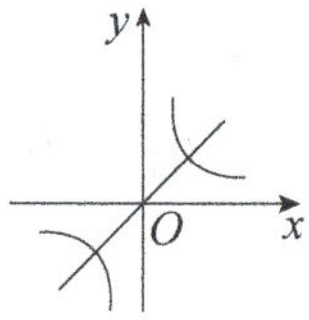

A.

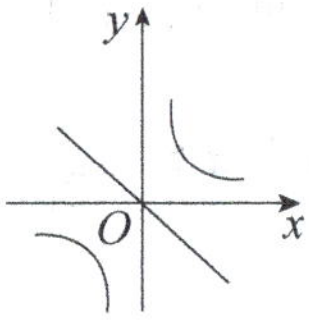

B.

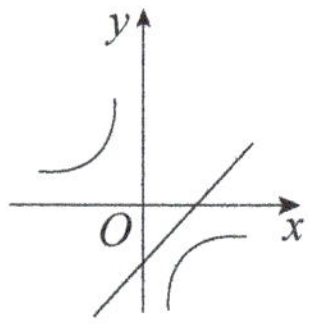

C.

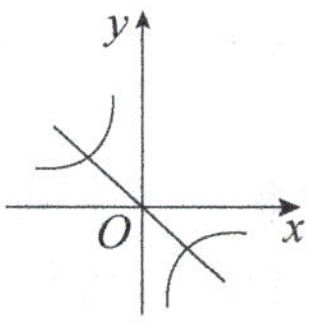

D.

3. 根据下列条件求二次函数解析式.

(1)若函数有最小值 -8,且 $a:b:c=1:2:(-3)$

(2)若函数有最大值 2,且过点 $A(-1,0)$、$B(3,0)$.

(3)若函数当 $x>-2$ 时 y 随 x 增大而增大($x<-2$ 时,y 随 x 增大而减小),且图像过点(2,4)在 y 轴上截距为 -2.

4. 如果函数 $y=(m-3)x^{m^2-3m+2}+mx+1$ 是二次函数,那么 m 的值为________.

5. 抛物线 $y=x^2+2x-4$ 的开口方向是________;对称轴是________;顶点为________.

6. 已知:函数 $y=ax^2+bx+c$ 的图像如图 5 - 35 所示,那么函数解析式为(　　).

A. $y=-x^2+2x+3$

B. $y=x^2-2x-3$

C. $y=-x^2-2x+3$

D. $y=-x^2-2x-3$

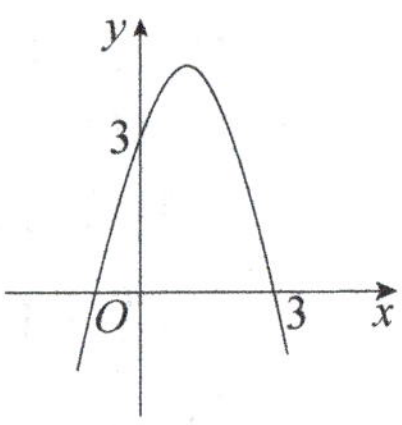

图 5 - 35

5.4.3 二次函数与一元二次方程的关系

引入：

一个小球沿与地面成30°角的方向以40米/秒的速度击出，求的飞行路线将是一条抛物线，如果不考虑空气阻力，球的飞行高度 h（单位：米）与飞行时间 t（单位：秒）之间具有的关系：$h=20t-5t^2$.

考虑以下问题：

(1) 球的飞行高度能否到达15米？如果能，需要多少飞行时间？

(2) 球的飞行高度能否到达20米？如果能，需要多少飞行时间？

(3) 球的飞行高度能否到达20.5米？如果能，需要多少飞行时间？

(4) 球从飞出到落地需要多少时间？

分析： 由于球的飞行高度 h 与飞行时间 t 的关系是二次函数 $h=20t-5t^2$，所以可以将问题中的 h 代入函数解析始终，得到关于 t 的一元二次方程，如果方程有合理的解，则说明飞行高度可以达到.

解：(1) 解方程：$15=20t-5t^2$，$t^2-4t+3=0$，$t_1=1$，$t_2=3$，当飞行1秒和3秒时，它的高度是15米.

(2) 解方程：$20=20t-5t^2$，$t^2-4t+4=0$，$t_1=t_2=2$，当飞行2秒时，它的高度是20米.

(3) 解方程：$20.5=20t-5t^2$，$t^2-4t+4.1=0$，$\Delta=(-4)^2-4\times4.1<0$，所以方程无解.

(4) 解方程：$0=20t-5t^2$，$t^2-4t=0$，$t_1=0$，$t_2=4$，当球飞出4秒后落回地面.

从上面我们可以看出，二次函数和一元二次方程关系密切，例如已知二次函数 $y=-x^2+4x$ 的值为3，求自变量 x 的值. 可以解一元二次方程 $-x^2+4x=3$ $(x^2-4x+3=0)$. 反过来，解方程 $x^2-4x+3=0$ 又可以看做已知二次函数 $y=-x^2+4x+3$ 的值为0，求自变量 x 的值. 一般的，函数 $y=ax^2+bx+c(a\neq0)$，当 $y=0$ 时，得到一元二次方程 $ax^2+bx+c=0(a\neq0)$，那么一元二次方程的解就是二次函数的图像与 x 轴交点的横坐标，因此二次函数图像与 x 轴的交点情况决定一元二次方程根的情况.

(1) 当二次函数的图像与 x 轴有两个交点，这时 $\Delta=b^2-4ac>0$，则方程有两个不相等实根；

(2) 当二次函数的图像与 x 轴有且只有一个交点，这时 $\Delta=b^2-4ac=0$，则方程有两个相等实根；

(3) 当二次函数的图像与 x 轴没有交点，这时 $\Delta=b^2-4ac=0$，则方程没有实根.

通过下面表格可以直观地观察到二次函数图像和一元二次方程的关系：

$\Delta=b^2-4ac(a\neq0)$	$\Delta>0$	$\Delta=0$	$\Delta<0$
$y=ax^2+bx+c$ $(a>0)$的图像	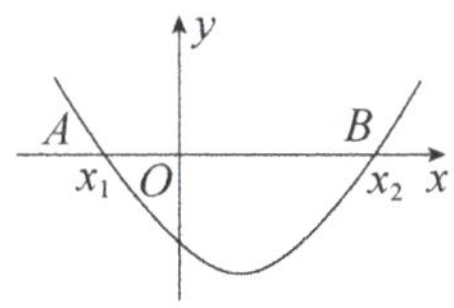	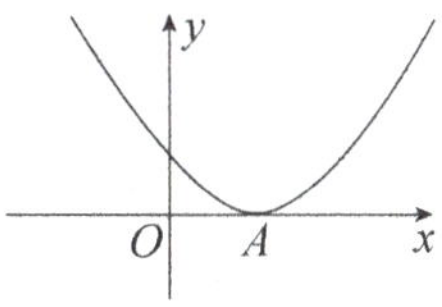	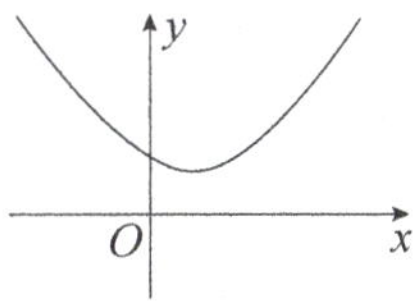
$ax^2+bx+c=0$ $(a>0)$的解	方程有两个不等实数解	方程有两个相等实数解 $x=-\dfrac{b}{2a}$	方程没有实数解

注意：二次函数图像与 x 轴的交点的个数由 b^2-4ac 的值来确定.
(1)当二次函数的图像与 x 轴有两个交点,这时 $\Delta=b^2-4ac>0$,则方程有两个不相等实根;
(2)当二次函数的图像与 x 轴有且只有一个交点,这时 $\Delta=b^2-4ac=0$,则方程有两个相等实根;
(3)当二次函数的图像与 x 轴没有交点,这时 $\Delta=b^2-4ac<0$,则方程没有实根.

练习

1. 已知函数 $y=3x^2-4x+1$.
(1)画出函数的图像.
(2)观察图像,当 x 取哪些值时,函数值为0.

2. 用函数的图像求解下列方程的解.
(1)$x^2-3x+2=0$　　(2)$-x^2+6x-9=0$

(3)$x^2+x+2=0$　　(4)$4-x-x^2=0$

5.4.4　利用二次函数解决实际问题

引入：
前面我们结合了实际问题,讨论了二次函数,看到了二次函数在解决实际问题中的一些应用,下面我们来进一步用二次函数讨论实际问题.

例1. 如图5-36,用长为18米的篱笆(虚线部分)和两面墙围成矩形苗圃.

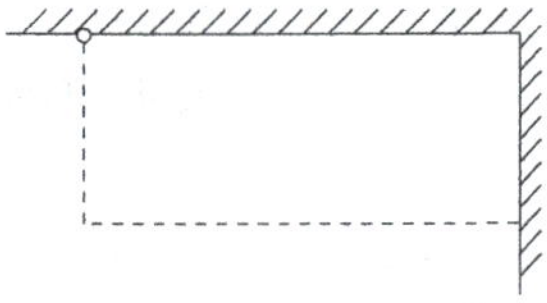
图5-36

(1)设矩形的一边长为 x(米),面积为 y(平方米),求 y 关于 x 的函数关系式;
(2)当 x 为何值时,所围成的苗圃面积最大?最大面积是多少?

解:(1)设矩形的长为 x(米),则宽为 $(18-x)$(米),
根据题意,得:$y=x(18-x)=-x^2+18x$

又∵ $\begin{cases}x>0\\18-x>0\end{cases}$

∴ $0<x<18$

(2)∵ $y=x(18-x)=-x^2+18x$ 中,$a=-1<0$,∴ y 有最大值

即当 $x=-\dfrac{b}{2a}=-\dfrac{18}{2\times(-1)}=9$ 时,$y_{\max}=\dfrac{4ac-b^2}{4a}=\dfrac{0-18^2}{4\times(-1)}=81$

故当 $x=9$ 米时,苗圃的面积最大,最大面积为81平方米.

例2. 为了扩大内需,惠于农民,丰富农民的业余生活,鼓励送彩电下乡,国家决定对购买彩电的农户实行政府补贴.规定每购买一台彩电,政府补贴若干元,经调查某商场销售彩电台数 y(台)与补贴款额 x(元)之间大致满足图5-37所示的一次函数关系.随着补贴款额 x 的不断增

大，销售量也不断增大，但每台彩电的收益 z（元）会相应降低且 z 与 x 之间也大致满足图5－38所示的一次函数关系.

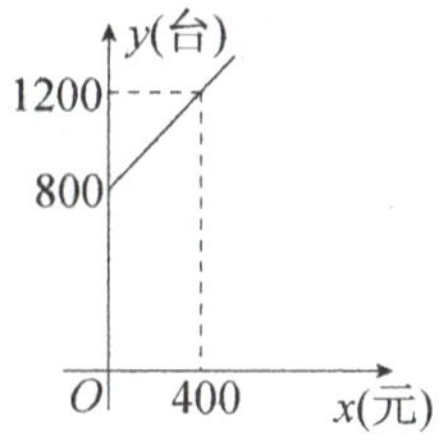

图 5－37

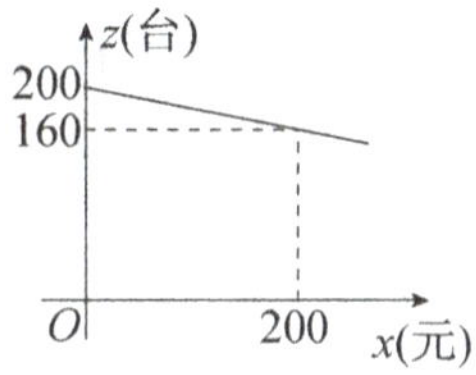

图 5－38

(1)在政府出台补贴措施前，该商场销售彩电的总收益额为多少元？

(2)在政府补贴政策实施后，分别求出该商场销售彩电台数 y 和每台家电的收益 z 与政府补贴款额 x 之间的函数关系式；

(3)要使该商场销售彩电的总收益 ω（元）最大，政府应将每台补贴款额 x 定为多少？并求出总收益 ω 的最大值.

解：(1)在政府出台补贴措施前，该商场销售家电的总收益为 $800\times200=160\ 000$（元）.

(2)依题意可设 $y=k_1x+800$，$z=k_2x+200$，则有 $400k_1+800=1\ 200$，$200k^2+200=160$，

解得 $k_1=1$，$k_2=-\dfrac{1}{5}$，所以 $y=x+800$，$z=-\dfrac{1}{5}x+200$

(3) $\omega=yz=(x+800)\left(-\dfrac{1}{5}x+200\right)=-\dfrac{1}{5}(x-100)^2+162\ 000$

政府应将每台补贴款额 x 定为100元，总收益有最大值，其最大值为162 000元.

练习

1. 将一条长为20cm的铁丝剪成两段，并以每一段铁丝的长度为周长做成一个正方形.

(1)要使这两个正方形的面积之和等于 17cm^2，那么这段铁丝剪成两段后的长度分别是多少？

(2)两个正方形的面积之和可能等于 12cm^2 吗？若能，求出两段铁丝的长度；若不能，请说明理由.

2. 某市政府大力扶持大学生创业. 李明在政府的扶持下投资销售一种进价为每件20元的护眼台灯. 销售过程中发现，每月销售量 y（件）与销售单价 x（元）之间的关系可近似的看做一次函数：$y=-10x+500$.

(1)设李明每月获得利润为 w（元），当销售单价定为多少元时，每月可获得最大利润？

(2)如果李明想要每月获得2 000元的利润，那么销售单价应定为多少元？

(3)物价部门规定，这种护眼台灯的销售单价不得高于32元，如果李明想要每月获得的利润不低于2 000元，那么他每月的成本最少需要多少元？（成本＝进价×销售量）.

3. 某玩具批发商销售每只进价为40元的玩具，市场调查发现，若以每只50元的价格销售，平均每天销售90只，单价每提高1元，平均每天就少销售3只.

(1)平均每天的销售量 y(只)与销售价 x(元/只)之间的函数关系式为________；

(2)求该批发商平均每天的销售利润 W(元)与销售只 x(元/只)之间的函数关系式；

(3)物价部门规定每只售价不得高于55元，当每只玩具的销售价为多少元时，可以获得最大利润？最大利润是多少元.

4. 为了落实国务院的指示精神，地方政府出台了一系列"三农"优惠政策，使农民收入大幅度增加. 某农户生产经销一种农产品，已知这种产品的成本价为每千克20元，市场调查发现，该产品每天的销售量 y(千克)与销售价 x(元/千克)有如下关系：$y=-2x+80$. 设这种产品每天的销售利润为 w 元.

(1)求 w 与 x 之间的函数关系式；

(2)该产品销售价定为每千克多少元时，每天的销售利润最大？最大利润是多少元？

5. 某文具店销售一种进价为10元/个的签字笔，物价部门规定这种签字笔的售价不得高于14元/个，根据以往经验：以12元/个的价格销售，平均每周销售签字笔100个；若每个签字笔的销售价格每提高1元，则平均每周少销售签字笔10个. 设销售价为 x 元/个.

(1)该文具店这种签字笔平均每周的销售量为________个(用含 x 的式子表示)；

(2)求该文具店这种签字笔平均每周的销售利润 w(元)与销售价 x(元/个)之间的函数关系式；

(3)当 x 取何值时，该文具店这种签字笔平均每周的销售利润最大？最大利润是多少元？

5.5　锐角三角函数

5.5.1　正弦函数

杂志上有过这样的一篇报道：始建于1350年的意大利比萨斜塔落成时就已经倾斜. 1972年比萨发生地震，这座高54.5m的斜塔大幅度摇摆22分钟之后，仍巍然屹立. 可是，塔顶中心点偏离垂直中心线的距离已由落成时的2.1m增加至5.2m，而且还以每年倾斜1cm的速度继续增加，随时都有倒塌的危险. 为此，意大利当局从1990年起对斜塔进行维修纠偏，2001年竣工，使顶中心点偏离垂直中心线的距离比纠偏前减少了43.8cm.

根据上面的这段报道中,“塔顶中心点偏离垂直中心线的距离已由落成时的 2.1m 增加至 5.2m,”这句话你是怎样理解的,它能用来描述比萨斜塔的倾斜程度吗?

这个问题涉及锐角三角函数的知识. 学过本章之后,你就可以轻松地解答这个问题了!

引入:

如图 5-39 所示,为了绿化荒山,某地打算从位于山脚下的机井房沿着山坡铺设水管,在山坡上修建一座扬水站,对坡面的绿地进行喷灌. 现测得斜坡与水平面所成角的度数是 30°,为使出水口的高度为 35m,那么需要准备多长的水管?

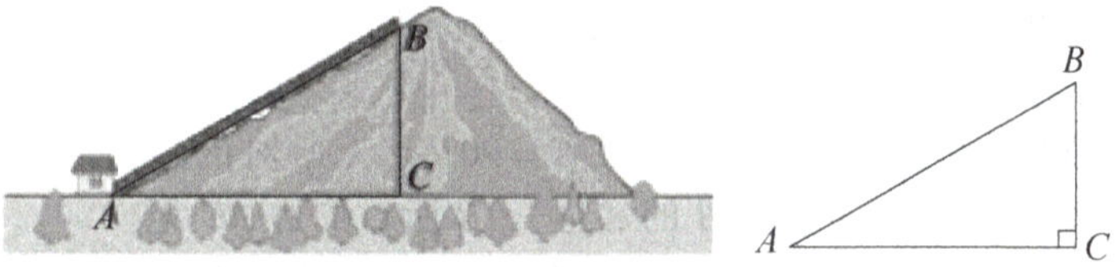

图 5-39

这个问题可以归纳为,在 Rt△ABC 中,$\angle C=90°$, $\angle A=30°$, $BC=35$m,求 AB.

根据“在直角三角形中,30°角所对的边等于斜边的一半”,即

$$\frac{BC}{AB}=\frac{1}{2}$$

可得 $AB=2BC=70$m,也就是说,需要准备 70m 长的水管.

那么在上面的问题中,如果使出水口的高度为 50m,那么需要准备多长的水管?事实上,在上面求 AB(所需水管的长度)的过程中,虽然问题条件改变了,但我们所用的定理是一样的:在一个直角三角形中,如果一个锐角等于 30°,那么不管三角形的大小如何,这个角的对边与斜边的比值都等于$\frac{1}{2}$. 也是说,只要山坡的坡度是 30°这个条件不变,那么斜边与对边的比值不变.

既然直角三角形中,30°角的斜边与对边的比值不变,那么其他角度的对边与斜边的比值是否也不会变呢?我们再换一个解试一试,如图5-40,在 Rt△ABC 中,$\angle C=90°$, $\angle A=45°$, $\angle A$ 对边与斜边的比值是一个定值吗?如果是,是多少?

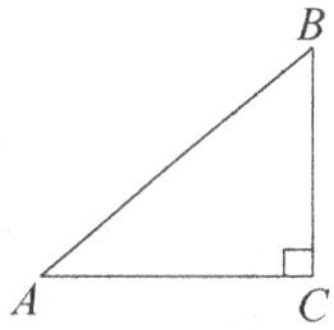

图 5-40

事实上,在 Rt△ABC 中,$\angle C=90°$ 由于 $\angle A=45°$,所以 Rt△ABC 是等腰直角三角形,由勾股定理得 $AB^2=AC^2+BC^2=2BC^2$, $AB=\sqrt{2}BC$.

因此$\frac{BC}{AB}=\frac{BC}{\sqrt{2}BC}=\frac{1}{\sqrt{2}}=\frac{\sqrt{2}}{2}$,

即在直角三角形中,当一个锐角等于 45°时,不管这个直角三角形的大小如何,这个角的对边与斜边的比都等于$\frac{\sqrt{2}}{2}$.

从上面这两个问题的结论中可知,在一个 Rt△ABC 中,$\angle C=90°$,当 $\angle A=30°$时,$\angle A$ 的对边与斜边的比都等于$\frac{1}{2}$,是一个固定值;当 $\angle A=45°$时,$\angle A$ 的对边与斜边的比都等于$\frac{\sqrt{2}}{2}$,也是一个固定值. 这就引发我们产生这样一个疑问:当 $\angle A$ 取其他一定度数的锐角时,它的对边与斜边的比是否也是一个固定值?答案是肯定的.

任意画 Rt△ABC 和 Rt△$A'B'C'$,如图 5-41 所示. 使得 $\angle C=\angle C'=90°$, $\angle A=\angle A'=a$,那么 Rt△ABC. 与 Rt△$A'B'C'$相似,所以$\frac{BC}{AB}$与$\frac{B'C'}{A'B'}$相等.

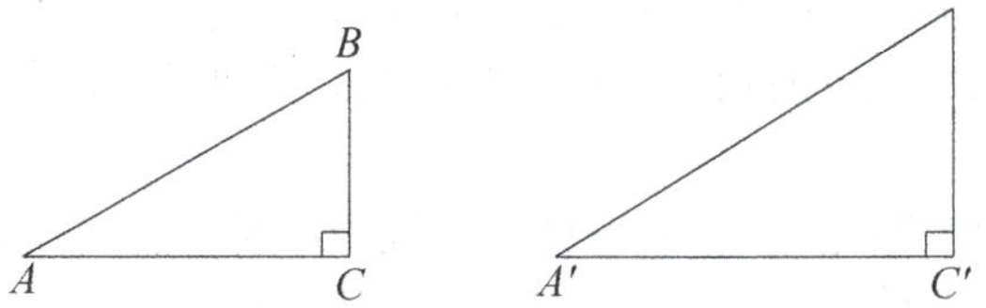

图 5－41

这就是说，在直角三角形中，当锐角 A 的度数一定时，不管三角形的大小如何，$\angle A$ 的对边与斜边的比都是一个固定值.

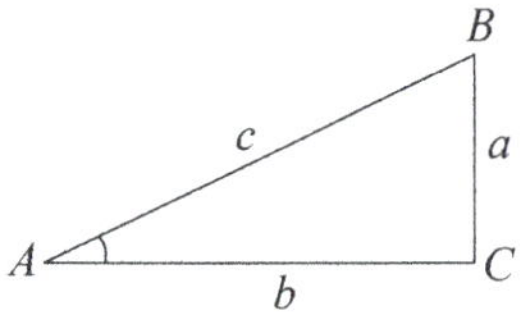

图 5－42

一般如图 5－42 所示在 Rt$\triangle ABC$ 中，$\angle C=90°$，$\angle A$ 所对的边 BC 记为 a，叫做$\angle A$ 的对边，也叫做$\angle B$ 的邻边，$\angle B$ 所对的边 AC 记为 b，叫做$\angle B$ 的对边，也是$\angle A$ 的邻边，直角 C 所对的边 AB 记为 c，叫做斜边.

锐角 A 的对边与斜边的比叫做$\angle A$ 的正弦，记作 $\sin A$，即$\sin A=\dfrac{\text{对边}}{\angle A\text{的斜边}}=\dfrac{a}{c}$.

例 1. 如图 5－43 所示，在 Rt$\triangle ABC$ 中，$\angle C=90°$，求 $\sin A$ 和 $\sin B$ 的值.

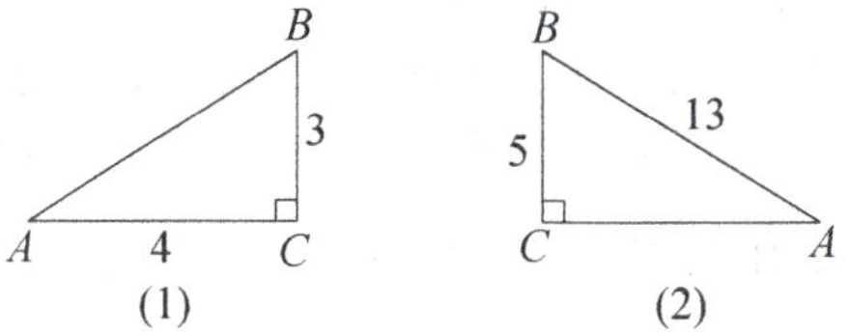

图 5－43

解：求 $\sin A$ 就是要确定$\angle A$ 的对边与斜边的比；求 $\sin B$ 就是要确定$\angle B$ 的对边与斜边的比. 我们已经知道了$\angle A$ 对边的值，所以解题时应先求斜边的高. 如图 5－43(1)在Rt$\triangle ABC$ 中，$AB=\sqrt{AC^2+BC^2}=\sqrt{4^2+3^2}=5$.

因此 $\sin A=\dfrac{BC}{AB}=\dfrac{3}{5}$，$\sin B=\dfrac{AC}{AB}=\dfrac{4}{5}$.

如图 5－43(2)在 Rt$\triangle ABC$ 中，

$\sin A=\dfrac{BC}{AB}=\dfrac{5}{13}$，$AC=\sqrt{AB^2-BC^2}=\sqrt{13^2-5^2}=12$.

因此，$\sin B=\dfrac{AC}{AB}=\dfrac{12}{13}$.

注意：

(1)正弦函数是在直角三角形中定义的，反映了直角三角形边与角的关系，是两条线段的比值. 角的度数确定时，其比值不变，角的度数变化时，比值也随之变化.

(2)$\sin A$ 分别是一个完整的数学符号，是一个整体，不能写成 $\sin A$，不能理解成 sin 与$\angle A$ 的乘积. 书写时习惯上省略$\angle A$ 的角的记号“$\angle$”，另外，$(\sin A)^2$ 常写成 $\sin^2 A$.

(3)任何一个锐角都有相应的锐角三角函数值，不因这个角不在某个三角形中而不存在.

(4)由锐角三角函数的定义知：

当角度在 $0°<\angle A<90°$之间变化时，$0<\sin A<1$.

练习

1. 如图 5－44 所示已知点 P 的坐标是(a,b)，则 $\sin\alpha$ 等于(　　).

A. $\frac{a}{b}$　　B. $\frac{b}{a}$　　C. $\frac{a}{\sqrt{a^2+b^2}}$　　D. $\frac{b}{\sqrt{a^2+b^2}}$

2. 如图 5－45，在$\triangle ABC$ 中，$AC=3$，$BC=4$，$AB=5$，则 $\tan B$ 的值是(　　).

A. $\frac{3}{4}$　　B. $\frac{4}{3}$　　C. $\frac{3}{5}$　　D. $\frac{4}{5}$

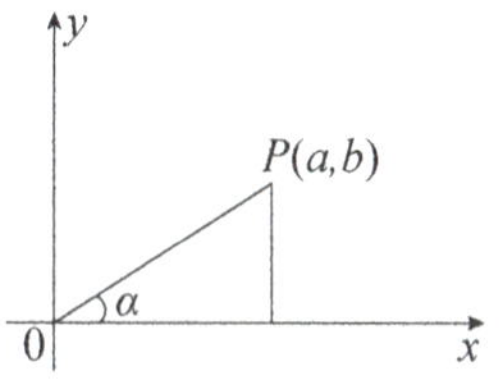

图 5－44

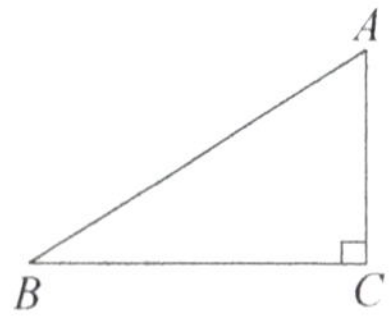

图 5－45

3. 在 Rt$\triangle ABC$ 中，$\angle C=90°$，$\sin A=\frac{5}{13}$，则 $\sin B$ 等于(　　).

A. $\frac{12}{13}$　　B. $\frac{13}{12}$　　C. $\frac{5}{12}$　　D. $\frac{5}{13}$

4. 在 Rt$\triangle ABC$ 中，$\angle C=90°$，$a=1$，$c=4$，则 $\sin A$ 的值是(　　).

A. $\frac{\sqrt{15}}{15}$　　B. $\frac{1}{4}$　　C. $\frac{1}{3}$　　D. $\frac{\sqrt{15}}{4}$

5. 如图 5－46，在 Rt$\triangle ABC$ 中，$\angle C=90°$，$AB=10$，$\sin B=\frac{2}{5}$，BC 的长是(　　).

A. $2\sqrt{21}$　　B. 4

C. $\sqrt{21}$　　D. $\frac{\sqrt{21}}{50}$

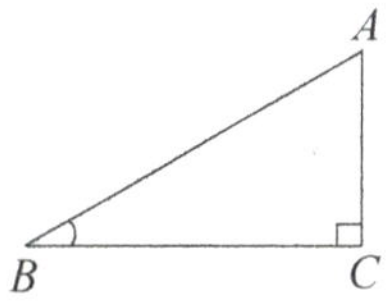

图 5－46

5.5.2 余弦、正切函数

引入：

在上一节课中我们知道，如图 5－47 所示，在 Rt$\triangle ABC$ 中，$\angle C=90°$，当锐角 A 确定时，$\angle A$ 的对边与斜边的比就随之确定了. 现在我们要问：其他边之间的比是否也确定了呢？为什么？

类似于正弦的情况，当锐角 A 的大小确定时，$\angle A$ 的邻边与斜边的比、$\angle A$ 的对边与邻边的比也分别是确定的. 我们把锐角 A 的邻边与斜边的比叫做$\angle A$ 的余弦，记作 $\cos A$，即 $\cos A=\frac{\angle A\text{ 的邻边}}{\angle A\text{ 的斜边}}=\frac{b}{c}$；锐角 A 的对边与邻边的比叫做$\angle A$ 的正切，记作 $\tan A$，即 $\tan A=\frac{\angle A\text{ 的对边}}{\angle A\text{ 的邻边}}=\frac{a}{b}$. 锐角 A 的正弦、余弦、正切都是$\angle A$ 的三角函数.

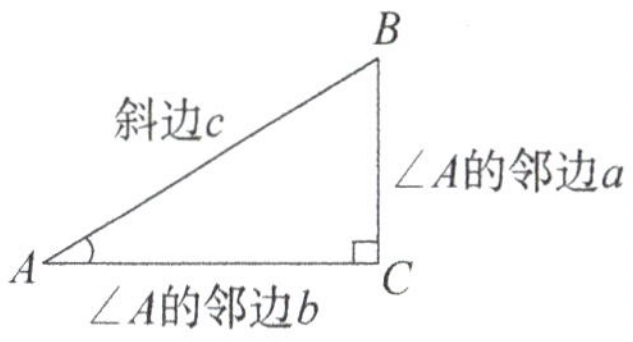

图 5－47

同理 $\sin B=\frac{\angle B\text{的对边}}{\angle B\text{的斜边}}=\frac{b}{c}$；$\cos B=\frac{\angle B\text{的邻边}}{\angle B\text{的斜边}}=\frac{a}{c}$；$\tan B=\frac{\angle B\text{的对边}}{\angle B\text{的邻边}}=\frac{b}{a}$.

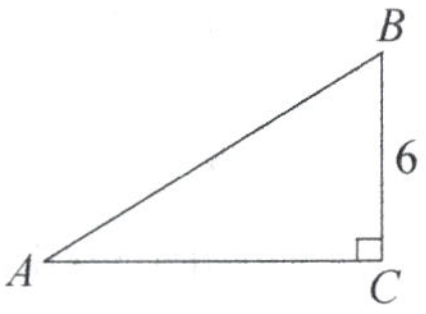

图 5－48

例 1. 如图 5－48 所示，在 Rt△ABC 中，$\angle C=90°$，$BC=6$，$\sin A=\frac{3}{5}$，求 $\cos A$、$\tan B$ 的值.

解：直角三角形中一条边的值，要求余弦，正切值，就要求斜边与另一个直角边的值. 我们可以通过已知角的正弦值与对边值及勾股定理来求.

$\because \sin A=\frac{BC}{AB}$，

$\therefore AB=\frac{BC}{\sin A}=6\times\frac{5}{3}=10$

又$\because AC=\sqrt{AB^2-BC^2}=\sqrt{10^2-6^2}=8$.

$\therefore \cos A=\frac{AC}{AB}=\frac{4}{5}$，$\tan B=\frac{AC}{BC}=\frac{4}{3}$.

注意：

(1)余弦、正切函数是在直角三角形中定义的，反映了直角三角形边与角的关系，是两条线段的比值. 角的度数确定时，其比值不变，角的度数变化时，比值也随之变化.

(2)cos A，tan A 分别是一个完整的数学符号，是一个整体，不能写成 cos A，tan A，不能理解成 cos 与∠A，tan 与∠A 的乘积. 书写时习惯上省略∠A 的角的记号"∠"，但对三个大写字母表示成的角(如∠AEF)，其正切应写成"tan∠AEF"，不能写成"tan AEF"；另外$(\cos A)^2$、$(\tan A)^2$ 常写成 $\cos^2A$、$\tan^2A$.

(3)任何一个锐角都有相应的锐角三角函数值，不因这个角不在某个三角形中而不存在.

(4)由锐角三角函数的定义知：

当角度在 $0°<\angle A<90°$之间变化时，$0<\cos A<1$，$\tan A>0$.

练习

一、选择题

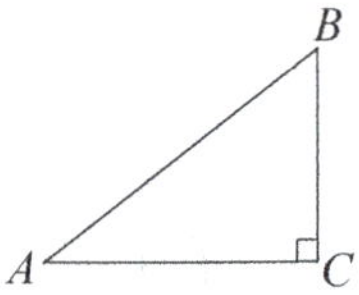

图 5－49

1. 如图 5－49 所示，在△ABC 中，$\angle C=90°$，$AB=5$，$BC=3$，则 cos A 的值是(　　).

A. $\frac{3}{4}$　　B. $\frac{4}{3}$

C. $\frac{3}{5}$　　D. $\frac{4}{5}$

2. 如图 5－50 所示，P 是∠α 的边 OA 上一点，点 P 的坐标为(12，5)，则 tan α 等于(　　).

A. $\frac{5}{13}$

B. $\frac{12}{13}$

C. $\frac{5}{12}$

D. $\frac{12}{5}$

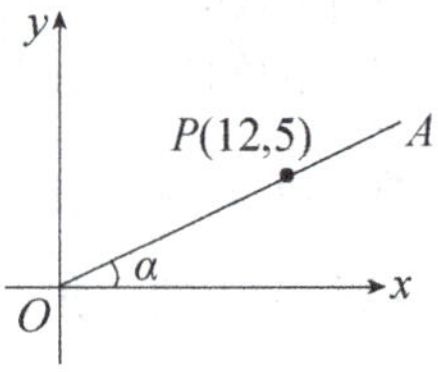

图 5－50

3. 在 Rt△ABC 中,如果各边的长度都扩大 2 倍,那么锐角 A 的余弦值与正切值(　　).

A. 都不变　　B. 都扩大 2 倍　　C. 都缩小$\frac{1}{2}$　　D. 以上都不对

4. 在 Rt△ABC 中,$\angle C=90°$,$\sin A=\frac{4}{5}$,则 $\cos A$ 的值等于(　　).

A. $\frac{3}{5}$　　B. $\frac{3}{4}$　　C. $\frac{4}{5}$　　D. $\frac{\sqrt{5}}{5}$

二、填空题

1. 在 Rt△ABC 中,$\angle C$ 为直角,若 $\sin A=\frac{3}{4}$,则 $\cos A=$________.

2. 在 Rt△ABC 中,$\angle C$ 为直角,若 $\sin A=\frac{3}{5}$,则 $\cos B=$________.

3. 在等腰△ABC 中,$AB=AC=10$,$BC=12$,则 $\tan B=$________.

4. A 为锐角,$\sin(90°-A)=\frac{3}{5}$,$\cos A$__________,$\tan A$________.

5.5.3 特殊角的三角函数值

引入:

两块三角尺中有几个不同的锐角?是多少度?分别求出这几个锐角的正弦值、余弦值和正切值. 三角板中的锐角无非就是 30°、45°、60°,根据计算我们得出以下结论:

锐角 α	$\sin\alpha$	$\cos\alpha$	$\tan\alpha$
30°	$\frac{1}{2}$	$\frac{\sqrt{3}}{2}$	$\frac{\sqrt{3}}{3}$
45°	$\frac{\sqrt{2}}{2}$	$\frac{\sqrt{2}}{2}$	1
60°	$\frac{\sqrt{3}}{2}$	$\frac{1}{2}$	$\sqrt{3}$

注意:

(1)通过该表可以方便地知道 30°、45°、60°角的各三角函数值,它的另一个应用就是:如果知道了一个锐角的三角函数值,就可以求出这个锐角的度数,例如:若 $\sin\theta=\frac{\sqrt{2}}{2}$,则锐角$\theta=45°$.

(2)仔细研究表中数值的规律会发现:

对于正弦值,分母都是 2,分子按角度增加分别为$\sqrt{1}$,$\sqrt{2}$与$\sqrt{3}$. 对于余弦值,分母都是 2,分子按角度增加分别为$\sqrt{3}$,$\sqrt{2}$与$\sqrt{1}$. 对于正切,60°的正切值为$\sqrt{3}$,当角度递减时,分别将上一个正切值除以$\sqrt{3}$,即是下一个角的正切值.

例 1. 求下列各式的值.

(1)$\cos^2 60°+\sin^2 60°$　　(2)$\frac{\cos 45°}{\sin 45°}-\tan 45°$

解:(1)$\cos^2 60°+\sin^2 60°=\left(\frac{1}{2}\right)^2+\left(\frac{\sqrt{3}}{2}\right)^2=1$

(2)$\dfrac{\cos 45°}{\sin 45°}-\tan 45°=\dfrac{\sqrt{2}}{2}\div\dfrac{\sqrt{2}}{2}-1=0$

例 2. (1)如图 5－51 所示，在 Rt△ABC 中，$\angle C=90$，$AB=\sqrt{6}$，$BC=\sqrt{3}$，求$\angle A$ 的度数.

(2)如图 5－52 所示，已知圆锥的高 AO 等于圆锥的底面半径 OB 的$\sqrt{3}$倍，求 a.

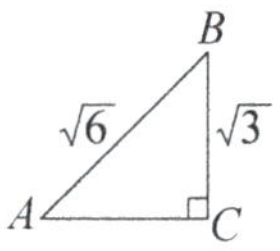

图 5－51

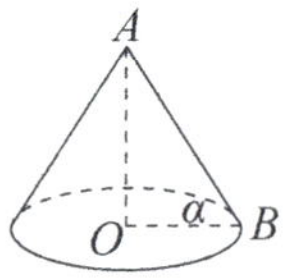

图 5－52

解：(1)$\because \sin A=\dfrac{BC}{AB}=\dfrac{\sqrt{3}}{\sqrt{6}}=\dfrac{\sqrt{2}}{2}$

$\therefore \angle A=45°$

(2)$\because \tan a=\dfrac{AO}{OB}=\dfrac{\sqrt{3}OB}{OB}=\sqrt{3}$

$\therefore a=60°$

我们一直在计算三角形中各个叫的正弦、余弦和正切，那同一角的三角函数之间有什么的关系？在直角三角形中，如图 5－53 所示，在 Rt△ABC 中，$\angle C=90°$.

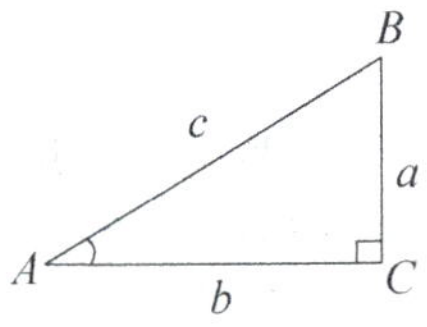

图 5－53

(1)互余关系：$\sin A=\dfrac{a}{c}\cos B=\dfrac{a}{c}$；$\sin B=\dfrac{b}{c}\cos A=\dfrac{b}{c}$所以

$\sin A=\cos(90°-\angle A)=\cos B$，$\cos A=\sin(90°-\angle A)=\sin B$

(2)平方关系：$\sin^2 A=\left(\dfrac{a}{c}\right)^2$　$\cos^2 A=\left(\dfrac{b}{c}\right)^2$

$\sin^2 A+\cos^2 A=\left(\dfrac{a}{c}\right)^2+\left(\dfrac{b}{c}\right)^2=\dfrac{a^2+b^2}{c^2}=\dfrac{c^2}{c^2}=1$

所以 $\sin^2 A+\cos^2 A=1$

(3)倒数关系：$\tan A=\dfrac{a}{b}$　$\tan B=\dfrac{b}{a}$

所以 $\tan A\cdot\tan(90°-\angle A)=1$ 或 $\tan A=\dfrac{1}{\tan B}$

(4)商数关系：$\tan A=\dfrac{a}{b}$　$\sin A=\dfrac{a}{c}$　$\cos A=\dfrac{b}{c}$　$\dfrac{\sin A}{\cos A}=\dfrac{\frac{a}{c}}{\frac{b}{c}}=\dfrac{a}{c}\cdot\dfrac{c}{b}=\dfrac{a}{b}=\tan A$

所以 $\tan A=\dfrac{\sin A}{\cos A}$.

注意：锐角三角函数之间的关系式可由锐角三角函数的意义推导得出，常应用在三角函数的计算中，计算时巧用这些关系式可使运算简便.

练习

一、选择题

1. 已知 Rt△ABC 中，$\angle C=90°$，$\cos A=\dfrac{3}{5}$，$AB=15$，则 AC 的长是(　　).

A. 3　　B. 6　　C. 9　　D. 12

2. 下列各式中不正确的是(　　).

A. $\sin^2 60° + \cos^2 60° = 1$　　B. $\sin 30° + \cos 30° = 1$

C. $\sin 35° = \cos 55°$　　D. $\tan 45° > \sin 45°$

3. 计算 $2\sin 30° - 2\cos 60° + \tan 45°$的结果是(　　).

A. 2　　B. $\sqrt{3}$　　C. $\sqrt{2}$　　D. 1

4. 已知$\angle A$为锐角,且 $\cos A \leqslant \frac{1}{2}$,那么(　　).

A. $0° < \angle A \leqslant 60°$　　B. $60° \leqslant \angle A < 90°$　　C. $0° < \angle A \leqslant 30°$　　D. $30° \leqslant \angle A < 90°$

5. 在$\triangle ABC$中,$\angle A$、$\angle B$都是锐角,且 $\sin A = \frac{1}{2}$,$\cos B = \frac{\sqrt{3}}{2}$,则$\triangle ABC$的形状是(　　).

A. 直角三角形　　B. 钝角三角形　　C. 锐角三角形　　D. 不能确定

6. Rt$\triangle ABC$中,$\angle ACB = 90°$,$CD \perp AB$于D,$BC = 3$,$AC = 4$,设$\angle BCD = \alpha$,则$\tan \alpha$的值为(　　).

A. $\frac{3}{4}$　　B. $\frac{4}{3}$　　C. $\frac{3}{5}$　　D. $\frac{4}{5}$

7. 当锐角$\alpha > 60°$时,$\cos \alpha$的值(　　).

A. 小于$\frac{1}{2}$　　B. 大于$\frac{1}{2}$　　C. 大于$\frac{\sqrt{3}}{2}$　　D. 大于 1

8. 在$\triangle ABC$中,三边之比为$a:b:c = 1:\sqrt{3}:2$,则$\sin A + \tan A$等于(　　).

A. $\frac{3+2\sqrt{3}}{6}$　　B. $\frac{1}{2}+\sqrt{3}$　　C. $\frac{3\sqrt{3}}{2}$　　D. $\frac{\sqrt{3}+1}{2}$

9. 已知梯形$ABCD$中,腰BC长为 2,梯形对角线BD垂直平分AC,若梯形的高是$\sqrt{3}$,则$\angle CAB$等于(　　).

A. 30°　　B. 60°　　C. 45°　　D. 以上都不对

10. $\sin^2 72° + \sin^2 18°$的值是(　　).

A. 1　　B. 0　　C. $\frac{1}{2}$　　D. $\frac{\sqrt{3}}{2}$

11. 若$(\sqrt{3}\tan A - 3)^2 + |2\cos B - \sqrt{3}| = 0$,则$\triangle ABC$(　　).

A. 是直角三角形　　B. 是等边三角形

C. 是含有 60°的任意三角形　　D. 是顶角为钝角的等腰三角形

二、填空题

1. 设α、β均为锐角,且$\sin \alpha - \cos \beta = 0$,则$\alpha + \beta =$________.

2. $\dfrac{\cos 45° - \sin 30°}{\cos 60° + \frac{1}{2}\tan 45°}$的值是________.

3. 已知等腰$\triangle ABC$的腰长为$4\sqrt{3}$,底为 30°,则底边上的高为________,周长为________.

4. 在 Rt$\triangle ABC$中,$\angle C = 90°$,已知$\tan B = \frac{\sqrt{5}}{2}$,则$\cos A =$________.

5. 正方形$ABCD$边长为 1,如果将线段BD绕点B旋转后,点D落在BC的延长线上的点D'处,那么$\tan \angle BAD' =$________.

6. 在 Rt$\triangle ABC$中,$\angle C = 90°$,$\angle CAB = 60°$,AD平分$\angle CAB$,得$\frac{AB}{CD} - \frac{AC}{CD}$的值为________.

三、解答题.

求下列各式的值

(1) $\sin 30° \cdot \cos 45° + \cos 60°$

(2) $2\sin 60° - 2\cos 30° \cdot \sin 45°$

(3) $\dfrac{2\cos 60°}{2\sin 30° - 2}$

(4) $\dfrac{\sin 45° + \cos 30°}{3 - 2\cos 60°} - \sin 60°(1 - \sin 30°)$

(5) $\tan 45° \cdot \sin 60° - 4\sin 30° \cdot \cos 45° + \sqrt{6} \cdot \tan 30°$

(6) $\dfrac{\sin 45°}{\tan 30° - \tan 60°} + \cos 45° \cdot \cos 30°$

5.5.4　解直角三角形

引入：

要想使人完全地攀上斜靠在墙面上的梯子的顶端，梯子与地面所成的角 a 一般要满足 $50° \leqslant a \leqslant 75°$，现有一个长 6m 的梯子，($\sin 75° \approx 0.97$　$\cos 66° \approx 0.4$) 问：

1. 使用这个梯子最高可以完全攀上多高的墙(精确到 0.1m)？

2. 当梯子底端距离墙面 2.4m 时，梯子与地面所成的角 a 等于多少(精确到 1°)？这时人是否能够安全使用这个梯子？

分析： 对于问题 1，当梯子与地面所成的角 a 为 75°时，梯子顶端与地面的距离是使用这个梯子所能攀到的最大高度. 问题 2：当梯子底端距离墙面 2.4m 时，求梯子与地面所成的角 a 的问题，可以归结为：在 Rt$\triangle ABC$ 中，已知 $AC = 2.4$，斜边 $AB = 6$，求锐角 a 的度数.

问题 1：

由 $\sin A = \dfrac{BC}{AB}$ 得　$BC = AB \cdot \sin A = 6 \times \sin 75°$

由已知得 $BC \approx 6 \times 0.97 \approx 5.8$

因此使用这个梯子能够完全攀到墙面的最大高度约是 5.8m

问题 2：

由于 $\cos a = \dfrac{AC}{AB} = \dfrac{2.4}{6} = 0.4$

利用计算器求得 $a \approx 66°$

因此当梯子底端距离墙面 2.4m 时，梯子与地面所成的角大约是 66°，由 $50° < 66° < 75°$ 可知，这时使用这个梯子是安全的.

上面的做题过程，我们叫做解直角三角形，一般在直角三角形中，由已知元素(直角除外)

求未知元素的过程，叫做解直角三角形. 在直角三角形中，除直角外，一共有 5 个元素，即三条边和两个锐角.

例 1. 如图 5－54 所示，已知 A、B 两点间的距离是 160 米，从 A 点看 B 点的仰角是 11°，AC 长为 1.5 米，求 BD 的高及水平距离 CD.

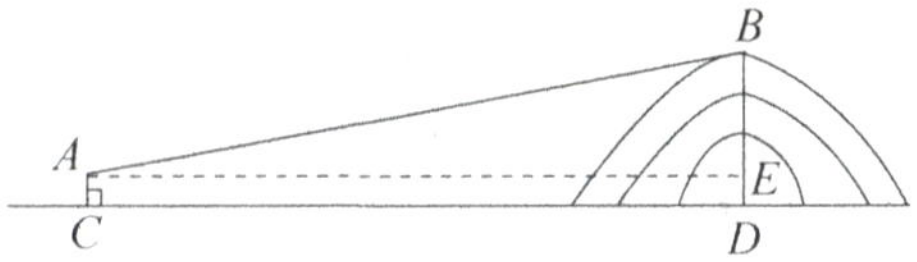

图 5－54

解：由 A 作一条平行于 CD 的直线交 BD 于 E，构造出 Rt△ABE，然后进一步求出 AE、BE，进而求出 BD 与 CD. 设置此题，即使成绩较好的学生有足够的训练，同时对较差学生又是巩固，达到分层次教学的目的.

过 A 作 $AE /\!/ CD$，于是有 $AC = ED$，$AE = CD$

在 Rt△ABE 中，$\sin A = \dfrac{BE}{AB}$

$\therefore BE = AB \cdot \sin A = 160 \cdot \sin 11° = 30.53$（米）

$\cos A = \dfrac{AE}{AB}$

$\therefore AE = AB \cdot \cos A = 160 \cdot \cos 11° = 157.1$（米）

$\therefore BD = BE + ED = BE + AC = 30.53 + 1.5 = 32.03$（米）

$CD = AE = 157.1$（米）

答：BD 的高及水平距离 CD 分别是 32.03 米，157.1 米.

一般在直角三角形当中，我们还用到以下结论. 设在 Rt△ABC 中，$\angle C = 90°$，$\angle A$、$\angle B$、$\angle C$ 所对的边分别为 a、b、c，则有：

①三边之间的关系：$a^2 + b^2 = c^2$（勾股定理）

②锐角之间的关系：$\angle A + \angle B = 90°$

③边角之间的关系：

$\sin A = \dfrac{a}{c}$　$\cos A = \dfrac{b}{c}$　$\tan A = \dfrac{a}{b}$　　$\sin B = \dfrac{b}{c}$　$\cos B = \dfrac{a}{c}$　$\tan B = \dfrac{b}{a}$

注意：

(1) 直角三角形中有一个元素为定值（直角为 90°），是已知的值.

(2) 这里讲的直角三角形的边角关系指的是等式，没有包括其他关系（如不等关系）.

(3) 对这些式子的理解和记忆要结合图形，可以更加清楚、直观地理解.

例 2. 如图 5－55 所示，在 Rt△ABC 中，$\angle C = 90°$，$AC = \sqrt{2}$，$BC = \sqrt{6}$，解这个直角三角形.

解：$\because \tan A = \dfrac{BC}{AC} = \dfrac{\sqrt{6}}{\sqrt{2}} = \sqrt{3}$，

$\therefore \angle A = 60°$

$\angle B = 90° - \angle A = 90° - 60° = 30°$

$AB = 2AC = 2\sqrt{2}$.

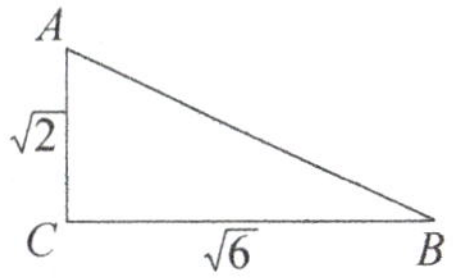

图 5－55

例 3. 如图 5－56 所示，在 Rt△ABC 中，$\angle C = 90°$，$\angle B = 35°$，$b = 20$，解这个直角三角形（精确到 0.1）.

解：$\angle A = 90° - \angle B = 90° - 35° = 55°$

$\because \tan B = \dfrac{b}{a}$

$\therefore a = \dfrac{b}{\tan B} = \dfrac{20}{\tan 35°} \approx \dfrac{20}{0.70} \approx 28.6$

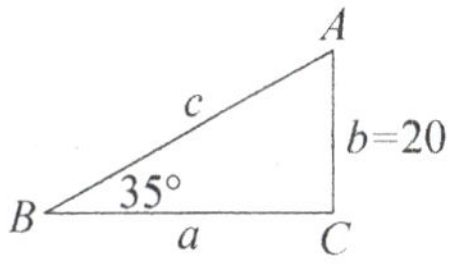

图 5－56

$\because \sin B=\dfrac{b}{c}$

$\therefore c=\dfrac{b}{\sin B}=\dfrac{20}{\sin 35^\circ}\approx\dfrac{20}{0.57}\approx 35.1$

为了解决实际问题我们会用到以下的知识.

1. 方向角

指北或指南方向线与目标方向所成的小于90°的角叫做方向角. 如图5－57 所示中的目标方向线 OA,OB,OC 分别表示北偏东 60°,南偏东 30°,北偏西 70°. 特别地,若目标方向线与指北或指南的方向线成45°的角,如图5－57 所示:目标方向线 OD 与正南方向成45°角,通常称为西南方向.

2. 方位角

从某点的指北方向线按顺时针转到目标方向的水平角,叫做方位角. 如图 5－58 所示:目标方向线 PA,PB,PC 的方位角分别是 40°,135°,225°.

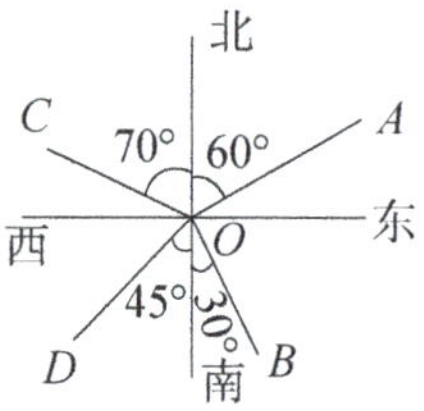

图 5－57

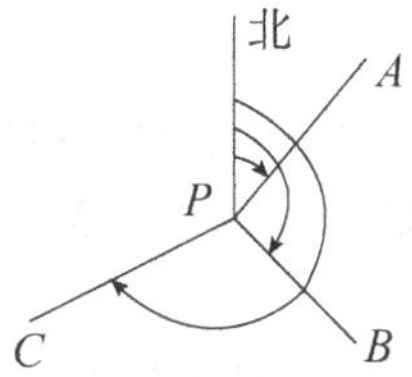

图 5－58

例 4. 热气球的探测器显示,从热气球看一栋高楼顶部的仰角为 30°,看这栋高楼底部的俯角为 60°,热气球与高楼的水平距离为 120m,问这栋高栋有多高(结果精确到 0.1m)?

解:如图 5－59 所示,$\alpha=30^\circ$,$\beta=60^\circ$,$AD=120$

$\because \tan\alpha=\dfrac{BD}{AD},\tan\beta=\dfrac{CD}{AD}$

$\therefore BD=AD\cdot\tan\alpha=120\times\tan 30^\circ=120\times\dfrac{\sqrt{3}}{3}=4\sqrt{3}$

$CD=AD\cdot\tan\beta=120\times\tan 60^\circ=120\times\sqrt{3}=120\sqrt{3}$

$\therefore BC=BD+CD=40\sqrt{3}+120\sqrt{3}=160\sqrt{3}\approx 277.1$

答:这栋楼房约为 277.1m.

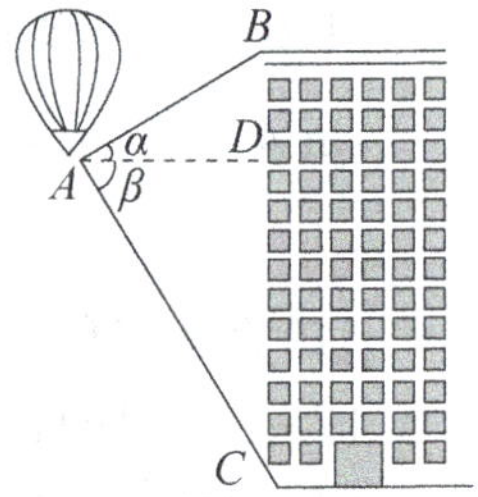

图 5－59

例 5. 一艘海轮位于灯塔 P 的北偏东 65°方向,距离灯塔 80 海里的 A 处,它沿正南方向航行一段时间后,到达位于灯塔 P 的南偏东 34°方向上的 B 处. 这时,海轮所在的 B 处距离灯塔 P 有多远(精确到 0.1 海里)?

解:如图 5－60 所示,在 Rt△APC 中,

$PC=PA\cdot\cos(90^\circ-65^\circ)=80\times\cos 25^\circ\approx 80\times 0.91=72.505$

在 Rt△BPC 中,$\angle B=34^\circ$

$\because \sin B=\dfrac{PC}{PB},\therefore PB=\dfrac{PC}{\sin B}=\dfrac{72.505}{\sin 34^\circ}=\dfrac{72.505}{0.559}\approx 129.7$

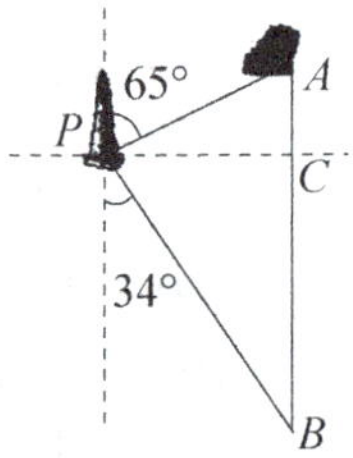

图 5－60

因此,当海轮到达位于灯塔 P 的南偏东 34°方向时,它距离灯塔 P 大约 129.7 海里.

练习

一、选择题

1. 如图 5－61 所示，钓鱼竿 AC 长 6 米，露出水面的渔线 BC 长 $3\sqrt{2}$ 米，某钓者想看看鱼钩上的情况，把鱼竿 AC 转动到 AC' 的位置，此时露出水面的渔线 $B'C'$ 长 $3\sqrt{3}$ 米，则鱼竿转过的角度是(　　).

A. 60°　　B. 45°　　C. 15°　　D. 90°

2. 如图 5－62 所示，在山坡上种树，已知 $\angle A=30°$，$AC=3$ 米，则相邻两树的坡面距离 AB 为(　　).

A. 6 米　　B. $\sqrt{3}$ 米　　C. $2\sqrt{3}$ 米　　D. $2\sqrt{2}$ 米

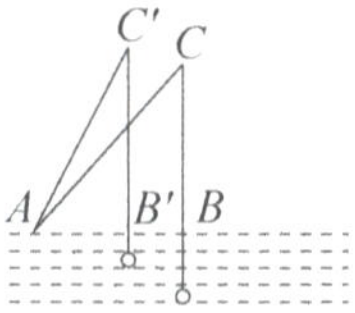

图 5－61

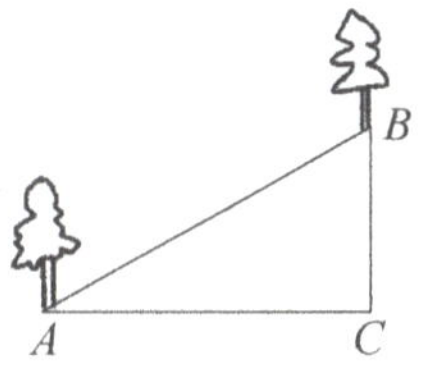

图 5－62

3. 如图 5－63 所示，在一块三角形空地上种草皮绿化环境. 已知 $AB=20$ 米，$AC=30$ 米，$\angle A=150°$，草皮的售价为 a 元/平方米，则购买草皮至少需要(　　).

A. $450a$ 元

B. $225a$ 元

C. $150a$ 元

D. $300a$ 元

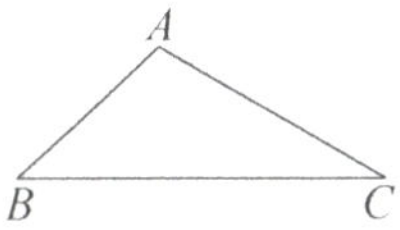

图 5－63

二、填空题

1. 在 Rt△ABC 中，$\angle C=90°$，$a=8$，$b=6$，则 $c=$________，$\tan A=$________.

2. 在 Rt△ABC 中，$\angle C=90°$，$c=2$，$b=1$，则 $a=$________，$\angle B=$________.

3. 在 Rt△ABC 中，$\angle A=90°$.

(1) 若 $AC=21$，$BC=35$，则 $AB=$________，$\sin C=$________；

(2) 若 $\angle B=30°$，$AB=10\sqrt{3}$，则 $AC=$________，$BC=$________.

4. 若某人沿坡度 $i=3:4$ 的斜坡前进 10m，则他所在的位置比原来的位置升高________m.

5. 若三角形两边长为 6 和 8，这两边的夹角为 60°，则其面积为________.

6. 等腰三角形的周长为 $2+\sqrt{3}$，腰长为 1，则顶角为________.

7. 如图 5－64 所示，苏州某公园入口处原有三级台阶，每级台阶高 20cm，水平宽度为 30cm. 现为了方便残疾人士，拟将台阶改为斜坡. 设台阶的起点为 A，斜坡的起始点为 C，现将坡角 $\angle BCA$ 设计为 30°，则 AC 的长度为________.

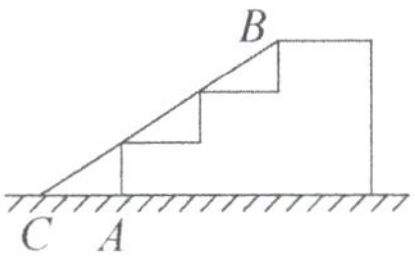

图 5－64

三、计算题

1. 如图 5－65 所示，有长为 100m 的斜坡 AB，它的坡角是 45°，现把它改为坡角为 30° 的斜坡 AC，求 BC 的长.

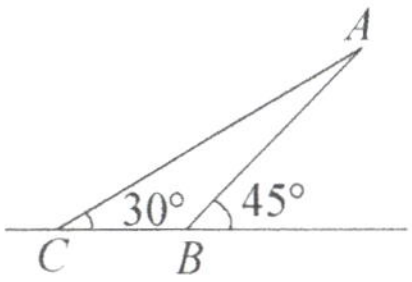

图 5－65

2. 如图 5-66 所示，已知电线杆 AB 直立于地面上，它的影子恰好照在土坡的坡面 CD 和地面 BC 上. 如果 CD 与地面成 45°，$\angle A=60°$，$CD=4\text{m}$，$BC=(4\sqrt{6}-2\sqrt{2})\text{m}$，求电线杆 AB 的长.

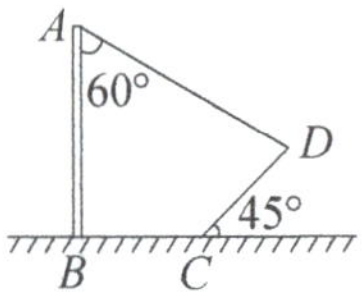

图 5-66